NOUVEAU RECUEIL

430

D'OUVRAGES

ANONYMES ET PSEUDONYMES.

.A. PIHAN DE LA FOREST,

IMPRIMEUR DE LA COUR DE CASSATION , RUE DES NOYERS, N.º 37.

NOUVEAU RECUEIL

D'OUVRAGES

ANONYMES ET PSEUDONYMES,

Par M. de Manne,

ANCIEN CONSERVATEUR-ADMINISTRATEUR DE LA BIBLIOTHÈQUE
DU ROI.

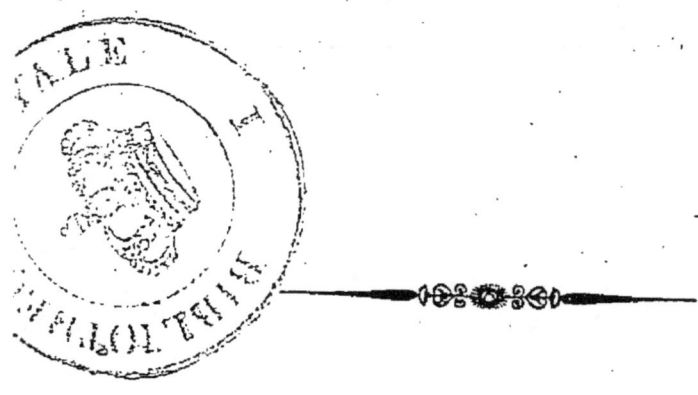

Paris,

LIBRAIRIE-GIDE, RUE SAINT-MARC, N° 23.
1834.

Cet ouvrage, commencé quelques années après la première publication du
*Dictionnaire des auteurs anonymes et
pseudonymes* de M. Barbier, s'était pro-
gressivement enrichi d'un grand nombre
d'articles qui avaient échappé aux recherches de ce savant bibliographe. Plusieurs circonstances en avaient retardé
l'impression, lorsque, en 1828, parut une
nouvelle édition considérablement augmentée du *Dictionnaire* cité plus haut.
Bien que par ce fait même le Recueil que
nous publions se trouvât à son tour réduit de plus de moitié, et que posté-

rieurement la mort de son auteur l'ait empêché d'y mettre la dernière main, nous avons pensé que tel qu'il est, il pourrait encore offrir quelque intérêt aux personnes qui se livrent à ce genre d'études. Nous croyons devoir prévenir aussi que nous avons admis un certain nombre d'articles qui n'étaient que de simples indications auxquelles nous avons tâché de donner quelques développemens.

NOUVEAU RECUEIL
D'OUVRAGES ANONYMES
ET PSEUDONYMES.

———

A.

1 Abolition (de l') de la peine de mort (par M. de Gérando). (*Paris*) *Crapelet*, 1825, in-8. de 70 pages.

2 Abrégé de la vie de Ste-Geneviève, patronne de la ville de Paris et de toute la France, etc. (par François Amable de Voisins, curé de S.-Etienne-du-Mont). *Paris*, an XIII (1805) in-12.

3 Abrégé de l'histoire de Spa. (par Jean-Baptiste Leclerc, député à la Convention nationale). *Liége*, 1818, in-18.

4 Abrégé de l'Histoire générale des voyages, par La Harpe, (continuée par Comeiras). *Paris*, 1780-1801. 32 vol. in-8.

5. Abrégé des propriétés des miroirs concaves, des loupes à eau, et des autres ouvrages qui se fabriquent dans la manufacture desdits miroirs, etc. (par M. Desbernières). (*Paris*) *G. Desprez*.(1763). In-12.

6 Absolution (de l') donnée à l'article de la mort par un prêtre schismatique constitutionnel (par l'abbé Baston). (*Munster*, 1792) in-8.

7 Abusés (les), comédie de Charles Estienne. *Paris*, 1556, in-12.

La comédie des Abusés n'est pas de Charles Estienne, mais seulement traduite par lui en français. Elle fut composée par les Intronati, académiciens de Sienne, ainsi qu'il paraît par l'épître du traducteur à M⁸ʳ. le Dauphin. Cette pièce pourrait s'appeler la Fille Valet ; le sujet est pris mot-à-mot des histoires tragiques de Bandel (t. 4, hist. 59, fol. 202). Il prétend que cette aventure arriva à Rome, lorsque le duc de Bourbon, qui commandait l'armée de Charles-Quint, la prit et la saccagea. Il nomme le père des deux enfans Ambroise Nani, et dit que c'était un bon marchand dont la fille s'appelait Nicole.

Cette pièce est fort rare et des plus licencieuses ; à chaque scène il y a une estampe fort jolie, gravée en bois, représentant la décoration et les acteurs.

Le prologue dit aux dames, au sujet de cette comédie : « Il me suffit qu'elle plaise seulement à vous

« autres dames, auxquelles les Intronati se sont
« . . . . efforcés à complaire, etc. »

L'on peut juger de la pièce par le prologue, et de la licence avec laquelle elle est écrite. Il n'y a pas d'apparence qu'elle ait jamais été jouée. (Note extraite de la Bib. des théâtres (par M. Maupoin).

8 Académie universelle des jeux, contenant : 1° leurs règles fondamentales et additionnelles, etc., et un nouveau traité complet de l'écarté; précédé d'un coup-d'œil général sur le jeu, tant dans les temps anciens que modernes. Par L. D***. (Cousin d'Avalon) amateur. *Paris, Corbet aîné*, 1824. In-12.

9 Académie (de l') françoise establie pour la correction et l'embellissement du langage. Discours tiré des écrits de M. C. S. (Charles Sorel). *Paris, Guillaume de Luyne*, 1654, in-12.

10 Adieux à l'univers, ou mon départ pour l'autre monde, mauvaise plaisanterie, par un mourant, qui ne fut membre d'aucune académie (M. Cizos). *Toulouse, Navarre*, 1815, in-8.

11 Adieux de Marie-Thérèse-Charlotte de Bourbon, ou Almanach pour 1796, par M. d'Albins (Michaud aîné). *Bâle, Tourneisen.* (*Paris*, Cueffier). In-18.

12 Adolphe et Caroline, ou le danger des divisions politiques dans l'intérieur des familles. Comédie en cinq actes et en prose; par le comte de *** (le comte de Beldersbusch, ancien préfet).*Paris, Anthelme Boucher*, 1824, in-8.

13 Adresse présentée au clergé Velche, en 1773 (par Voltaire). 1776, 30 pages in-8.

14 Adresse de quelques catholiques de Rouen à tous les catholiques du département de la Seine-Inférieure (par l'abbé Baston). *Rouen*, 1791, in-8.

15 Advis fidelle aux véritables Hollandais, touchant ce qui s'est passé dans les villages de Bodegrave et de Swammerdam, et les cruautés inouïes que les Français y ont exercées (par de Wicquefort). *Hollande*, à la Sphère, 1673, in-12.

16 Afrique (de l') et des chevaliers de St-Jean de Jérusalem (par M. le comte de Vaudreuil). *Paris, Egron*, 1 vol. in-8.

17 Agathon ou Philoclès (par M. Daniel de Pernay), in-8.

18 Agrémens (les) de la vieillesse, ou la ma-

nière de la passer sans ennui, sans douleur et sans souci (par le baron de Presles). *La Haye*, 1749, petit in-8.

19 Aide-Mémoire à l'usage des officiers d'artillerie attachés au service de terre (par le général Gassendi). *Paris, Magimel,* 1809, 2 vol. in-8.

Cet ouvrage avait paru, pour la première fois, vingt ans avant, et a souvent été réimprimé.

20 A la mémoire auguste de feu Monseigneur le Dauphin (père du roi Louis XVI), (par Cerutti, publié en 1789, à l'occasion des États-généraux) in-8. de 22 pages.

21 Alexandreïde, ou la Grèce vengée, poëme en 24 chants. *Paris, Firmin Didot,* 2 vol. in-8.

Le premier volume a paru, en 1826, sous le nom de Sylvain Phalantée, membre de l'académie des Arcades; et le second, én 1829, sous le véritable nom de l'auteur (Pierre David, ancien consul général de France en Asie).

22 Allégorie pour servir à l'histoire de ce tems-là. (Par Labarre). *Villemanie, Philarithmus,* 1751, in-12.

23 Almanach de Reims pour l'année 1752. (Par

dom Régley , bénédictin). *Reims , veuve de Pierre Delaistre,* in-24.

24 Almanach des honnêtes gens pour l'an 8, dédié aux belles, par un déporté ; par J. L. C. (Cotinet) à la Cayenne. (*Paris*), in-18.

25 Almanach des 25,000 adresses des principaux habitans de Paris ; par H. D*** (Henri Duplessy). *Paris, Panckouke,* janvier, 1818, in-12.

Cet almanach a paru pour la première fois en 1815 , et s'est continué jusqu'à ce jour.

26 Almanach judiciaire à l'usage des cours et tribunaux de l'empire français, pour l'an 1810, (par M. Lefebvre, avocat). *Paris,* 1810 , 1 vol. in-12.

27 Almanach (l') des gens d'esprit, pour l'année 1762 et le reste de la vie (par Chevrier). 1762, in-8.

28 A l'ombre de Prascovia, comtesse de Schérémétoff, élégie (par M. Alexandre Duval). *Paris , Pierre Didot aîné,* 1804, gr. in-8.

L'édition entière de cet ouvrage ayant été envoyée en Russie à M. le comte de Schérémétoff qui en avait fait tous les frais , il n'en reste plus en France qu'un très petit nombre d'exemplaires.

29 Aloys, ou le religieux du mont St-Bernard (par M. de Custine). *Paris, Vezard*, 1829, in-12.

30 Amateur (l') du Théâtre-Français, ou observations critiques sur les causes de la ruine de ce théâtre, par F. L. D. (Darragon). *Paris, Barba*, an 9 (1801), in-8. de 32 pages.

31 Ambassades et voyages en Turquie et Amasie, de M. de Busbequius. Nouvelle traduction en français, par S. G. (Gaudon) et divisées en quatre livres. *Paris, Pierre David*, 1646, in-8.

Le nom se trouve dans le privilège.

32 Ami (l') des hommes, ou traité de la population (par Victor de Riquetti, marquis de Mirabeau). 1758, 4 parties en 1 vol. in-4.

Il existe une édition antérieure, publiée en 1756, en 3 vol. in-4° et en 8 vol. in-12, divisée en 6 parties et à laquelle a coopéré Quesnay.

33 Ami (l') de la paix. *Caen*, br. in-8.

M. Pluquet, dans ses curiosités littéraires de la Normandie, attribue cet opuscule à *Elis*, avocat habitant à Caen, et également auteur d'un autre opuscule anonyme, intitulé : *Prose rimée*. Mais il ne spécifie pas la date de cet ouvrage que nous n'avons pu découvrir.

34 Amour (l') de la patrie, aux assasins du général Buonaparte (par Poncet de la Grave).

Paris, *Moutardier*, an 9 (1801), in-8 de 32 pages.

35 Amours d'Ismène et d'Isménias, traduit du grec d'Eumathe (par de Beauchamps). *La Haye (Paris, Coustelier)*, 1743, in-8.

(Voir art. 629 du D^re. des anonymes de Barbier, et consulter la note.)

36 Amusemens philologiques, ou variétés en tous genres, etc. etc. par G. P. Philomneste, B. A. V. (Gabriel Peignot, bibliothécaire à Vesoul), 2me édition, revue, corrigée et augmentée. *Dijon, Victor Lagier*, 1824, 1 vol. in-8.

Cette édition, qui diffère beaucoup de la première, publiée à Paris en 1808, renferme, du propre aveu de l'auteur, un choix meilleur de matériaux, est mieux imprimée; enfin est, sous tous les rapports, préférable à son aînée.

37 Amusemens sérieux et comiques (par Dufresny). *Londres*, 1755, petit in-12.

38 Analyse du rapport fait à la chambre des pairs, sur la mine de Vic. (par le marquis de la Gervaisais). *Paris, A. Egron et Ponthieu*, 1825, in-8.

39 Analogies entre l'ancienne constitution et la charte, et des institutions qui en sont les

conséquences ; par un gentilhomme, A. C. (le comte Adrien de Calonne). *Paris, Trouvé,* 1828, br. in-8. de 132 pages.

40 Analyse critique et raisonnée de plusieurs ouvrages sur la constitution du clergé, composés par M. Charrier de la Roche, député à l'Assemblée nationale, élu évêque du département de la Seine-Inférieure et métropolitain des côtes de la Manche, (par l'abbé Baston). (*Rouen*, 1791), in-8.

41 Analyse de la beauté, traduit de l'anglais de G. Hogarth (par Henri Jansen). *Paris,* 1805, 2 vol. in-8.

42 Analyse des origines gauloises, de Latour d'Auvergne, suivie d'un tableau comparé de la civilisation, par M. de L*** (Lemorec), sous-officier au 41e régiment de ligne, nouvelle édition, revue et augmentée, avec cette épigraphe : *antiquam exquirite matrem. Paris , Trouvé,* 1824, br. in-8.

43 Analyse raisonnée de Bayle. (Par de Marsy et l'abbé Richer). *Londres,* 1773 , 8 vol. in-12.

Les quatre premiers volumes précédèrent les quatre derniers de quelques années.

44 Ane (l') mort et la femme guillotinée (par

Jules Janin), première édition. *Paris, Bau-douin*, 1829, 4 vol. in-12.

La quatrième édition, publiée en 1832, chez Alexandre Mesnier, porte le nom de l'auteur.

45 Anecdote historique de la colonie grecque établie dans l'île de Corse, en 1676; par M. L. B. D. V. (le Bègue de Villiers).

46 Anecdoctes historiques sur la Dubarri (par Théveneau de Morande). 1776, in-12.

47 Anglais (l') mangeur d'opium, traduit et abrégé de l'anglais (par M. Musset-Pathay, fils, qui y a ajouté un chapitre de sa façon). *Paris*, 1828, in-12.

48 Angoisses (les) de la mort ou idées des horreurs des prisons d'Arras (par Poirier et Montgey). (Sans date) in-8.

49 Angola, histoire indienne (par de la Mor-lière). *A Agra*, avec privilège du grand Mogol, 1731, 2 parties en un vol- in-12.

50 Annales littéraires, par Dussault (publiées par M. Eckard). *Paris*, 1818-1824, 5 vol. in-8.

51 Annales poétiques ou almanach des muses

depuis l'origine de la poésie française (par M. Sautereau de Marsy et autres). *Paris, Delalain,* 1770-1784. 31 vol. in-12.

52 Annuaire administratif, judiciaire, ecclésiastique, industriel, agricole et commercial du département de Seine et Oise (par Lemaistre de St.-Aubin). An 1828, *Versailles,* 1 vol. in-12.

53 Annuaire des ponts et chaussées, ports maritimes, architecture civile, hydraulique, etc. pour l'an 1807. Deuxième édition, par M. H*** (Houart). *Paris, Garnier,* in-12.

54 Annuaire du commerce maritime (publié sous la direction de M. Duport). *Paris, Renard,* 1833, grand in-8.

55 Antar, roman bédouin, imité de l'anglais, (par E. J. Delécluse), (juillet 1830); brochure in-8.

Cet opuscule est extrait de la Revue française, recueil périodique qui n'a point eu de succès.

56 Anthologie érotique d'Amarou, par A. L. Apudy (Antoine-Léonard Chézy). *Paris, Dondey-Dupré,* 1831, 1 vol grand in-8.

Le texte sanscrit accompagne cette traduction, enrichie de notes et gloses.

57 Anti-contrat social dans lequel on réfute, d'une manière claire, utile et agréable, les principes posés dans le contrat social de J.-J. Rousseau (par P. L. de Bauclair). *La Haye, Frédéric Staatman*, 1764, in-8.

Sur l'exemplaire de cet ouvrage qui a appartenu à la bibliothèque du tribunat et que possède aujour- d'hui la bibliothèque du roi, une note manuscrite mise en tête du livre annonce « que l'on trouve dans une note des lettres de Voltaire et du cardinal de Bernis (p. 57) que le cardinal Gerdyl, l'oracle du pape Pie VI est auteur de l'Anti-Émile et de l'Anti- Contrat social.

58 Antidote contre les aphorismes de M. F. D. L. M. (de la Mennais), par un professeur de théologie, directeur de séminaire (M. l'abbé Boyer, de St.-Sulpice). *Paris, Ad. Leclerc*, 1826, in-8.

59 Antiquités égyptiennes dans le département du Morbihan (par M. Maudet de Penhouët). *Vannes*, 1812, in-folio.

60 Antiquités étrusques, grecques et romaines, tirées du cabinet d'Hamilton (par Hugues d'Hancarville). *Naples*, 1766 et 1767, 2 vol. grand in-folio.

Cet ouvrage n'a point été continué.

61 Antiquités d'Herculanum (les), gravées par

F. A. David, avec leurs explications en français (par Sylvain Maréchal). *Paris, David,*
1780-1803 , 12 vol. in-4.

62 Antiquitez (les), histoires, croniques et
singularités de la grande et excellente cité de
Paris , avec les fondations et bastimens des
lieux, les sépulchres et épigraphes...... auteur
en partie, Gilles Corrozet, mais beaucoup
plus augmentées par N. B. (Nicolas Bonfons).
Paris , Nicolas Bonfons, 1576, in-16.

63 Aperçu d'un citoyen sur le serment demandé
à tous les ecclésiastiques par la nouvelle lé-
gislature (par l'abbé Baston). (*Rouen ,*
1791), in-8.

64 Aperçu statistique, sur la force du parti de
la branche déchue, sous les rapports de l'o-
pinion, du nombre, de ce qui a été jadis ou
pourrait être aujourd'hui militant (par le
général Delort). *Paris , Lenormant,* 1832 ,
in - 8.

Cette brochure est signée des initiales L. D. L.
L'auteur, dans une note spéciale, cherche à prouver qu'il a été à même plus qu'un autre, par sa
position, de voir et de recueillir les faits ; puisque
parti fort jeune pour l'émigration, il fut employé
comme officier dans l'armée des Princes , et, après
avoir servi depuis la république comme soldat ,

parvint au grade d'officier supérieur sous l'empire ,
et fut nommé général sous la restauration.

65 Apologétique pour les persécutés, au peuple
de R*** (*Rouen*), des campagnes circonvoi-
sines et de tout le département de *** (salut
et bénédiction en celui qui est la force des
faibles et la consolation des affligés (par
l'abbé Baston). (*Rouen* , 1791), in-8.

66 Apologétique (l') et les prescriptions de
Tertullien, traduction de l'abbé de Gourcy ,
suivie de l'Octavius de Minucius Félix, traduction nouvelle avec le texte en regard et
des notes (par M. A. Péricaud). *Lyon* , *Jos.*
Janon , 1823, in-8.

67 Apologie ou les véritables mémoires de
Madame Marie Mancini, connestable de
Colonna, écrits par elle-même, (publiés par
S. Brémond). *Leyde, Jean Van-Geider,*
1678, in-12.

68 Apologues et contes orientaux (par l'abbé
Blanchet), *Paris*, 1784, in-8.

69 Appel à l'opinion publique sur la mort de
Louis-Henri-Joseph de Bourbon, prince de
Condé; par l'auteur des Mémoires secrets et
universels des malheurs et de la mort de la

reine de France (M. Lafont d'Aussonne).
Paris, Dentu, 1830, in-8° de 48 pages.

Il en a paru, en 1832, une seconde édition augmentée de 12 pages et d'un plan, et du testament
olographe du prince.

70 Appel à l'opinion publique sur les dangers
qui menacent d'entraîner de plus en plus les
chambres législatives hors des voies constitu-
tionnelles, etc. par M. L. B. D. (le baron
Dandré). *Paris*, 1822, in-8. de 76 pages.

71 Appel au peuple français en faveur de la
liberté de l'Espagne, par un Espagnol constitutionnel (M. Galiano, membre des Cortès).
Paris, Selligue, 1830, in-8.

72 Application sur l'espèce humaine des expériences faites par Spallanzani, sur quelques animaux, etc. (par le citoyen Thouret).
(*Paris, Charles Pougens*), in-12. de 37
pages.

73 Appollyon (l') de l'Apocalypse, ou la révolution française prédite par St.-Jean l'évan-
géliste (par Jean Wendel Würtz). *Lyon*,
Rusand, 1816, in-8.

Il a été publié quatre éditions de cet écrit; la
cinquième, publiée la même année, revue et considérablement augmentée, a pour titre :

« Les Précurseurs de l'Ante-Christ, histoire pro-
phétique des plus fameux impies, etc. Suivie d'une
dissertation sur l'arrivée et le règne futur de l'Ante-
Christ. In-8º de 328 pages, plus la table. »

74 Arabesques populaires, suivis de l'album
des murailles (par M. Ch. M. Rousselet,
avocat). *St.-Germain en Laye, Abel Goujon,*
et *Paris, Lecointe* et *Pougin*, 1832, 1 vol.
in - 18.

75 Arbre (l') des batailles (par Honoré Bonnor,
prieur de Salon). *Lyon*, l'an 1481, le 24ᵉ
jour de décembre, in-fol. goth.

L'auteur de cet ouvrage, que quelques biographes appellent Bonnet, le composa par ordre de
Charles V pour l'instruction du dauphin. Il eut
alors beaucoup de succès. La bibliothèque du roi
en possède onze manuscrits, et il en existe plusieurs
éditions. Une des plus curieuses est celle qui fut
imprimée à Paris en 1493, chez Antoine Vérard, et
où se trouve représenté l'Arbre des batailles que
l'auteur décrit.

76 Arbre (l') royal, portant douze beaux fleu-
rons, par E. P. F. (Fercy). *Rouen, L.
Ducastel*, 1618, in-8.

77 Architecture de Palladio, traduite et abrégée (par Jombert). *Paris*, 1674, grand in-8.

78 Archives historiques et statistiques du département du Rhône (par MM. Breghot du

Lut , Cochard et Grognier), du 1er novembre
1824, au 30 avril 1831. *Lyon , J. M. Barret*, 14 vol. in-8.

Collection extrêmement curieuse et remplie de
recherches savantes.

79 Aristote , du monde ; Philon, du monde ;
Songe de Scipion ; le tout mis nouvellement
de grec en français (par Saliat). *Lyon ,
Pierre de Tours* , 1543 , petit in-8.

80 Armance , ou quelques scènes d'un salon de
Paris , en 1827 (par M. Bayle Stendhal).
Paris , Urbain Canel, 1827 , 3 vol. in-12.

81 Armée (l') du nord et le siège de la citadelle
d'Anvers , à son altesse royale Mgr le duc
d'Orléans (par M. Guyon , auteur d'un
poème intitulé , les Missionnaires). *Paris ,*
chez l'éditeur, 1833 , in-8.

82 Art de l'imprimerie-librairie , in-4.

(Extrait de l'Encyclopédie méthodique.) Composé
en 1795 , quant au mécanisme typographique , par
Guyot fils , élève de M. Pierres , imprimeur à *Versailles*; et tiré à un seul exemplaire qui existe maintenant à la bibliothèque du roi. La première partie
de cet exemplaire est chargée de notes de la main de
M. Pierres à qui il avait appartenu.

83 Art (l') d'aimer d'Ovide, suivi du remède

d'amour ; traduction nouvelle, avec des re-
marques mythologiques et littéraires, par
F. S. A. D. L.... (Avède de Loyserolles).
Paris, *P. N. Rougeron*, 1803, in-8.

84 Art (l') de faire des dettes et de promener
ses créanciers ; *par un homme comme il faut*,
(M. Imbert), dédié aux gens destitués, réfor-
més, aux victimes des révolutions et des changemens de ministère passés, présens et à
venir. *Paris, Plassan* et *Pélicier*, 1822, in-8.

On ne trouve plus dans le commerce un seul
exemplaire de cette brochure qui a eu plusieurs
éditions, qui toutes ont été épuisées. La seconde
est augmentée d'une lettre à l'éditeur.

85 Art (l') de lever des plans, etc. par M. de
M......g. (de Mastaing). *Dijon*, *Noella*,
1821, 1 vol. in-12.

86 Art (l') de mettre sa cravate de toutes les
manières connues et usitées, enseigné et démontré en 16 leçons, précédé de l'histoire
complète de la cravate, etc. par le baron Émile
de l'Empesé (E. Marco St-Hilaire). *Paris*,
Balzac, 1827, in-18.

Il y en a eu deux éditions dans la même année.

87 Art (l') de ne jamais manger chez soi et de
dîner toujours chez les autres ; enseigné en

8 leçons, par M. le chevalier de Mangenville, précédé d'une simple notice sur l'auteur et orné de son portrait (par Émile Marco St.-Hilaire). *Paris*, à la librairie universelle, 1827, in-18.

88 Art (l') de payer ses dettes et de satisfaire ses créanciers, sans débourser un sou, enseigné en 10 leçons.

Par feu mon oncle, professeur émérite.

Précédé d'une notice biographique sur l'auteur et orné de son portrait. Le tout publié par son neveu, auteur de l'Art de mettre sa cravate. (Emile-Marco St.-Hilaire). *Paris*, *Balzac*, 1827, in-18.

Réimprimé avec un changement dans le titre.

89 Art (l') de plaire dans la conversation (par Vaumorière). *Amsterdam*, 1711, in-12.

La première édition. avait paru treize ans plus tôt, et avait été imprimée à Paris. Nul ne posséda mieux que lui, dit Mlle. de Scudéry, l'art dont il écrivit les principes.

90 Art (l') de promener ses créanciers ou complément de l'art de faire des dettes, *par un homme comme il faut* (M. Imbert). *Paris*, *Plassan* et *Pélicier*, 1824, in-8.

91 Art (l') du ministre, *par une Excellence.*

1re *partie* : *Le Ministre qui s'en va* (par Imbert). *Paris, Plassan* et *Pélicier,* 1820, in-8.

Cette brochure ne se trouve plus dans le commerce.

92 Artillerie(l') nouvelle, ou examen des changemens faits dans l'artillerie française, depuis
1765, par M***. *Amsterdam*, 1772, in - 8.

Cet ouvrage est attribué par M. l'abbé Désaulnais,
sur le catalogue de la bibliothèque du roi, à M. Du
Coudrai, ci-devant lieutenant au corps royal d'artillerie ; et à M. St. Albin sur un autre exemplaire
du même catalogue. M. Barbier l'attribue à Tronson Ducoudrai. Réimprimé depuis.

93 Asie (de l'), ou considérations religieuses,
philosophiques et littéraires sur l'Asie, par
Mme V*** de C*** (Victorine de Châtenay).
Paris , Jules Renouard, 1832 , 4 vol. in-8.

94 Asse (les) les Isse, les Usse et les Insse , ou
la concordance des temps du subjonctif (par
Bonneau). *Paris, Millerand-Bouty*, 1832,
in - 32.

95 Assemblée (l') constituante ; brochure d'environ cent pages, en réponse à l'histoire de
la révolution française, de Charles Lacretelle
(par Alexandre de Lameth). *Paris, Corréard*, 1832, in-8.

96 Atlas national de France (par Dumez et Chanlaire). *Paris*, 1806 , gr. in-fol.

Cet atlas contient 112 cartes.

97 Atlas historique, généalogique, chronolo-gique et géographique , ou tableau général de l'histoire universelle, présentant un moyen sûr de classer avec fruit tout ce qui s'est passé depuis la création jusqu'à Jésus-Christ , etc. par A. Lesage (le comte de Las Cases). *Paris* , *Leclerc* , 1827 , in-folio.

98 Aujourd'hui et demain , brochure politique , (par le vicomte Sosthènes de la Rochefou-cauld). *Paris.* , *Dentu* , 1832 , in-8.

99 Aurigie , (de l'.) ou méthode pour choisir , dresser et conduire les chevaux de carosse , de cabriolet et de chaise ; suivie d'un nobi-liaire équestre , etc. par M. le chevalier d'H..... (d'Hozier), ancien élève du manège royal des Tuileries. *Paris*, *Doudey-Dupré* 1819 , in-8.

100 Au Roi, (Mémoires sur les circonstances politiques de 1815 , après le second retour du Roi), par L. A. S. A. D. S. P. E. D. S. R.(Louis-Antoine Salmon, ami de sa patrie et de son roi). *Paris* , *Scherff* , 1815, in-4.

101 Au Solitaire auteur des réflexions tirées de l'Écriture sainte ; sur l'état actuel du clergé en France , paix et salut (par l'abbé Baston). (*Rouen*, 1791) in-8.

102 Auteur (l') du Système (par M. le marquis de la Gervaisais). *Paris* , *A. Egron* et *Ponthieu* , 1825 , br. in-8.

103 Aux artistes. Du passé et de l'avenir des beaux arts (doctrine de St.-Simon) (par Emile Barreau, avocat). *Paris, Mesnier,* 1830, br. in-8.

104 Aux hommes monarchiques, fragmens de divers écrits (par M. de la Gervaisais). *Paris, A. Pihan de la Forest,* 1830, br. in-8.

105 Aux mânes de Louis XVI et de Marie-Antoinette, ou recueil authentique de discours, opinions , observations de MM. de Sèze, de Châteaubriant, (Sic) de Cazes, de Lally Tollendal, Marcellus, et autres pièces qui ont paru en faveur de leur justification ; recueillies par *** (André Mignon), employé à la bibliothèque de la ville de Paris. *Paris ,* *Pouplin* , 1816 , in-18.

106 Aux mânes de Voltaire, par un citoyen

de l'univers (M. Doigny). *Amsterdam,* *(Paris, Demonville)* 1779 , in-8.

107 Aventures (les) de la fille d'un roi (par M. Vatout , bibliothécaire du roi). *Paris,* 1832 , 2 vol. in-8.

108 Aventures (les) de Télémaque , fils d'Ulysse, par Fénélon ; nouvelle édition enrichie de variantes , de notes critiques , de plusieurs fragments extraits de la copie originale et de l'histoire des diverses éditions de ce livre (par M. Bosquillon, professeur au collège de France). *Paris, Théophile Barrois,* an VII , 2 vol. in-12 et in-18. Voyez le Dictionnaire de M. Barbier , n° 1463.

Lorsque cet ouvrage parut pour la première fois, le président Cousin, alors censeur , approuva ce livre comme traduit fidèlement du grec. Le père Du Cerceau, dans sa lettre critique sur l'histoire des flagellans de l'abbé Boileau , relève cette distraction du président. Ce propos a souvent été répété ; mais l'édition de ce livre, en 1699, qui est la première , n'a pas été achevée ; elle n'a point d'approbation de censeur. Tant que Louis XIV vécut, ce livre ne fut point imprimé en France, et la première édition qui porte une approbation est signée DE SACY : de plus , elle est de 1717, et le président Cousin est mort en 1707.

119 Avertissements salutaires de J.-C. aux dévots

et véritables serviteurs de la sainte vierge , mère de Dieu (par le père J. Vignancour , de la congrégation des frères mineurs de Rouen). *Rouen, J. le Boullenger*, 1674, in-12 de 32 pag.

110 Avis aux peuples des provinces , où la contagion sur le bétail a pénétré , et à ceux des provinces voisines (par Montigny). *Paris , imprimerie royale*, 1775 , in-8, de 16 pages.

111 Avis important sur les nouveaux écrits des modernes Ultramontains et des Apologistes d'une société renaissante, par M. S*** (Silvy), ancien magistrat. *Paris., Adrien Egron*, 1818 , br. in-8.

Anonymes et pseudonymes étrangers.

112 Amoribus (de) Pancharitis et Zoræ, poema erotico didacticon , (auctore Petit - Radel). *Parisiis ,* anno IX, in-8.

113 Antonii Ricardi (Stephanus Deschamps , Soc. Jes.). Theologi, responsio ad objectiones Vincentianas ; quâ (Libertus Fromondus , doct. Lovan.) Vincenti lenis Theriacam præsentissimum esse venenum demonstratur. *Paris , Seb. Cramoisy*, 1648 , in-4.

114 R. P. Athanasii Kircheri S. J. de venenis liber physico - medicus publico commodo recusus. *Græcii , Hæred. Widmanstadii ,* 1739, petit in-8.

115 Ambasciata di Romolo à Romani. (Attribué, par Lenglet-Dufresnoy, au célèbre Borri). *Genève* (sans date). 1 vol. in-12.

> Philippe Argelati , dans sa Bibliothèque des écrivains milanais , ne fait aucune mention de cet ouvrage à l'article de Borri.

116 Arte (l') di fare il vino (di Ferdinando Proletti). *In Firenze, Cambiaggi,* 1775, 1 vol. in-8.

117 Assedio (l') di Copenhagen nell' anno 1807, di fed. Münter; traduzione libera di E. B. de S. (barone di Shubart) 1809, 1 vol. in-8.

118 A Sua Eccelenza il n. v. signor conte Prospero Valmanzana, prestantissimo senatore, eletto protettore dalla comunita di Carpenedolo. (Da Baldassare Zamboni, arciprete de Calvisano), in-4.

119 Alfabeto (del) y lengua de los Fenices y de sus colonias (por Fr. Perez Bayer). Para ilustracion de un lugar de Salustio en que habla

de la lengua de los Leptitanos. *Madrid*, *Ibarra*, 1722, in-folio.

Cette dissertation fait suite à la traduction espagnole de Salluste, par l'infant don Gabriel, imprimée par le célèbre Ibarra.

120 Annaes das sciencias, das artes e das lettras ; Journal publié à Paris (par le docteur F. St. Constancio, portugais, chargé d'une mission diplomatique du cabinet de Lisbonne, pour les États-Unis). *Paris*, *Bobée*, 1818-1822, in-8.

Ce recueil périodique a tout-à-fait cessé à cette époque.

121 Account of the levant company (by the reverent Robert Walsh, chaplain to the bristish ambassy, at Constantinople). *London*, *Arch*, 1826, in-8.

122 Alhambra (the) or the new sketch book, by Geoffrey Crayon, (Washington Irving). *Paris*, *Baudry*, 2 vol in-12, et *Londres*, *Colburn et Bentley*, 2 vol. in-8.

123 Antient Erse poems collected among the Scottish Highlands (by Thomas Hill). In order to illustrate the Ossian of M. Macpherson (sans date). 1 vol. in-8.

Une note placée en tête de ce volume avertit que ces morceaux de poésie ont été précédemment publiés dans le Gentleman's magazin, en 1782 et 1783.

B.

124 Babioles d'un vieillard (recueil de vers, par M. le Bouvier Desmortiers). *Rennes, (Paris, Dentu)*, 1818, 1 vol. in-8.

125 Bachelier de Paris, (le) par Michel Raymond, (Louis Brucker), *Paris. Amb. Dupont*, 1833, 2 vol. in-8.

126 Baron (le) de l'empire, par Merville (Camus). *Paris, A. Dupont*, 1832, 2 vol. in-8.

Il y a eu dans la même année une autre édition en 4 vol. in-12.

127 Barricades (les), scènes historiques. Mai 1588 (par M. Vitet). *Paris, Brières*, 1826. 1 vol. in-8.

Cet ouvrage a eu plusieurs éditions.

128 Bases (des), de la forme et de la politique du gouvernement de la Grande-Bretagne, par

F. M. M. (Monier). *Paris, Galland*, an XIII (1805), in-8. de 48 pages.

129 Βασιλικὸν δῶρον, ou présent royal de Jacques Ier, roi d'Angleterre, au prince Henri son fils, traduit de l'anglais (par Villiers Hotman). *Paris, Guillaume Auvray*, 1663, 1 vol. in-12.

130 Berger (le) fidèle, traduit de l'italien de Guarini, en vers français (par l'abbé Des Torches). Avec le texte en regard. *Cologne, P. du Marteau. (Amsterdam, Elzevier)*, 1671, 1 vol. in-12.

> Cette traduction a eu plusieurs éditions.
>
> M. Barbier, dans l'article relatif à cet ouvrage, appelle l'auteur l'abbé DE TORCHES : l'édition imprimée à Lyon en 1720 que nous avons sous les yeux, et que possède aujourd'hui la bibliothèque du roi, porte DES TORCHES.
>
> Le même. *Amsterdam, Abr. Wolfgang*, 1689, 1 vol. in-12.

131 Bible (la), traduite en turc (par M. Kieffer). *Paris, imprimerie royale*, 1827, in-4.

132 Bibliommappe ou livre-cartes; leçons méthodiques de géographie et de chronologie, rédigées d'après les plans de M. B. (J. C.) (Jean-Charles Bailleul, ancien tribun). (Par

une société d'hommes de lettres, MM. Daunon, Eyriès, Année, Albert de Montémont,
Vivien, etc.) *Paris, Benard*, 1826 et 1827,
2 vol. in-4.

133 Bibliothèque populaire ou l'instruction
mise à la portée de toutes les classes et de
toutes les intelligences. Campagne d'Italie ,
par Bonaparte, avril 1796 — octobre 1797,
par un officier de la 32ᵉ demi - brigade
(M. Chanu , professeur d'histoire au collège
Henri IV). *Paris. Didot* , in-18.

134 Bibliothèque protypographique , ou librai-
ries des fils du roi Jean, Charles V, Jean de
Berri, Philippe de Bourgogne et les siens
(par Jean Barrois). *Paris, Treuttell et Wurtz*,
1830 , in-4.
    Ouvrage magnifiquement imprimé en caractères
gothiques. Il a été tiré à très petit nombre.

135 Bienfaits de la religion chrétienne; traduit
de l'anglais de Ryand (par Antoine-Marie-
Henri Boulard). *Paris*, 1810, 1 vol. in-8.

136 Bigarrures (les) et touches du Seigneur
des Accords (par Estienne Tabourot), avec
les apophthegmes du sieur Gaulard et les es-
craignes dijonnaises. *Paris , Richer*, 1615 ,
in-12. Souvent réimprimées.

137 Biographie d'Abbeville et des environs (par M. Louandre). *Abbeville, Devérité,* 1829, in 8.

138 Biographie de Joseph-Napoléon Bonaparte. Lettre politique à la chambre des députés de 1830 (par Belmontét). *Paris, Levavasseur,* 1832, in-8.

139 Biographie des députés de la chambre septennale de 1824 à 1830 (par M. Massey de Tyrone, avocat). *Paris, Dentu,* 1826, in-8.

140 Biographie des femmes de la cour et du faubourg St.-Germain, par un valet de chambre congédié (M. Constant Piton). *Paris, Belin,* 1826, in-32.

141 Biographie des médecins (par Morel de Rubempré, docteur-médecin). *Paris,* 1826, in-32.

142 Biographie des préfets, depuis l'organisation des préfectures (3 mars 1800), jusqu'à ce jour (par le baron de Lamothe-Langon, ancien sous-préfet). *Paris, Plassan,* 1826, in-8.

143 Biographie pittoresque des pairs de France; suivie du recensement des votes pour et contre le droit d'aînesse (par M. Eugène de Monglave). *Paris, A. Béraud,* 1826, in-32.

. Il y en a eu deux éditions. L'auteur, l'imprimeur et le libraire ont été cités à la police correctionnelle pour cette publication, et condamnés à l'amende et à la prison.

144 Blason (le) des fausses amours (par Guillaume Crétin). (Sans date ni nom de lieu), 1 vol. in-16.

145 Bon (du) droit et du bon sens en finances, ou du projet de remboursement des rentes (par M. le marquis de La Gervaisais). *Paris*, chez les libraires du Palais-Royal (sans date) (1826), br. in-8.

146 Bon (le) pasteur, dédié à ses brebis (en vers)(par l'abbé Baston). *(Rouen,* 1782*),* in-8.

147 Bonne (la) cause et le bon parti, par un habitant de Brest (M. Michel, imprimeur). *Brest, Michel, imprimeur-libraire,* 1814, br. in-8. de 48 pages.

148 Bonne (la) fille, ou la petite servante par dévouement; historiette racontée par l'auteur des OEufs de Pâques, etc. (Schmid), 1re édition. *Paris, Maumus,* 1833, in-18.

149 Bourienne et ses erreurs volontaires ou involontaires, ou observations sur ses mé-

moires (par Bulos). *Paris, Heildoff,* 1830,
2 vol. in-8.

150 Branche (la) d'olivier présentée aux ecclésiastiques du diocèse de Rouen (par l'abbé
Baston). *Rouen, etc.* 1801, in-8.

151 Brenna, nouvelle gauloise, par l'auteur de
la Famille d'Almer (M. Donat). *Paris, Dondey-Dupré,* 1833, 1 vol. in-12.

152 Bréviaire du gastronome, ou l'art d'or-
donner le dîner de chaque jour, selon les
différentes saisons de l'année, pour la petite
et la grande propriété ; précédé d'une histoire de la cuisine française ancienne et moderne, par l'auteur du Manuel de l'amateur
d'huîtres (Alexandre Martin). Orné de figures
dessinées par Henry-Monnier. *Paris, Audot,*
1828, 1 vol. in-18.

Ce Bréviaire fait partie d'une collection publiée
sous le titre de Petite Bibliothèque utile et amusante,
qui avait été annoncée comme devant avoir un assez
grand nombre de volumes et dont cinq seulement
ont paru.

153 Bucoliques (les) de Virgile, traduites en
vers français (par Jacques Delille). *Paris,
Giguet et Michaud,* 1806, in-8.

154 Budget (le) de Henri III, ou les premiers
états de Blois, comédie historique, précédée
d'une dissertation sur la nature des guerres
qu'on a qualifiées guerres de religion dans
le XVIᵉ siècle, etc. (par M. Rœderer). *Paris*,
Hector Bossange, 1830, 1 vol. in-8.

155 Bug-Jargal, par l'auteur de Han d'Islande
(Victor Hugo). *Paris, Urbain Canel*, 1826,
1 vol. in-16.

Anonymes étrangers.

156 Breve memoria statistica delle due Calabrie
del Signor Gaetano Tocci (publié par M. De
Manne). *Parigi*, 1806, in-4. de 42 pages.

J'avais composé cette notice statistique en français
pour M. Tocci qui, nommé à cette époque gouverneur de la Calabre, la transmit en italien.

157 Bracebridge house, or the humorists; by
Geoffrey Crayon (Washington Irving, auteur
de la Vie et des Voyages de Christophe Co-
lomb), *Paris, Galignani*, 1827, 2 vol. in-12.

158 Betrachtangen über den frieden zu Wien.

(Considérations sur la paix de Vienne), (par M. Goëtz). *Leipzik*, 1809, in-4.

C.

1 59 Café (le) de l'Opéra, poëme didactique, dé- dié aux amateurs du jeu de dominos (par J. Meiffred, artiste de l'Académie royale de mu- sique). *Paris* , 1832, br. in-8.

160 Cahiers militaires portatifs, contenant une nouvelle idée sur le génie et plusieurs autres pièces intéressantes et utiles pour le lecteur. Ornés de planches , par M. le colonel D*** (Tissot Grenus, de Genève). *Genève* , *J. A. Nouffer*, 1778, 1 vol. in-4.

161 Campagne d'Afrique en 1830, par un offi- cier de l'armée expéditionnaire (M. Fernel, chef de bataillon , employé à l'état-major gé- néral de l'expédition). *Paris* , *Théophile Barrois père*, 1831, in-8.

162 Campagnes de France , 1814 et 1815. Re- vues pour les détails stratégiques par le gé-

néral Beauvais, par M. Mortonval (Alexandre Furcy-Guesdon). avec 4 cartes. *Paris, Amb. Dupont*, 1826, 1 vol. in-18.

Ce volume fait partie d'une collection intitulée, « Résumé de l'histoire générale militaire des Français, » en 12 vol. in-18.

Il en existe une autre édition in-8.

163 Canons de logarithmes de H. W. (Hoëné Wronski). instructions et théories. *Paris, Treuttell et Würtz*, 1827, in-8.

164 Captive (la) (par M. le marquis de la Gervaisais). *Paris, A. Pihan de la Forest*, 1833, br. in-8.

Cette brochure se compose d'une réunion de plusieurs écrits de l'auteur sur le même sujet, publiés à diverses époques.

165 Captivité (de la) de madame la duchesse de Berry (par M. le marquis de la Gervaisais). *Paris, A. Pihan de la Forest*, 1833, in-8.

Cette brochure est la réunion de neuf opuscules qui avaient paru successivement. Chaque opuscule a sa pagination.

166 Capucin (le) du Marais, histoire de 1750, par M. Mortonval (Furcy-Guesdon). *Paris, Ambroise Dupont*, 1833, 4 vol. in-12.

167 Caquet bon-bec, la poule à ma tante, poème (par de Junquières). *Paris, Renard,* 1802, in-12.

168 Cardinal (le) de Richelieu, roman histori-. que, par M. G. James ; traduit de l'anglais par l'auteur d'Olesia ou la Pologne, Edgard et Vanina, traducteur des Puritains d'Amérique de Cooper (madame Lattimore Clarke, née Mame). *Paris, Ch. Gosselin,* 1830, 4 vol. in-12.

169 Catalogue de la bibliothèque d'un amateur (M. Renouard), avec des notes. *Paris, Renouard,* 1819, 4 vol. in-8.

170 Catalogue de mes livres (M. le comte de Réwieski). *Berlin,* 1784, 2 vol. in-8.

171 Catalogue des tableaux des trois écoles, du cabinet de M. de S. M. (St. Maurice) par Paillet. *Paris,* 1785, in-8.

172 Catalogue des livres de la bibliothèque de M... (M. Mel St. Céran). *Paris, De Bure,* 1780, in-8.

173 Catalogue des livres de M. S*** (Sensier). *Paris, Galliot,* 1828. in-8.

174 Catalogue des livres faisant partie de la bibliothèque de M. le marquis de Ch*** (Châ-
teaugiron). *Paris, Merlin*, 1827, in-8.

175 Catalogue des ouvrages condamnés depuis
1814 jusqu'à ce jour (1ᵉʳ septembre 1827),
etc. (par Gabriel Peignot). *Paris, Pillet*, 1827,
in-18.

176 Catalogue des principaux coins et médailles du musée monétaire de la commission
des monnaies et médailles (par MM. Gorgeu et
Anatole Chabouillet). *Paris, A. Pihan de
la Forest*, 1833, in-8.

Ce Catalogue dressé par l'ordre de M. le Directeur
de la Monnaie, indique le sujet, l'époque et le mo-
dèle de chaque médaille. Les légendes y sont textuellement reproduites et des notes en très-grand
nombre ont été ajoutées pour l'intelligence des sujets et indiquer les circonstances dans lesquelles elles
ont été frappées. Une notice dans laquelle l'auteur
traite de la gravure en médailles et de leur histoire,
précède ce catalogue.

(Extrait du Bibliologue de M. Quérard).

177 Catalogue des roys et princes souverains
du monde, tant ecclésiastiques que séculiers,
vivans cette année 1648; avec la liste des
princes puînez des maisons souveraines:
et un catalogue de tous les cardinaux. P. P.
G. D. S. M. E. S. D. M. (par Pierre

Gaucher de Ste Marthe Eq. seigneur de Mes-
rey) (Méré sur Indre). In-12.

178 Catalogue d'une collection considérable de
curiosités en différens genres (par Gersaint).
Paris, 1737, in-12.

179 Catalogue d'une partie de mes livres, contenant ce qu'il y a de plus curieux et de plus
intéressant dans mon cabinet. (Ce catalogue
est celui de la bibliothèque de M. Amanton).
Dijon, Victor Lagier, 1832, in-8.

180 Catalogue d'une riche collection de tableaux des peintres les plus célèbres des différentes écoles, du cabinet de M*** (Guillaume,
abbé de Gevigny). Par Paillet. *Paris*, 1779,
in-8.

181 Catalogue raisonné de coquilles et autre curiosités naturelles (par Gersaint). *Paris*, 1736,
in-12.

182 Catéchisme politique à l'usage des sujets
fidèles (par Dugast de Bois St. Just). (Sans
date.) 1 vol. in-12.

183 Catherine ou la mésalliance, par Mad. P***
(Pinot, de Dijon). *Paris, Ambroise Dupont
et C*, 1827, in-12.

184 Causes (des) qui ont amené la révolution
du 18 brumaire, etc. (par Charvilhac, homme
de loi). *Paris, Jusserand,* an XIII (1805),
in-8 de 48 pages.

185 Cazilda, roman par Émile Marco de
St. Hilaire. *Paris, Renaud,* 1832, 5 vol. in-12.
Ce roman n'est pas de l'auteur qui y a attaché son
nom ; le véritable auteur se nomme ALBOIZE.

186 Cécile ou la rigueur du sort (par Louis-
Pierre-Prudent Legay). *Paris, Lecointe et
Durey,* 1821, 2 vol. in-12.

187 Célestine (la) fidèlement repurgée et mise
en meilleure forme, tragi-comédie jadis Espagnole, en 21 actes (par Fernand de Rojas)
avec la Courtisane, poème de Joach. Du Bellay
(traduite par Jacques de Lavardin). *Paris,
Nicolas Bonfons,* sans date, (1578), petit in-12.

188 Cérémonies et coustumes qui s'observent
aujourd'huy parmy les Juifs; traduites de
l'italien de Léon de Modène, par de Simonville (Richard Simon). *Paris, Lahaye, Moetjens,* 1682, in-12.

189 Césars (les) de l'empereur Julien, traduit
du grec avec des remarques (par Spanheim).
Paris, 1683, in-4.

190 Champ d'asile (le), tableau topographique et historique du Texas, par L. F. LH.... de l'Ain (Lhéritier), l'un des auteurs des « Fastes de la gloire. » *Paris , Ladvocat,* 1819, in-8.

191 Chant funèbre sur les ravages causés par le choléra; dédié aux parens et amis des victimes de ce cruel fléau, par A. M. D. (Millin). *Paris,* 1832, in-8.

192 Chant (le) du loisir, ou le temps perdu d'un Normand (par Marie aîné). *Paris , chez les principaux libraires,* 1830, in-8.

> Ce recueil a paru de nouveau deux ans après considérablement augmenté, sous le titre : « des Coups de Brosses. » Voyez ces mots.

193 Chant (le) du rossignol, par M. Adolphe de C*** (de Chesnel). *Montpellier, Félix Avignon,* 1823, in-8 de 12 pages.

194 Chanteuse (la) et l'ouvrière, vaudeville en deux actes, par MM. Xavier (Boniface Saintines), et Ferdinand de Villeneuve. *Paris , Barba,* 1832, in-8.

195 Charles (par M. Bernard, avocat à Rennes). *Paris , Lachevardière,* 1825, 4 vol. in-12.

196 Chasse (la) poëme d'Oppien , traduit en français, par M. Belin de Ballu , conseiller à

la cour des monnaies, avec des remarques ; suivi d'un extrait de la grande histoire des animaux d'Eldemiri, par M*** (Silvestre de Sacy, conseiller à la cour des monnaies, etc). *Strasbourg, à la librairie académique,* 1787, in-8.

197 Châsteau (le) de Labour, en ryme (par Pierre Gringore). *Paris, Gillet Couteau* (sans date), (1500) in-4.

198 Château (le) de Malpertuis, ou conversations sur les commandements de Dieu et les obligations du chrétien (par Boistel d'Exauvillez). 2me édition. *Paris, Gaume frères,* 1833, in-18.

Cet ouvrage, ainsi que disent les éditeurs dans une note, est le même quant au fond, que celui qui est déjà connu sous le titre de Trésor des familles chrétiennes et qui a subi sous la main de l'arrangeur de nombreux changemens qui rendent sa lecture plus digne de son but.

199 Châtillon-les-Dombes (par le marquis d'Avaise). *Paris, Béthune,* 1832, in-8. en vers.

200 Cherté des grains (par Abeille). 1768, in-8.

201 Chevalier (le) de la Tour et le guidon des guerres (par Geoffroy de la Tour-Landry). *Paris, Eustache,* 1514, in-fol.

202 Chevreuil (le) ou le fermier anglais, comédie en 3 actes, mêlée de chants, par M. Léon
H*** (Halevy) et Jaime. *Paris, Barba*, 1831,
in-8.

203 Chimie minérale et Analyse de substances
minérales, travaux de 1829, 1830 et 1831,
par P. B. (Berthier). *Paris, Carilian-Gœury*,
1833, in-8.

> Extrait des Annales des mines.

204 Chine (la) catholique, ou tableau des progrès du christianisme dans cet empire, suivi
d'une notice sur les quatre Chinois présentés
à S. M. Charles X, avec leurs portraits et un
fac-simile de leur écriture (par M. Condurier). *Paris , Hippolyte Tilliard*, 1829, in-8.

205 Choix des fables de Vartan, en arménien
et en français (publié par M. de Saint Martin). *Paris*, 1825, grand in-8.

206 Choix de médailles antiques d'Olbiopolis
ou Olbia, faisant partie du cabinet du conseiller d'État de Blaramberg, à Odessa ; accompagné d'une notice sur Olbia et d'un plan
de l'emplacement où se voient aujourd'hui les
ruines de cette ville (par M. Raoul Rochette,
membre de l'institut et conservateur du cabinet des médailles). *Paris, Didot*, 1822, in-8.

207 Choix de poésies traduites de divers auteurs anglais ; par M. le chevalier de C***
(Caqueray, député), chevalier de l'ordre royal et militaire de St. Louis. *Paris, A. Pihan de La Forest*, 1827, in-8.

208 Christiade (la), par J. Vida; première traduction française (par M. De la Tour). *Paris, Colnet,* 1826, in-8.

209 Christiana, ou recueil complet de maximes et pensées morales du Christianisme, extraites de la vie, discours, etc. de J. C. et de quelques épîtres de St-Paul, par C...... d'Aval. (Cousin d'Avalon). *Paris, Vatar-Jouamet*, an 10, (1802) in-16.

210 Chronique du règne de Charles IX, (1572), par l'auteur du théâtre de Clara-Gazul (Prosper Mérimée). 2ᵉ édition. *Paris, Fournier,* 1832, 1 vol. in-8.

La première édition avait pour titre : « Chronique du temps ».....

211 Chronique du crime et de l'innocence, ou recueil des événements les plus tragiques , empoisonnements , assassinats , massacres , parricides et autres forfaits commis en France , depuis le commencement de la

monarchie jusqu'à nos jours; disposés dans l'ordre chronologique, etc. par J. B. J. Champagnac (Le baron de Lamothe-Langon). tom. 1 et 2, *Paris, Ménard*, 1832, et tom. 3 et 4, le même, 1833, in-8.

L'ouvrage est annoncé comme devant avoir 8 volumes.

212 Chroniques du café de Paris. *Le Jeune-homme* (par MM. Léon Guérin et Cappot de Feuillides). tom. 1ᵉʳ la Province. *Paris, Urbain Canel et Adolphe Guyot*, 1833, 1 vol. in-8.

L'ouvrage est annoncé comme devant avoir en tout 3 vol.; le second aura pour titre «Le Viveur» et le troisième, «Infamie et Grand-monde ou le Roué du siècle. »

213 Chroniques pittoresques et critiques de l'œil de bœuf; des petits appartements de la cour et des salons de Paris, sous Louis XIV, la Régence, Louis XV et Louis XVI, publiés par Mad. la comtesse de B*** (M. Touchard-Lafosse). *Paris, Leroux*, 1829, 8 vol. in-8.

214 Chroniques populaires du Berry, recueillies et publiées pour l'instruction des

autres provinces , par Pierre Vermond
(Armand Rousselet , avocat). 2° édition,
*St-Germain en Laye, Abel Goujon , et
Paris, Lecointe et Pougin*, 1830 1 vol.
in-8.

La première édition a été publiée dans le format
in-12.

215 Cimetière (le) de Gray, traduction nouvelle en vers français (par Marie-Joseph
Chénier). *Paris*, *Dabin*, 1803 , in-8.

216 Clément XIV et Carlo Bertinazzi. Correspondance inédite (composée par M.
Henri de la Touche). *Paris , Mongie
aîné* , 1827 , in-12.

217 Code civil , manuel complet de la po-
litesse , du ton, des manières de la bonne
société, par l'auteur du Code gourmand
(MM. Horace Raisson et Auguste Romieu). *Paris , Roret,* 1828 , in-16.

218 Code de la conversation , manuel complet du langage élégant et poli , contenant les lois, règles, applications et exemples de l'art de bien parler (par les
mêmes). *Paris , Roret*, 1829, in-18.

219 Code des gens honnêtes, ou l'art de ne

pas être dupe des fripons (par les mêmes).
Paris, Barba, 1825, in-12.

Une prétendue seconde édition a paru quelques
mois après, mais il n'y a que le frontispice qui ait
été changé.

220 Code gourmand, manuel complet de
gastronomie, contenant les lois, usages,
règles, applications et exemples de l'art
de bien vivre, par l'auteur du Code des
honnêtes gens (MM. Horace Raisson et
Auguste Romieu). *Paris, Ambroise Dupont*, 1827, in-18.

221 Code pénal forestier etc. (par M. Mail-
lard de Chambure). *Paris, Gobelet*, 1828,
in-8.

222 Code (le) de la chasse, par Horace
Raisson, suivie du Code de la pêche, par
M. de C......y (Horace Raisson). *Paris,
Lefebvre et Charles Béchet*, 1829, 1 vol.
in-18.

Les lettres C......y ne sont point un nom imaginaire, ainsi qu'on pourrait le croire. L'auteur a
voulu désigner par là M. de Coupigny, homme de
beaucoup d'esprit, connu dans le monde par de
jolies productions musicales.

223 Coin (le) du feu d'un Hollandais, par Pawlding, traduit de l'Anglais (par mademoiselle A. Sobry) *Paris*, 1830, 1 vol. in-8.

224 Collection abrégée des voyages anciens et modernes autour du monde, rédigée par F. B....... (Bancarel). *Paris, Fr. Dufaut père*, 1808, 1 vol. in-8.

225 Collection de matériaux pour l'histoire de la révolution de France, depuis 1787 jusqu'à ce jour; biographie des journaux, par M. D.......s (Deschiens, avocat à la Cour royale de Paris). *Versailles*, 1829, in-8.

226 Colons (aux) de St-Domingue (par M. Duval-Sanadon). *Paris*, *Cellot*, 1789, broch. de 24 pag.

227 Colonel (le) Duvar, fils naturel de Napoléon; publié d'après les mémoires d'un contemporain (par Louis Montigny). *Paris, Baudoin frères*, 1827, 4 volumes in-12.

228 Comédies de Térence, traduites en français, avec le latin à costé, et rendues très-honnestes en y changeant fort peu de chose (par M. de Sally). 8ᵉ édition.

Paris, *veuve de Cl. Thiboust*, 1671, in-12.

229 Commandement (du) de la cavalerie et de l'équitation. Deux livres de Xénophon, traduits par un officier de l'artillerie à cheval (Paul Louis - Courrier). *Paris*, *Eberhart*, 1812, in-8.

Le texte grec est en regard de la traduction.

230 Commentaires qui accompagnent le projet d'ordonnance sur le service des armées en campagne, du 3 mai 1832 (par le général Préval). *Paris, Anselin*, 1832, br. in-8. de 163 pag.

231 Compagnons (les) du Schall noir, roman tiré des chroniques russes (par M. de St-Thomas, traducteur de l'histoire de Russie de Karamsin). *Paris, ch. Gosselin*, 1830, 4 vol. in-12

232 Comparaison de différentes méthodes tachigraphiques et sténographiques, depuis l'origine de l'art jusqu'à ce jour (par M. Jomard). 1831, broch. in-8.

Extrait du nouveau journal d'éducation et d'instruction, publié par MM. de Lasseyrie et Lournaud.

233 Comparaison de Platon et d'Aristote,

(par le père Rapin). *Paris*, 1671, 1 vol. in-12.

234 Comparaison des cérémonies des juifs et de la discipline de l'Église, par de Simonville (Richard Simon). *Paris*, *la Haye*, *Moetjens*, 1682, petit in-12.

235 Complainte de Clara-Wendel, fameuse femme brigand, arrêtée en Suisse; par M. Odry (Théophile Marion Du Mersan). *Paris*, *Hubert*, 1826, 8 pag. in-8.

236 Complainte et enseignements de François Garin (publiés par M. Durand de Lançon, membre de la société des bibliophiles français). *Paris*, *Crapelet*, 1832, in-8.

237 Complainte sur la mort du droit d'aînesse (par M. Félix Bodin). *Paris*, *Touquet*, 1826, in-32.

Cette complainte fort plaisante eut un succès prodigieux.

238 Comte (le) de Charny, roman historique dédié aux Bourguignons (par M. S. Arnoult). *Paris*, *Delaunay*, 1829, in-8.

239 Comte (le) de Valmont, ou les égarements

de la raison (par l'abbé Gérard). *Paris Bossange*, 1807, 6 vol. in-8.

Parmi les nombreuses éditions de cet ouvrage, celle-ci est, à juste titre, une des plus estimées.

240 Comte (le) de Villamayor, ou l'Espagne sous Charles IV, par M. Mortonval (Alexandre Furcy-Guesdon). 3ᵉ édit. *Paris, Eugène Renduel*, 1829, 5 vol. in-12.

La première édition a paru en 1825.

241 Concierge (le), drame dans le Palais des Tuileries, par MM. J. B. et Thalaris Dufourquet (Mad. Jenny Bastide). *Paris, Wolf-Lerouge*, 1833, 2 vol. in-8.

Cet ouvrage est le même que celui intitulé : « Un drame au Palais des Tuileries, » qui avait précédé de quelques mois et dont on a changé le titre, sans doute pour donner aux exemplaires qui ne s'étaient pas écoulés, un air de nouveauté. Voyez les mots : « Un drame au Palais des Tuileries.» etc..

242 Conclusion de l'analyse des ouvrages de M. Charrier de la Roche, etc. (par l'abbé Baston). (*Rouen*, 1791), in-8.

243 Concordance des lois civiles et des lois ecclésiastiques de France, touchant le mariage, par M. Baston, docteur de Sorbonne,

ancien vicaire-général de S. E. M. le Cardinal
C.......s (Cambacérès) et de M. de B...... (Bernis), archevêques de Rouen. *Paris*, *et Besançon*, 1824, 1 vol. in-12.

244 Confession de M. l'abbé D*** (l'abbé Guillaume André Réné Baston), auteur des Lettres
de Philétès , pour servir de supplément , de
rétractation et d'antidote à son ouvrage, à
MM. les curés protestants du diocèse de Lisieux. *Londres*, 1776, 1 vol. in-8.

245 Confession (la), par l'auteur de l'âne mort
et de la femme guillotinée (Jules Janin).
Paris, *Mesnier*, 1830 , 2 vol. in-12.

246 Confidences de deux curés protestants du
diocèse de L*** (Lisieux), au sujet d'une brochure intitulée : « Défense des droits du second
ordre, etc. » Leyde. Donné au public par M.
Exomologèse, vicaire de *** avec un commentaire par le même (par l'abbé Guillaume André Réné Baston). *Édimbourg*, 1778, 1 vol.
in-8.

247 Conformité des coutumes des Indiens Orientaux avec celles des Juifs, etc. (par de La
Créquinière). *Bruxelles*, 1704, 1 vol. in-12.

248 Congrès (du) de Vienne, par l'auteur du

Congrès de Rastadt (M. de Pradt). *Paris*, *Déterville*, 1815, 2 vol. in-8.

249 Conjuration (la) d'Amboise, par mademoiselle H. A. (Hortense Allard). *Paris*, *Marc*, 1821, 1 vol. in-12.

250 Connaissance (de la) des bons livres ou examen de plusieurs auteurs (par Charles Sorel). *Amsterdam*, *Boom*, 1672, in-12.

L'édition de Paris, qui a précédé celle-ci, passe pour la meilleure.

251 Connaissance (de la) du tempérament, par le docteur D*** (Delacroix) médecin. *Paris*, *Chassaignon*, 1828, in-8.

252 Conquête (la) d'Alger, en 1830, poème en trois chants, par un jeune Breton (M. Périnès). *Paris*, *Dentu*, 1832, in-8.

253 Conquête (la) de la Prusse, poëme pouvant servir de continuation à la Napoléïde, jusqu'à la prise de Berlin (par M. A. Gondeville de Montriché, sous-chef au ministère de la guerre et gendre du célèbre acteur Mira, connu au théâtre sous le nom de Brunet.)

Ce poème a été imprimé à la suite de la Napoléïde,

par M. de G. (Ménégaut de Gentilly , connu aussi sous le nom de Maugeret-Clémence).

254 Conquête (la) des Pays-Bas par le Roy, dans la campagne de 1745, avec la prise de Bruxelles en 1746, par Z*** (Zambault chevau-léger de l'une des compagnies d'ordonnances de la gendarmerie). *La Haye*, 1747, in-12.

255 Conseils à des surnuméraires; ouvrage imprimé à l'imprimerie royale pour le ministère des affaires étrangères, et non publié, par M. le comte de H*** (d'Hauterive). 1826, in-8.

256 Conseils à une jeune-femme, ou Lettres d'Augustine L. M. (Legrand de Melleray) à Pauline D. N. (de Noailles). suivis de quelques poésies (par M. Le Marcis, directeur des contributions de Paris). *Paris, impr. de Dupont*, an V (1797), 1 vol. in-16.

257 Conseils (les) de 1828; politique intérieure (par M. le marquis de la Gervaisais). *Paris, A. Pihan de la Forest*, 1829, br. in-8.

258 Considérations consciencieuses sur le mariage, avec un éclaircissement des questions agitées jusqu'à présent touchant l'adultère, la séparation et la polygamie. 1679, in-12.

Ce livre, imprimé par ordre de l'électeur Charles-Louis, comte palatin, parut en allemand sous le nom emprunté de Daphnæus Arcuarius, qui cachait celui de Laurentius Bœger, un des conseillers de ce prince.

Dans l'édition des œuvres de Bossuet (*Versailles*, in-8, 1816, t. 19, p. 322, Histoire des variations, liv. 6, sur les concubines), on trouve deux actes importans sur cette affaire, qui sont tirés de l'ouvrage dont nous venons de parler.

259 Considérations historiques et politiques sur la Russie, l'Autriche et la Prusse, etc. (par N. J. Aubernon, ex-préfet). *Paris, Ponthieu*, 1827, 1 vol in-8.

Une seconde édition qui a paru dans la même année, porte le nom de l'auteur et a subi d'assez fortes augmentations.

260 Considérations philosophiques, remarques, observations, anecdotes particulières, sur la vie et les ouvrages de Sébastien Bourdon, ancien recteur de l'académie royale de peinture par M. X.... A. (Xavier Adger). *Paris, De Beausseaux*, 1818, in-8.

261 Considérations philosophiques sur le christianisme (par Ch. Bonnet). *Paris*, 1785, in-8.

Nous croyons que M. Barbier s'est trompé en attribuant à l'abbé Rey, aumônier de St.-Lazare, cet ouvrage qui n'est, selon nous, qu'une réimpression d'un livre que Bonnet publia pour la pre-

mière fois en 1769, sous le titre de : « Recherches
philosophiques sur les preuves du christianisme. »
Genève, qui se trouvent aussi dans la « Palingénésie philosophique du même. »

262 Considérations sur la difficulté de coloni-
ser la régence d'Alger, et sur les résultats
probables de cette colonisation, par M. A.
(Maurice Allard). *Paris, Selligue*, 1830, in-8.

263 Considérations sur la marine française en
1818 et sur les dépenses de ce département,
par M. de Boisgenette, ancien employé supérieur et militaire en Hollande, etc. (Alphonse Louis-Théodore de Moges, capitaine
de frégate). *Paris, Bachelier*, 1818, in-8.

264 Considérations sur la situation politique
de l'Europe et sur les résultats probables
d'une occupation du Bosphore par les Russes,
par M. A. (Maurice Allard). *Paris, J. Tastu*,
1828, in-8.

265 Considérations sur les destinées humaines
(par Paul Dominique Bonneau). *Paris;
Pihan de la Forest*, 1830, in-8.

> Cet auteur a publié, sous le titre ci-dessus, plu-
> sieurs écrits auxquels il a donné un numéro (tom. 1,
> 2, 3, etc.), quelque peu étendue que fût souvent
> sa brochure.

266 Considérations sur les établissements de

charité en général, suivies de quelques réflexions tendantes à améliorer le sort de la
classe indigente (par madame de Manne). *Paris, Marchands de nouveautés* (sans date). in-8.

267 Considérations sur l'intérêt qu'a le gouvernement à maintenir en France une administration forestière spéciale (par M. Fleury,
ex-conservateur des forêts à Rouen). *Paris,
Ladvocat*, 1818, in-8.

268 Considérations sur l'objet et les avantages
d'une collection spéciale consacrée aux cartes
géographiques et aux diverses branches de la
géographie (par M. Jomard). *Paris , Duver-
ger*, 1831 , in-8.

Cette brochure a été tirée à un très petit nombre
d'exemplaires.

269 Consolation à ma femme (par M. Rey).
Paris, Crapelet, 1830, in-8.

270 Consolations (les), poésies (par M. Ste. Beuve). *Paris, Urbain Canel*, 1830, in-16.

271 Consolations (les) du chrétien à sa dernière
heure, ou recueil de morts édifiantes par
M*** (Boistel d'Exauvillez). Auteur de plusieurs ouvrages nouveaux. 3ᵉ édition, *Paris , Gaume frères*, 1830 , in-18.

272 Conspiration (la) de 1821, ou les Jumeaux
de Chevreuse; par M. L. D. D. L. (M. le duc
de Lévis). *Paris, Charles Gosselin*, 1829,
2 volumes in-8.

Une seconde édition a paru quelques mois après
en 4 vol. in-12. Le nom de l'auteur est inscrit en
toutes lettres sur les couvertures; les frontispices
portent seulement, comme dans la première édition,
les initiales indiquées ci-dessus.

273 Constantine, ou le danger des préven-
tions maternelles, par madame A. M. A.
L. C. L. (Lacroix). *Paris, Dentu*, an XI
(1803), 3 vol. in-12.

274 Contemporaine (la) en Egypte, par madame Ida de St. Elme (Elzélina Van Aylde
Jonghe). *Paris, Ladvocat*, 1831, 6 vol. in-8.

275 Contemporains étrangers ou recueil ico-
nographique des étrangers les plus célèbres
dans la politique, la guerre, etc. depuis
1770 jusqu'à nos jours; dessiné sur pierre
par MM. Mauzaize et Grévedon, publié
par M. Quénot, l'un des éditeurs de la
galerie d'Orléans et Charles Motte. (chaque
portrait est accompagné d'une notice biographique par M. Paulin Richard, de la
Bibliothèque du Roi). *Paris, Ch. Motte*,
1826, in-fol.

On doit regretter que cet ouvrage fort bien exécuté et qui devait avoir 20 livraisons, ait été interrompu à la huitième.

276 Contes à mes fils, par Kotzbuë, traduits
de l'allemand (par Frieswinkel, connu
dans le monde littéraire sous le nom de
Friéville). *Paris, Béchet*, 1818, 2 vol.
in-12.

277 Contes bruns par une.... (tête à l'envers).
sur le frontispice, après le mot *une*, est
une vignette représentant une vieille tête
renversée. *Paris, Urbain Canel*, 1832, in-8.

Ces contes sont dûs à l'association de MM. (Honoré Balzac) qui a fourni, pour sa part, « une Conversation entre onze heures et minuit, et le Grand
d'Espagne.» (Philarète Chasles), auteur des « Trois
Sœurs, d'une Bonne Fortune et de l'OEil sans pau-
pières » (et Charles Rabou), auteur des « Regrets,
de Tobias-Guarnerius, de Sara la danseuse et du
Ministère public. »

278 Contes de mon hôte recueillis et publiés
par Jedehiah Cleisbotham, maître d'école
et sacristain de la paroisse de Glander-
cleugh (par sir Walter-Scott). 4e et dernière série. *Robert de Paris* et *le château
périlleux*, traduits de l'anglais par de Fauconpret. *Paris, Charles Gosselin*. 1832,
6 vol. in-12.

279 Contes de Musœus, traduits de l'allemand (par M. David Louis Bourguet). *Paris,
Moutardier*, 1826, 5 vol. in-18.

La notice sur Musœus est de M. Paul de Kock,
ainsi que l'annonce le titre.

280 Contes de bibliophile Jacob à ses petits
enfans (par J. Lacroix). *Paris, Louis Janet*,
1832, 2 volumes in-12, avec huit vignettes.

281 Contes du froc et de la gagoule, par
le bibliophile Jacob (J. Lacroix). *Paris, Eugène Renduel*, 1832, 2 vol. in-8.

282 Contes et nouvelles, par M. Merville
(Camus). *Paris, Gagniard*, 1830, 3 vol.
in-12.

283 Contes populaires, traditions, proverbes
et dictons de l'arrondissement de Bayeux,
suivis d'un vocabulaire des mots rustiques
et des noms de lieux les plus remarquables de ce pays, recueillis et publiés
par F. P. (Pluquet). *Caen, Lopin*, 1825,
in-8. de 98 pages, tiré seulement à 40
exemplaires numérotés de la main de
l'auteur.

284 Contes (les) aux heures perdues, ou le

recueil de tous les bons mots, équivoques, etc. non encore imprimés. *Paris*, 1644, 2 vol. in-8.

L'abbé d'Artigny, dans ses Mémoires, les attribue à Métel de Boisrobert; mais s'il faut en croire Goujet, ils sont dus à son frère (Antoine de Métel, sieur d'Ouville).

285 Contrariant (le), comédie en un acte et en prose, représentée sur le théâtre de l'Odéon, par Merville (Camus). *Paris*, 1829, in-8.

286 Convalescence du vieux conteur, par P. L. Jacob (J. Lacroix), bibliophile. *Paris, Louis Janet*, (sans date), 1 vol. in-12.

Une autre édition a paru en même temps que celle-ci, dans le format in-8, et, comme la première, ornée de vignettes gravées par Collin.

287 Conversations (les) D. M. D. C. E. D. C. D. M. (du maréchal de Clérambaut et du chevalier de Méré). par le chevalier de Méré. *Paris . Claude Barbin*, 1669, 1 vol. in-12.

Une troisième édition parut en 1671, augmentée d'un Discours de la Justesse.

Le chevalier de Méré est celui dont l'Eloge se trouve dans un ouvrage intitulé : « Eloges de quelques auteurs français » (par l'abbé Joly et plusieurs autres). Il est fait par Jean-Bernard Michault.

288 Copie de Lucien et la métamorphose de Daphné (par le sieur Julien, Prévôt de Poissy). *Paris, Denis Thierry*, 1683, in-12.

289 Corbeille (la) de fleurs. (démence de Mlle. de Panor, en son nom Rozadelle St. Ophèle; suivie d'un conte de fées, d'un fragment d'Antiquès; etc.) par l'auteur de l'histoire de « la baronne d'Alvigny ou La Joueuse » (Madame de Mérard St.-Just). *Paris*, 1796, in-18.

Edition tirée à 25 exemplaires, tous sur papier vélin.

290. Correspondance de deux amis (Bélanger et Joachim Dupont). *Paris, Leblanc*, 1823, in-12.

Tiré à 50 exemplaires seulement, aux frais de madame Dupont, comme un gage de tendresse pour la mémoire de son fils mort à vingt ans.

La personne qui est désignée sous le nom d'Alexandre et par l'initiale D. est le fils de M. Duchesne aîné, de la Bibliothèque du Roi.

291 Coup-d'œil encyclopédique des sciences de l'Orient; traduit d'ouvrages Arabes, Persans et Turcks, par un étudiant Orientaliste à Constantinople (de Hammer). *Leipsig*, 1804, 1 vol. in 8.

292 Coup-d'œil sur l'exposé des motifs et le projet de loi relatif à la mine de sel gemme (par M. le marquis de la Gervaisais). *Paris, Adrien Egron et Ponthieu,* 1825, in-8.

293 Coup (le) de pistolet chargé à poudre, dialogue entre un vieux classique et un jeune romantique, par l'ermite en Russie (Dupré St. Maur). *Paris, Denain,* 1829, in-8. En vers.

294 Coups (les) de brosse, chansons politiques sur le précédent et sur le nouveau système. Contes et autre pièces légères (par Marie aîné). *Paris, chez l'auteur,* 1832, in-8.

Ce recueil avait déja paru sous un autre titre. voyez le nº 192.

L'auteur cumule les fonctions de poète et de décroteur au Palais-Royal.

295 Coups (les) de l'amour et de la fortune, tragi-comédie dédiée à son Altesse de Guise (attribuée à M. Quinault). *Paris, Guillaume de Luyne* (sans date), (1655), in-4.

Il existe une autre édition in-12 de 1660.

Le sujet de cette pièce est pris, selon les uns, d'une comédie espagnole intitulée : « Il Crédito Matto ; »

selon M. de la Monnaye, elle est imitée d'une comédie de don Antonio de Solis, qui a pour titre : « Le
Triomphe d'amour et de fortune. »

Quoi qu'il en soit, cette pièce que l'on attribue à
Quinault, n'est pas de lui, mais bien de Scarron,
du moins en partie. On n'a, pour s'en convaincre,
qu'à consulter la préface placée à la tête de ses nouvelles tragi-comiques, édition de Paris, 1656.
Voici à peu près ce qu'il y dit : « Le sujet des Coups
« d'amour et de fortune, est dû à mademoiselle de
« Beauchâteau (comédienne); c'est M. Tristan qui
« a fait les quatre premiers actes, et c'est moi qui
« ai fait le dernier, à la prière des comédiens qui me
« le firent faire, parce que M. de Tristan se mou-
« rait. » Et plus bas, il ajoute : « J'ai encore par
« devers moi le brouillon de mademoiselle de Beau-
« château et le mien. »

296 Cour (la) de Marie de Médicis (par
M. Bazin). *Paris, Alex. Mesnier*, 1830,
1 vol. in-8.

297 Courrier (le) des chambres publié par nu-
méros (par le sieur Gadois, qui ne s'est fait
connaître dans sa déclaration à la direction
de la librairie que sous le nom de St.-Au-
laire). *Paris, Plancher*, 1817, in-8.

298 Cours de littérature de La Harpe (publié
par MM. Lagier et Frantin), avec une introduction intitulée : « Recherches historiques,

littéraires et bibliographiques sur la vie et les ouvrages de M. de La Harpe (par Gabriel Peignot). *Dijon, Frantin,* 18 volumes in-12.

Cette édition peut être regardée comme une des plus correctes et des meilleures.

299 Cours d'histoire à l'usage de la jeunesse (par le père Loriquet, jésuite). *Lyon, Rusand,* 1821, 6 vol. in-16.

Ce Cours, dont le libraire a publié plusieurs éditions, se compose de six parties, savoir :

Tableau chronologique.

Histoire sainte.

Histoire ecclésiastique.

Histoire ancienne.

Histoire romaine.

Histoire de France.

Chaque partie porte les initiales A. M. D. G.*** que l'on pourrait prendre pour celles du nom de l'auteur, et qui ne sont que la devise des Jésuites : *Ad majorem Dei gloriam.*

300 Cours élémentaire d'histoire universelle rédigé sur un nouveau plan, ou lettres de Madame d'Ivry à sa fille, par Mlle. M. de B. (Mélanie de Boileau). *Paris, Dentu,* 1809, 10 vol. in-12.

301 Cours révolutionnaire sur la plupart des principales sciences (signé D....) (par le

citoyen Durau, médecin à St. Girons, département de l'Arriège). Vendémiaire an VIII (1800), in-8. de 12 pag.

302 Courses vagabondes de Jean-Christophe Lesage, dans la vaste étendue de la plaine des fous; présent de carnaval, par Apicius Frissgern (c'est-à-dire, qui mange volontiers) (par Shaler). *Strasbourg*, (1830), in-8. en Allemand.

303 Courtes observations sur les congrégations, les missionnaires, les jésuites et les trois discours de M. l'évêque d'Hermopolis, par M. S*** (Salgues). *Paris, Dentu*, 1829, in-8.

304 Cousin (le) Frédéric, vaudeville, par MM. Emile (le chevalier Balisson de Rougemont), Etienne (Arago) et Alexandre (Basset). *Paris*, 1829, in-8.

305 Couvent (le) de Baïano, chronique du 16ᵉ siècle, extraite des archives de Naples et traduite littéralement de l'italien par J... C... O; précédé de recherches sur les couvents au 16ᵉ siècle par P. L. Jacob (Paul Lacroix), bibliophile, auteur des « Soirées

5

de Walter-Scott. » *Paris*, *H. Fournier jeune*, 1829, in-8.

306 Couvent (le) de Los Ayudos, par Jean-Pierre, auteur de : « La Fille bleue et l'archevêque »(Marie Aycard). *Paris*, *Thoisnier-Desplaces*, 1833, 4 vol. in-12.

307 Crac! Pchcht! Baound! ou le manteau d'un sous-lieutenant. Réalités hyperdrolatiques et posthumes, écrites par Pungo, Sapajou et Houhou, sous la dictée d'Auguste Jeancourt (attribué à M. Ajasson de Grandsagne). *Paris*, *Eug. Renduel*, 1832, 2 vol. in-8.

M. Ajasson de Grandsagne, quoique passant pour l'auteur de cet ouvrage, n'en a été que le réviseur.

308 Crapaud (le), histoire espagnole. 1823 (par Félix Davin). *Paris*, *Madame Delaunay*, (sans date) 2 vol. in-8.

Cet ouvrage a paru en 1832.

309 Cri (le) de la France, (sur la mort de Bonaparte) (par Grand). *Paris*, *Brasseur*, 1821, in-8.

310 Crimes (les) des reines de France, depuis le commencement de la monarchie, jusqu'à Marie-Antoinette (par Mademoiselle Louise-

Félicité Guinemont de Kéralio). *Paris*, 1793, 1 vol. in-8.

311 Crise (la) de l'Europe (par le chevalier Sinclair Nebster). Ou Pensées sur le système que les différentes puissances de l'Europe, et en particulier la neutralité armée, devraient suivre dans la conjoncture présente. Traduit de l'anglais. 1783. in-12 de 59 pages.

312 Critique (la) de Bérénice (par l'abbé Montfaucon de Villars). *Paris , Billaine*, 1671, in-12.

313 Cuisinière (la) de la campagne et de la ville, ou la nouvelle cuisine économique, etc. dédiée aux bonnes ménagères par M. L. E. A. (Audot, père, libraire). 11e édition, *Paris, Audot fils ,* 1832, in-12.

314 Curiosités littéraires concernant la province de Normandie (par F. Pluquet). *Caen , Chalopin*, 1827, in-8. de 52 pages.

315 Cyrus triomphant, ou la fureur d'Astiages, roi de Mède, tragédie (par Mainfray). *Rouen, David , Dupetival,* 1618. in-18.

Anonymes et pseudonymes étrangers.

316 Centum fabulæ ex antiquis scriptoribus delectæ et à Gab. Faerno carminibus explicatæ (edente Sylvio Antoniano). *Bruxellis F. Foppens*, 1682, petit in-8.

317 Classes generales geographiæ, numismaticæ, seu monetæ urbium, populorum et regum; ordine geographico et chronologico dispositæ, et in duas partes divisæ (à Dominico Sestini). *Lipsiæ, in librariâ gleditshiâ,* 1797, in-4.

318 Collectanea græca ad usum scholæ genovensis. *Genevæ, Bonnaut,* an X. (1802) in-8.

Ce recueil a été formé par M. Couronne, régent de la première classe au collège de Genève.

319 Cornelii Nepotis vitæ excellentium imperatorum (edente Ant. Aug. Renouard). *Parisiis, idem Renouard,* 1796, 1 vol in-18.

320 Cosmographiæ physicæ mathematicæ (à Frisio). *Mediolani,* 1775, 2 vol, in-4.

Le second volume seul porte une date.

321 Cardinalismo (il) di santa chiesa, diviso in

tre parti (attribué à Gregorio Leti). *In Villa-franca, Giorgio Pallardi* (ou *Fallardi*), 1668, 3 vol. in-12.

322 Cinque orationi di Demosthene ed una di Eschine, tradotte di lingua greca in italiana (da Girolio Ferro). *Venetia, Paolo Manutio*, 1557, in-8.

323 Como e il Lario, commentario di Poliante Larriano (da Giambattista Giovio). *In Como, Ostinelli*, 1795 in-8.

324 Compendio delle storie di Genova dalla sua fondazione (dal Acinelli, prete Genovese'. *in Lipsia, Benefattori*, 1750, 2 vol. petit in-8.

325 Conferenze sulla compagnia di Gesu (par M. Eustache Degola, prêtre de Gênes). *Lipsia*, 1780, in-8.

M. l'abbé Grégoire a publié sur cet auteur une notice nécrologique.

326 Cartas para illustrar la historia de la España Arabe, escritas por D. F. de B. (Muscat de Bourbon) (Sans date), in-4.

327 Coleccion de varias heroidas, traducidas libremente de los mejores autores franceses.

por D. M. A. de C. (de Carnerero). *Madrid, Repullès*, 2 vol. petit in-8.

328 Coleccion diplomática de varios papeles antiguos y modernos sobre dispensas matrimoniales y otros puntos de disciplina ecclesiastica (par M. LLorente, chanoine de Tolède, vicaire-général de Calahorra, etc.) *Madrid, Ibarra*, 1809, in-4.

329 Comedia (la) nueva, comedia en dos actos, en prosa. Su autor Inarco Celenio, poeta arcade (Leandro Moratin). *Parma, Bodoni*, 1796, in-8.

330 Calamities of Authors; including some inquiries respecting their moral and literary characters. By the author of Curiosities of literature (d'Israeli). *London, John Murray*, 1812, 2 vol. in-8.

331 Code (a) of gentoo laws, or ordinations of the Pandits, from a Persian translation made from the original, written in the sanscrit language (by Nathaniel Brassey Halhed). *London*, 1781, in-8.

D.

332 Dallinval, comédie (par M. Marotte, conseiller de préfecture du département de la Somme). *Paris,* 1815, in-8.

333 Dame (la) de St. Bris, chroniques du temps de la ligue, 1587. Par Mortonval (Alexandre Furcy-Guesdon). *Paris, Ambroise Dupont,* 1827, 4 vol. in-12,

> Il y a eu une seconde édition dans la même année.

334 Dame (la) du Louvre, drame en cinq actes par M. Lacqueyrie (Pélissier). *Paris,* 1832, in-8.

335 Danger (le) de la philosophie actuelle, ou l'utilité de la religion chrétienne et d'une probité constante (par le citoyen Garnier-Deschesnes). *Paris,* 1797, in-8. de 37 pages.

336 Dangers (les) de l'impunité (par le baron de Rouvrou, maréchal-de-camp). *Paris, A. Pihan de la Forest,* 1827, in-8.

337 Daniel le lapidaire ou les contes de l'ate-

lier, par Michel Raymond (Masson). *Paris,
Levavasseur*, 1832, T. 1 et 2, in-8.

Les tomes 3 et 4, in-8, ont paru en 1833. Ces
deux volumes sont annoncés comme les derniers
contes de Daniel, et portent le nom de l'auteur.

338 Danse (la) Macabre; histoire fantastique
du XV⁰ siècle,par P. L. Jacob (Paul Lacroix),
bibliophile, membre de toutes les académies.
Paris, Eugène Renduel, 1832, in-8.

339 Débat (le) de deux demoiselles, l'une nommée la Noyre et l'autre la Tannée, suivi de
la vie de St. Harenc et d'autres poésies du
XV⁰ siècle, avec des notes et un glossaire
(réimprimé par les soins de M. le baron
Félix de Bock). *Paris, Firmin Didot,*
1825, in-8.

340 Deburau. Histoire du théâtre à quatre
sous, pour faire suite à l'histoire du théâtre
français (par Jules Janin). Orné de neuf
vignettes. *Paris, Charles Gosselin*, 1832,
1 vol in-8.

Cette édition, imprimée avec luxe, n'a été tirée
qu'à 25 exemplaires. Il a paru dans la même année
une seconde édition en 4 vol. in-12.

341 Décadence de la marine française, ses
causes et les moyens de l'arrêter; par Ange

P. de L*** (A. Pihan de la Forest). *Paris*, *Boucher*, 1820, 1 vol. in-12.

342 Décision sur les ventes où il y a lésion, etc. (par Pierre Bernardeau, homme de loi à Bordeaux). Dernière édition plus correcte que les précédentes, etc. *Bordeaux*, *Moreau*, (an VI). 1 br. in-8. de 40 pages.

343 Défense des ouvrages de M. de Voiture (par le sieur Costar). Nouvelle édition revue, corrigée et augmentée de la dissertation latine de M. de Girac. *Paris*, *Th. Jolly*, 1664, in-4.

344 Défense (la) des principales prérogatives de la ville et de l'église royale de St. Quentin en Vermandois. Par un docteur de Sorbonne, natif de la même ville de St. Quentin (le sieur Bendier). *St. Quentin*, *Claude Lequeux*, 1671, in-4.

345 Défense des propriétaires attaqués comme détenteurs de biens prétendus domaniaux, par M. G......., p. (A. C. Guichard, père, avocat à la cour de cassation et aux conseils du roi). *Paris*, *Pichard*, 1829, in-8.

346 Défense (la) du poème héroïque, avec quelques remarques sur les œuvres satiriques du

sieur D***. Dialogues en vers et en prose (par Jean des Marets de S. Sorlin). *Paris, Jacques Legras*, 1675, in-8.

> Des Marets travailla à cet ouvrage , de concert avec le duc de Nevers , l'abbé Testu et quelques autres. (Préface sur Boileau par Du MONTEIL.)

347 Délivrance (la) de Bude, roman historique tiré des guerres des Allemands et des Hongrois contre les Turcs, par Madame Caroline Pichler; traduit de l'allemand par le traducteur des « Suédois à Prague et des pensées de Jean Paul » (Augustin Lagrange). *Paris, Lecointe et Durey*, 1829, 4 vol. in-12.

348 Démon (le) de Socrate (par Amédée du Puget). *Paris, Levavasseur*, 1829, in-8.

349 Démonstration de l'authenticité et de la divinité des livres du Nouveau Testament, sur un plan nouveau, où la divinité de l'Évangile est mise dans une pleine évidence (par Gibert). *Londres*, 1779, 2 vol. in-8.

350 De Paris à Varsovie par Francfort sur le Mein , Leipsick, Berlin et Torn; de Varsovie à Trieste, ctc. Journal, 1827 (par M. Delestre-Poirson). *Paris, Dondey-Dupré*, (1827), grand in-8. tiré à 30 exemplaires signés par l'auteur.

351 Déplacement (du) des mers. — Du système
planétaire. — Des atmosphères (par du
Carla). *Genève , du Villard fils ,* 1779-1780,
3 vol. in-8.

352 Dernier (le) jour d'un condamné , avec un
fac-simile (par Victor Hugo). *Paris, Ch. Gosselin et H. Bossange ,* 1829 , 1 vol. in-12.

Les éditions suivantes portent le nom de l'auteur.

353 Description abrégée des ci-devant royaumes
et provinces composant le royaume d'Espagne et celui de Portugal, par M. T....
(Toscan, ancien avocat). *Paris, Dondey-
Dupré,* (sans date), 1 vol. in-8.

354 Description anatomique des parties de la
femme qui servent à la génération , avec un
traité des monstres, de leurs causes, etc.
(traduit du latin de F. Licetus) et une description anatomique de la disposition sur-
prenante de quelques parties externes et in-
ternes de deux enfants nés à Gand en 1703,
par Jean Palfyn. *Leyde, veuve de Schouten ,*
1708 in-4.

355 Description de deux monuments antiques
(un vase de bronze et un tableau d'Herculanum) (par M. Koehler). *S. Pétersbourg,
F. Dreschler,* 1810, in-8.

356 Description de différents animaux apportés
d'Asie et d'Afrique, dans la ménagerie de Son Altesse Sérénissime le Prince d'Orange, par Vosmar (traduit en français par Renffner). *Amsterdam*, *P. Meyer*, 1767-1787, in-4. avec
3o figures.

357 Description des machines et procédés
consignés dans les brevets d'invention, de
perfectionnement et d'importation, publiée
par les ordres de M. le ministre du commerce
(par M. Christian). *Paris*, 1811 - 1832,
22 vol. in-4.

358 Description d'un étalon métrique, orné
d'hiéroglyphes, découvert dans les ruines de
Memphis, par les soins du chevalier Drovetti
(par M. Jomard). *Paris, Eberhart,* 1822, in-4.

359 Description historique de la ville de Rheims,
par Gérard-Jacob K.(Kolb, négociant en
vins). *Rheims, Brissart-Carolet,* 1825, in-8.
avec figures.

36o Description historique des maisons de
Rouen les plus remarquables par leur ancienneté et leur décoration, etc. Orné de 21 sujets
inédits, dessinés et gravés par E. H. Langlois
(le texte est de M. de la Guérinière). *Rouen,*
1822, 1 vol. in-8.

361 Description routière et géographique de
l'Empire français, divisé en 4 régions; par
R.. V... (Vaysse-Devilliers , inspecteur
des Postes-relais). *Paris*, *Potey*, 1813,
6 vol. in-8.

Le succès qu'obtint cet ouvrage, décida l'auteur à
publier la suite et à y attacher son nom. Le titre subit
aussi un changement, et il s'appela : «Itinéraire des-
criptif et topographique des routes de France, etc. »
Cet ouvrage est arrivé aujourd'hui au 18e volume et doit en avoir en tout 26.

362 Détail sur la navigation aux côtes de
St. - Domingue et dans ses débouquements
(par M. de Chastenet-Puységur). *Paris*,
Imprimerie royale , 1787, in-4.

363 Détails particuliers sur la journée du 10
août 1792, par un bourgeois de Paris, témoin occulaire, suivis de deux notices historiques, l'une sur Son Altesse Sérénissime le
duc d'Enghien, l'autre sur Monseigneur le
Prince de Conti. Par le même, (C..h. D...d.)
(Durand, ancien caissier des vivres de l'armée
d'Italie, depuis employé au ministère de
l'intérieur). *Paris*, 1821, in-8.

364 Deux (les) album, ou un jour à Dieppe,
à-propos mêlé de vaudevilles, par M. A.

L..... T. (Alphonse Lambert). *Rouen*, *Pé-*
rieux, 1826, in-8.

365 Deux années à Constantinople et en Morée
(1825-1826), ou esquisses historiques sur
Mahmoud, les janissaires, les nouvelles troupes , Ibrahim Pacha, Solyman Bey, etc.
par M. C... D.... (Charles Deval), élève interprète du roi, à Constantinople. *Paris*,
Nepveu, 1827, grand in-8.

366 Deux (les) apprentis, par Merville (Camus). Ouvrage couronné par l'institut. *Paris*,
Ladvocat, 1826, 4 vol in-12.

367 Deux (les) époques, par l'auteur du Manoir
de Beaugency (mademoiselle Mame). *Paris*,
Mame-Delaunay, 1832, 1 vol. in-8.

368 Deux (les) fous, histoire du temps de
François Ier. 1524. Par P. L. Jacob, éditeur
des Soirées de Walter Scott à Paris (J. Lacroix). *Paris*, *Eugène Renduel*, 1830,
in-8.

369 Développemens historiques de l'intelligence et du goût, par rapport à l'éloquence;
par Edouard Landié, ex-officier. *Paris*,
Firmin Didot, 1813, grand in-8.

Cet ouvrage, tiré à 100 exemplaires seulement,

tous sur papier vélin , ne passe pas , avec raison , pour être de l'auteur qui se l'attribue. On le croit sorti de la plume du célèbre chancelier D'AGUESSEAU. M. Renouard a publié une seconde édition de ce livre sous le titre de : « Histoire morale de l'Eloquence » , et y a fait plusieurs corrections.

Voyez le tome II , page 55, du Catalogue de la bibliothèque d'un amateur , une note fort curieuse sur cet ouvrage et son prétendu auteur.

370 Devereux, par l'auteur de : « Pelham ou l'enfant désavoué » (Bulwer). Traduit de l'anglais, par Jean Cohen. *Paris*, *Mame-Delaunay*, 1829, 4 vol. in-12,
La seconde édition porte le nom de l'auteur.

371 Dialogue des morts pour l'éducation d'un prince, par (Fénélon). *Paris*, *Delaulne*, 1712, 1 vol. in-12.

372 Dialogue entre mademoiselle Manon-Dubut et M. Eustache Dubois, au sujet de l'inauguration de la statue de Henri IV , sur le Pont-Neuf, à Paris, le 25 août 1818, par M. V. L. D. (Valadé) in 8. de 4 pages.

373 Dialogue entre Pasquin et Marphorio, sur la société royale de médecine (par M. Leroux des Tillets). Deuxième édition, in-8. de 16 pages. (sans date).

374 Dialogue sur l'état civil des protestants

en France (par Guidi). *En France*, 1778, in-8.

375 Diamant (le) de Charles-Quint, comédie (historique) en un acte (par M. Rœderer.) *Paris, Lachevardière fils*, 1827, in-8.

Cette pièce avait déja été imprimée dans les Pays-Bas, en 1816.

376 Dictionnaire bibliographique choisi du XVe siècle, ou description des éditions les plus rares et les plus recherchées du XVe siècle, etc. (par de la Serna Santander). *Bruxelles, J. Tarte*, 1805-1807, 3 vol. in-8.

377 Dictionnaire classique de la langue française avec des exemples tirés des meilleurs auteurs français, et des notes puisées dans les manuscrits de Rivarol. Publié et mis en ordre par quatre professeurs de l'université (par M. Victor Verger). *Paris, Baudouin frères,* 1827, 1 vol in-8.

Une nouvelle édition a paru, en 1832, chez Pourrat frères, en 2 vol. in-8, sous ce titre : « Dictionnaire abrégé de l'Académie française, avec tous les mots nouveaux », etc. Par une société d'hommes de lettres.

Les éditeurs du premier dictionnaire (celui qui est intitulé : «Dictionnaire universel de la langue française, » publié en société avec M. Nodier. (Paris,

1823, 2 vol. in-8.) Ayant formé opposition,
M. Verger a été contraint de garder l'anonyme pour
cet ouvrage, dont quelques exemplaires seulement
portent son nom.

378 Dictionnaire critique, littéraire et bibliographique des principaux livres condamnés
au feu, supprimés ou censurés; précédé d'un
discours sur ces sortes d'ouvrages (par Gabriel Peignot). *Paris, Renouard*, 1802, 2
vol. in-8.

379 Dictionnaire de littérature (par l'abbé
Antoine Sabatier de Castres). *Paris, Laporte*,
1777, 3 vol. in-8.

380 Dictionnaire des plantes usuelles (par
Goulin et Labeyrie.) *Paris, Lamy*, an II
(1794), 6 vol. in-8.

M. Barbier, dans son dictionnaire, indique 8 vol.

381 Dictionnaire du notariat, précédé d'un
recueil des édits, lois, etc. fréquemment utile à MM. les notaires. 3e édition (par Rolland de Villargue). *Paris*, 1821-1832, 6
vol. in-8.

382 Dictionnaire historique des cultes religieux
établis dans le monde, depuis son origine

6

(par Fr. de La Croix). *Versailles*, 1820-1821, 4 vol. in-8.

La première édition qui a paru en 1770, n'a que 3 vol.

383 Dictionnaire théâtral ou douze cent trente-trois vérités sur les Directeurs, Régisseurs, Acteurs, etc. (par M. Harel, ancien adminis-trateur civil, aujourd'hui directeur de théâtre). Seconde édition avec un supplément. *Paris, Barba*, 1825, 1 vol. in-12.

384 Dieu mériterait-il bien qu'un homme eût pour lui des égards et du respect et qu'il lui offrît un hommage public? traduit de l'alle-mand (de Frédéric Jacobi). Par une West-phalienne. *Hanovre, Richter*, 1751, petit in-8.

385 Diomède, tragédie (lyrique) en cinq actes (par Jean-Ignace de La Serre). *Paris, Ballard*, 1710, in-4.

386 Discernement des ténèbres d'avec la lu-mière, ou invitation aux créatures de Dieu d'entrer dans l'arche de grâce qui se bâtit aujourd'hui (par Jean Allut, Elisabeth Char-ras et Henriette Allut). Publiés (par Furly). *Rotterdam*, 1710, in-8.

387 Discours de Bullet sur la vérité de la religion chrétienne, extrait de son ouvrage
intitulé : « Histoire de l'établissement du christianisme, tirée des seuls auteurs Juifs et
Payens » (publié par M. l'abbé Viguier, auteur des élémens de la langue turque). *Paris, Demonville*, 1817, in-12.

388 Discours de Michel de l'Hospital, sur le
sacre de François II, contenant une instruction comme un Roi doit gouverner son estat;
traduit en vers, par Claude Joly (publié par
M. Motteley). *Paris, Firmin Didot*, 1825,
petit in-12.

389 Discours ou sermons apologétiques en
faveur des femmes (par Louis Machon). *Paris,
Blaise*, 1641, in-8.

390 Discours en vers sur les poëmes descrip-
tifs (par Marie-Joseph Chénier). *Paris,
Dabin*, 1803, in-8.

391 Discours historique sur le caractère et la
politique de Louis XI, par un citoyen de la
section du théâtre français (Jean - Baptiste
Britard; connu sous le nom de Brizard, comédien français). *Paris, Garnery*, an II, in-8.

392 Discours, opinions et rapports sur divers

sujets de législation, d'instruction publique et de littérature (par M. Silvestre de Sacy). *Paris, De Bure*, 1823, in-8.

393 Discours prononcé à l'ouverture du lycée de Clermont, par le préfet du département du Puy-de-Dôme (M. Ramond). 8 février, 1808, in-8.

394 Discours sur la révolution opérée dans la monarchie française par la Pucelle d'Orléans, prononcé dans l'église cathédrale de cette ville, le 8 mai 1764 (par M. Loiseau l'aîné, chanoine de cette église). *Orléans J. Rou-zeau-Montaut*, 1764, in-12 de 47 pages.

395 Discours sur la vie et les ouvrages de Pascal (par M. l'abbé Ch. Bossut, de l'académie des sciences). *Paris (Nyon l'aîné*, sans date). in-8. de 119 pages.

Cette édition a 27 pages de moins que la seconde qui parut en 1781, et qui en a 146 : ce qui ne prouve pas néanmoins dans celle-ci des augmentations aussi considérables que semblerait d'abord l'indiquer la différence du chiffre. La seconde édition a une ligne de plus par page, et les mots sont moins serrés.

Il serait difficile d'indiquer toutes les additions, parce qu'il s'agit moins ici de faits que d'analyses d'ouvrages. Il n'y a point de pages où il n'y ait ou des phrases changées ou des corrections dans le style, soit pour donner plus de clarté, soit pour présenter sous un point de vue plus exact quelques opinions mathématiques, ou quelque discussion littéraire à laquelle elles ont pu donner lieu.

396 Discours sur l'esclavage des nègres et sur l'idée de leur affranchissement dans les colonies, par un colon de St.-Domingue (M. Duval Sanadon). *Amsterdam (Paris), Hardouin et Gattey*, 1786, in-8.

397 Discours sur l'origine des Avernes ou Auvergnats, pour servir de préliminaire à l'histoire d'Auvergne (par M. Desistrières). 1766, in-12 de 34 pages.

398 Discussion sur la taxe du sel (par M. le marquis de la Gervaisais). *Paris, A. Pihan de la Forest*, 1833, br. in-8.

399 Dissertation critique et apologétique sur la langue basque, par un ecclésiastique du diocèse de Bayonne (M. l'abbé Darrigol, supérieur du grand séminaire de Bayonne). *Bayonne, Duhart-Fauvet*, (sans date), in-8.

400 Dissertation sur l'abolition du culte de Roth; soit par St. Mellon, I.er évêque, soit par St. Romain, XIX.e évêque de Rouen (par le marquis Le Ver). *Paris, Tastu*, 1829, br. in-8.

401 Dissertation sur la foi qui est due au té-
moignage de Pascal, dans ses Lettres provinciales (par M. Silvy, ancien magistrat).
Paris, (sans date,) in-8.

Cette dissertation se trouve imprimée à la suite
d'un autre ouvrage du même auteur.

402 Dissertation sur la génération, les animal-
cules spermatiques et ceux d'infusion, avec
des observations microscopiques sur le sper-
me et sur ses différentes infusions, par le
baron de Gleichen ; traduit de l'allemand
(par J. Ch. Laveaux). *Paris, Digeon*, an VII,
(1799), 1 vol. in-4.

403 Dissertation sur l'emplacement du champ
de bataille où César défit l'armée des Nervii
et de leurs alliés, par M. de C*** (de Cayrol),
membre de l'académie d'Amiens. *Amiens,
Machart*, 1832, in-8.

404 Dissertation sur le passage du Rhône et
des Alpes par Annibal, l'an 218 avant notre
ère, 3e édition accompagnée d'une carte,
suivie de nouvelles observations sur les deux
dernières campagnes de Louis XIV et d'une
dissertation sur le mariage du célèbre Molière
(par M. le comte Fortia d'Urban). *Paris,
Lebègue*, 1821, in-8.

405 Dissertation sur les huîtres vertes de Marennes, avec des observations critiques sur
l'opinion des naturalistes, touchant la re-
production des huîtres en général et les causes
de la couleur verte que ces animaux peuvent
acquérir, par M. G. de la B. (Jacques-François Goubeau de la Billennerie, président
du tribunal de Marennes). *Rochefort, Goulard*,
1821, in-8.

406 Dissertation sur l'origine des étrennes, par
Jacob Spon ; nouvelle édition avec des notes,
par M*** (Breghot du Lut, des académies de
Lyon et de Dijon). *Lyon, Barret*, 1828,
in-8.

407 Dissertations où on examine quelques questions appartenantes à l'histoire des anciens
Égyptiens (par M. d'Origny). 1752, in-12.

La première dissertation est relative à un passage
d'Hérodote, qui sert d'autorité à de nouveaux sys-
tèmes ; l'autre traite des obélisques d'Égypte et particulièrement de ceux qui furent transportés à
Rome.

408 Distinction et bornes des deux puissances,
par rapport à la constitution du clergé, etc.
par l'auteur de l'état des personnes en France
sous les deux premières races de nos Rois

(par l'abbé de Gourcy). *Paris*, *Girouard*, 1790, in-8.

409 Divers (les) rapports, contenant plusieurs rondeaux, ballades, épîtres ensemble, une du coq à l'asne et une autre de l'asne au coq; Sept blasons anatomiques du corps féminin; la réponse du blasonneur du.,.. à l'auteur de l'apologie contre lui, etc. (par Eustorg de Beaulieu.) *Lyon*, *P. de Ste Lucie*, 1537, in-12.

410 Docteur (le) d'Altona, drame en trois actes, par MM. (le baron Alphonse) de Chavanges, Hyacinthe (de Comberousse) et Auguste.

Ce dernier nom est purement imaginaire.

411 Docteur (le) romain, ou Entretien sur les démissions (des évêques), recueilli par le citoyen Fridensmann à *** (par l'abbé Guillaume-André-René Baston). *Rouen*, 1802, br. in-8.

412 Doctrine catholique sur le mariage, par M. l'abbé B***** (Guillaume-André-René Baston) P. D. T. (Professeur de théologie). *Rouen*, 1791, in-12.

413 Documents relatifs à l'histoire du pays de

Vaud, de 1293 à 1750 (par M. Grenus). *Genève, Manget et Cherbuliez*, 1827, in-8.

414 Doléances des peuples du continent (par Hermann-Samuel Reimar, médecin à Hambourg). *Hambourg*, 1809, in-8.

415 Doléances et pétitions des fidèles persécutés dans le diocèse de Lyon, aux honorables membres de la chambre des pairs et de celle des députés (par M. Silvy, ancien magistrat). *Paris, Adrien Egron*, 1819, in-8.

416 Dom Carlos, Tragédie en cinq actes et en vers, précédée de poésies diverses (par Auguste-Louis marquis de Ximenez). *La Haye*, 1761, in-8.

417 Dom Miguel; ses aventures scandaleuses, ses crimes et son usurpation; par un Portugais de distinction (M. Barreto-Feio). Traduit par J. B. Mesnard. *Paris, Mesnard*, 1833, 1 vol. in-8.

418 Domination (de la) française en Afrique et des principales questions que fait naître l'occupation de ce pays (par M. Raynel, intendant militaire). *Paris, Dondey-Dupré*, 1832, in-8.

419 Don Martin Gill; histoire du temps de Pierre le Cruel, par M. Mortonval (Al. Furcy-Guesdon). *Paris, Ambroise Dupont*, 1831, 2 vol in-8.

420 Doutes proposés à M. V*** (Verdier), curé de C. L. R. (Choisy-le-Roi) sur sa promotion à l'épiscopat (par M. l'abbé Guillaume-André-René Baston). (*Rouen*, 1791), in-8.

421 Droits (les) de l'homme dans le vrai sens (par M. le marquis de la Gervaisais). *Paris, A. Pihan de laForest*, br. in-8. (sans date)

422 Duc (le) d'Enghien, histoire drame, par Édouard d'Anglemont (la préface de ce livre est de M. Charles Assaï). *Paris, Mame-Delaunay*, 1832, 1 vol. in-8.

423 Duchesse (la) d'Angoulême à Bordeaux, ou relation circonstanciée des événements politiques dont cette ville a été le théâtre, en mars 1815, etc. par M. A. B. D. P. (Aug. Desportes). *Versailles, J. A. Lebel*, 1815, in-8.

424 Duchesse (la) de Fontange, par madame de *** auteur des « Mémoires d'une femme de qualité » (attribué à M. le Baron de Lamothe-Langon). *Paris, Mesnard*, 1832, 2 vol. in-8.

425 Dunallan, ou connaissez ce que vous jugez, par l'auteur de Décision, du Père Clément, traduit de l'anglais sur la 2ᵉ édition (par mademoiselle Saladin). *Paris, A. Dupont,* 1827, 4 vol. in-12.

426 Dunciade (la) ou la guerre des sots (par Palissot). Nouvelle édition, 1797, in-12.

――――――――

Anonymes et pseudonymes étrangers.

427 Deplorandi Lotharingiæ status ab aliquot annis. Elegia in quâ videre est quid passa sit. Peste, fame, bello, author (M. Harodel), plurium testis est oculatus, cætera ab urbium civibus, pagorum incolis, exteris quibusdam accepit, publica suefragante (pro suffragante). *Nancici, A. Charlot,* 1660, in-4.

Il a été publié de cette élégie, la même année et chez le même imprimeur, une traduction française en vers, par le même auteur, in-4.

428 Descriptio numorum veterum, etc. cum multis iconibus, nec non animadversiones in opus Eckelianum, cui titulus, « Doctrina

numorum veterum » (à Dom. Sestini). *Lipsiæ,*
in officinâ fried. Gleditschii, 1796, in-4.

429 Dictionarium quinque nobilissimarum Europæ linguarum, Latinæ, Germanicæ, Italicæ, Dalmaticæ et Ungaricæ (auctore Fausto Verantio). *Venetii. Nic. Morettus*, 1595 in-4.

430 Dictionarium, seu latinæ linguæ thesaurus, non singulas modò dictiones continens, sed integras quoque latinè et loquendi et scribendi formulas ex optimis quibusque authoribus (authore Roberto Stephano). *Parisiis, idem Stephanus*, 1543 , 2 vol in-fol.

431 Disciplina clericalis, discipline de clergie. Traduction de l'ouvrage (latin) de Pierre Alphonse. (1º en prose française du XVᵉ siècle. 2º en vers français, du même siècle publiée par M. l'abbé de la Bouderie). *Paris, Rignoux*, 1824, in-8.

432 Descrizione della Basilica di San Lorenzo, Cathedrale di Perugia, etc. (per il padre Gallazi). *In Perugia, Mario Riginaldi*, 1776 in-12.

433 Desiderio (il), ovvero de concerti di varii strumenti musicali, Dialogo. Da Alemano

Bonelli (Ercole Bottrigari). *Venise*, 1594,
1 vol. in-4

Le nom d'ALEMANO-BONELLI est l'anagramme
d'Annibal MELONE, élève et ami de Bottrigari.

Il existe deux autres prétendues éditions de cet
ouvrage , portant le nom de la ville de Bologne et
la date de 1599; l'autre, de Milan et la date de 1601.
Toutes deux indiquent le nom de l'auteur et ne sont
que des exemplaires restant de la première édition ,
dont les frontispices seuls ont été changés.

434 Dialetto (del). Napoletano (da D. Ferdinando Galliani). *Napoli, Vincenzo Mazzola-
vocola* , 1779, in-8.

435 Dialoghi de' morti o sia Trimerone eccle-
siastico-politico , in dimostrazione dei diritti
del principato e del sacerdozio (dal marchese
Salvator Spiriti). *Naples*, 1770 , in-8.

436 Dialoghi sopra le tre arti del disegno (da
Giovanni Bottari). *In Lucca.*, 1754, in-8.

437 Dichiarazione dei disegni del reale Palazzo
di Caserta (da Luigi Vantivelli). *Napoli*,
Reg. Stamp. 1756, in-folio.

438 Discorso sulla letteratura recitato nel liceo
di Bergamo, li 22 novembre 1802 (da Guiseppe Beltramelli, di Bergamo, professore

di belle lettere). *Bergamo il Duci*, 1803, in–8.

439 D. (Dona) Branca, o a conguista do Algarve, obra posthuma de F. E. (Filinto Elysio). *Paris, Aillaud*, 1826, in-12.

Le véritable nom de l'auteur est Francisco-Manoel do Nascimento.

440 Dos Tratados, el primero es del papa y de su autoridad, il secundo es de la missa..... item, un enxambre de los falsos milagros conque Maria de la Visitacion priora de la Anunciada de Lisboa engaña a muy muchos, y de como fue descubierta y condenada (por Cypriano de Valera). *En casa de Ricardo del Campo*, 1599, in-8.

441 Dictionary sanscrit and english (by Wilson), 1 vol. grand in-4.

E.

442 Éclaircissemens demandés à M. Charrier de la Roche, sur un écrit intitulé : « Lettre pastorale de M. l'évêque de Rouen aux fi-

dèles de son diocèse » (par l'abbé Guillaume-André-René Baston, docteur de Sorbonne, membre de l'Académie de Rouen).
(*Rouen*, 1791 in-8.

443 Éclaircissemens demandés à M. N**** Necker, sur ses principes économiques et sur ses
projets de législation (par l'abbé Blondeau).
Paris, 1775, in-8.

444 Éclaircissemens sur un contrat de vente
égyptien, en écriture grecque cursive, publié pour la première fois par M. Boeckh;
par M...... (Jomard).*Paris*, *Eberhart*, 1822,
in-4 avec deux planches.

445 École (l') de la mignature ou l'art d'apprendre à peindre sans maître, et les secrets pour faire les plus belles couleurs (par
Claude Boutet). Nouvelle édition, revue,
corrigée et augmentée. *Paris*, *Murier*, 1782,
1 vol. in-12.

La première édition de cet ouvrage qui est intitulée:«*Traité de la Mignature* etc.», fut imprimée à
Paris, en 1674.

446 École (l') du Sauveur, ou bréviaire du
chrétien, renfermant une leçon de christianisme pour chaque jour de l'année (par l'abbé

Jean-Baptiste Lasausse). *Paris, Crapart,* 1791-1793, 7 vol. in-12.

M. Barbier présente ce livre comme traduit par l'abbé Chomel, de la *Schola* *christi*, ouvrage de Jacques Planat. L'abbé Lasausse l'a pourtant compris dans la liste qu'il a fait imprimer de tous ses ouvrages.

(Note extraite de la France littéraire de M. Quérard.)

447 Écolier (l') de Brienne, ou le chambellan indiscret; mémoires historiques et inédits, publiés par le baron de B*** (par Charles Doris, de Bourges). *Paris, Vauquelin,* 1817, 3 vol. in-12.

Attribué long-temps dans le public à M. de Bourienne, cet ouvrage, ainsi que tous ceux du même auteur qui semble n'avoir été guidé, dans ses écrits relatifs à Napoléon, que par une aveugle partialité, n'a dû son succès qu'à cette erreur sur laquelle il avait spéculé.

(France littéraire de M. Quérard.)

448 Économie et réformes dès cette année, ou le cri général sur les dépenses publiques, par un contribuable sans appointemens (M. Félix Bodin). *Paris, Delaunay,* 1819, br. in-8.

449 Écrivain (l') public ou observations sur les mœurs et les usages du peuple, au com-

mencement du XIXᵉ siècle, recueillies par
feu le Ragois et publié par madame S. P******
(Sophie Pannier), auteur du Prêtre, etc. *Paris, Pillet aîné*, 1825-1826, 3 vol. in-12.

450 Édouard (par madame la duchesse de Duras). *Paris, Jules Didot*, 1825, 2 vol. in-12.

Cet ouvrage n'a été tiré qu'à très petit nombre,
pour être distribué aux amis de l'auteur.

451 Edwige de Milvar, par madame G....
Van*** (Grandmaison Van-Esbecq), auteur
« d'Adolphe ou la famille malheureuse et de
l'héritière de Babylone. » *Paris, Fréchet*,
1807, 3 vol in-12.

452 Egmont (D'), Paris et Saint - Cloud
au 18 brumaire (par Philippe Busoni). *Paris,
Fournier*, 1831, 1 vol. in-8.

453 Élémens de géographie, précédés d'une introduction en forme de conversation. 5ᵉ édition revue et augmentée par l'auteur (Claude-
Ignace Barante). *Riom et Clermont, Landriot
et Rousset*, 1821, 1 vol. in-12.

La première édition date de 1796.

454. Élémens de grammaire française, par
MM. A. D*** (Dumouchel fils) et P** (Pi-
chon). *Paris, Hénée*, 1805, in-12.

455 Éléments de la logique française, par P.
D. M. (Du Moulin). *Rouen, Jacques Calloué,*
1623, in-12.

456 Éléments philosophiques du citoyen, traité
politique où les fondements de la société civile sont découverts, par Thomas Hobbes;
traduits en français, par un de ses amis (Sorbière). *Paris, veuve Pépingué,* 1651, petit
in-8.

457 Élémens succincts de la langue et des principes de la botanique, ouv. orné de 16 planches en taille-douce, avec leur explication
(par Aubin). *Paris, Baudouin,* an XI (1803),
in-8.

458. Eléphans (les) détrônés et rétablis, apologue historique indien, dédié à son Altesse
Royale Monsieur, frère du Roi, lieutenant
général du royaume, par M. A. L. Le D****
(Ledrect) de Paris. *Paris, L. G. Michaud,*
1814, in-8.

459. Élève (l') de l'École polytechnique ou la
révolution de 1830, par Hippolyte W...
(Wallée). *Paris, Lachapelle,* 1830, 3 vol.
in-12.

460 Élisa Rivers ou la famille de la nature,

traduit de l'anglais par madame S*** (madame Molé, comtesse de Vallivon). *Paris, Ladvocat*, 1823, 5 vol. in-12.

461 Élisabeth, ou les exilés de Sibérie (par madame Cotin). précédée d'une notice historique sur l'auteur (par M. Michaud). *Paris, Chassaignon*, 1833, 2 vol. in-18.

La notice sur madame Cotin est extraite de la biographie universelle.

462 Éloge de Boileau, an XI (extrait d'une brochure intitulée : « Essai de poésie et d'éloquence, » par J. Pons-Guillaume Viennet). *Paris, Fusch*, an XIII (1805).

463 Éloge de Charles V, dit le Sage, roi de France (par Jean-Sylvain Bailly). Sans date (1770), in-8 de 24 pages.

464 Éloge de Charles V, roi de France, surnommé le Sage (par Louis-Sébastien Mercier). (Sans nom de lieu et sans date). In-8 de 46 pages.

465 Éloge de Fénélon (par M. Doigni du Ponceau). *Paris*, 1771, in-8.

466 Éloge de la Folie, traduit d'Érasme (par Petit). *Amsterdam, Lhonoré*, 1731, in-12.

467 Éloge de la Folie, par Érasme, tra-
duction nouvelle par C. B. de Painalbe
(Charles Brugnot de Painblanc, de Troyes).
Troyes, Cardon, 1826, 1 vol. in-8.

468 Éloge de Leibnitz, qui a remporté le prix
à l'Académie royale des Sciences et belles-
lettres de Prusse, en 1768 (par Jean-Sylvain
Bailly). 1770, in-8.

469. Éloge de Michel de L'Hôpital, chancelier
de France. Discours qui a obtenu le deuxième
accessit du prix de l'Académie française en
1777 (attribué à Pechmeja). *Paris, Demonville*, 1777, in-8 de 59 pages.

470 Éloge de Molière (par Jean-Sylvain Bailly).
1770, in-8 de 32 pages.

471 Éloge de M. l'abbé de La Caisse, géomètre,
(par le même). 1770, in-8.

472 Éloge de M. de Thou, proposé par l'Académie française, pour le prix d'éloquence,
en 1824 (par M. l'abbé J.-G. O'Egger). *Paris,
Eberhart*, 1827, in-12.

473 Éloge de quelque chose, dédié à quelqu'un,
avec une préface chantante (par Coquelet).
Caen, Manoury, 1748, in-12.

474 Éloge de René Descartes, avec cette épigraphe : «L'éloge d'un grand homme est mon premier ouvrage.» Qui a concouru pour le prix de l'Académie française (par M. Doigni du Ponceau). *Paris , Lejay*, 1769, in-8.

Ce M. Doigni est aussi l'auteur de *la Galerie historique* et d'un *Éloge de Fénélon* cité plus haut.

475 Éloge de St. Jérôme (par M. Gustave-François Fournier de Pescay, docteur en médecine). *Paris, Delaunay*, 1817, in-12 de 160 pages.

476 Éloge du sein des femmes; ouvrage curieux (par Ducommun). Nouvelle édition entièrement refondue et augmentée de trois chapitres nouveaux (par Claude-François-Xavier Mercier, de Compiègne). *Paris,* 1800, 1 vol. in-18.

Réimprimé en 1803.

M. Barbier, dans une note insérée après le no 19542, où il est fait mention d'un ouvrage intitulé : «Les yeux, le nez et les tétons» par le rapprochement de l'annonce faite par le libraire Van-Duren, de la Haye, éditeur de l'ouvrage précédemment cité, et d'un article qui suit immédiatement cette annonce, en conclut que sous le pseudonyme de Ducommun s'est caché un libraire nommé Roger qui serait le véritable auteur de l'ouvrage auquel Mercier de Compiègne aurait fait quelques ad-

ditions en changeant le titre, probablement à dessein de le faire croire le sien propre.

Ersch dans la nomenclature qu'il a donnée des ouvrages de ce littérateur plus que médiocre, a passé celui-ci sous silence.

477 Éloge du tonnerre, ou observations physiques et politiques sur les orages (attribué à Jean-Henri Marchand, avocat et censeur royal). *Paris, Quillau,* sans date (vers 1782), in-8 de 20 pages.

478 Éloge funèbre de son A. R. Mgr. le duc d'Enghien (par M. le comte de Dion). *Londres, Dulau et compagnie,* juin 1824, in-8 de 70 pages.

479 Éloge sur la vie de très illustre seigneur messire Pierre Janin, par P. S. (Pierre Saumaise, seigneur de Chasans, conseiller au parlement de Dijon, fils de Jérosme). (Sans date), in-4 de 54 pages.

480. Élomire, c'est-à-dire Molière hypocondre, ou les médecins vengez, comédie (par Boulanger de Chalussay). *Paris,* 1671, in-12.

Cette pièce, ainsi que le *Portrait du peintre* par Boursault, est une critique de Molière dont *Élomire* est l'anagramme.

481 Élysée (l') Bourbon (par Jules Janin). *Pa-*

ris, Urbain Canel et Adolphe Guyot, 1832, 1 vol. in-16.

482 Embarras (l') de Godard, ou l'accouchée, comédie (par M. de Visé). *Paris, Ribou*, 1688, in-12.

483 Embellissemens (les) de Paris, pièce en vers qui a concouru pour le prix de poésie proposé par l'institut impérial; suivi de la traduction du songe de Scipion aussi en vers. Par J. B. N. Ca*** (Canet). *Paris*, 1809, in-12.

484 Émilie et Erlach, ou les heureuses familles suisses; traduit de l'allemand d'Auguste Lafontaine, par L. F. (Louis Fuchs). *Paris, Lecointe et Durey*, 1821, 3 vol. in-12.

485 Encore quelques argumens contre le zodiaque (par M. C. G. Swartz). *Paris, veuve Migneret*, (sans date) br. in-8.

486 Encyclopédie, ou dictionnaire raisonné des arts, des sciences et des métiers, par une société de gens de lettres; mis en ordre par Diderot et d'Alembert, avec une table raisonnée (par Mouchon). *Paris*, 1751-1780, 35 vol. in-fol.

487 Encyclopédie de la jeunesse, ou nouvel
abrégé élémentaire des sciences et des arts,
extraits des meilleurs auteurs, par madame H. T. (Henri Tardieu). *Paris, Henri
Tardieu*, an VIII (1800), 1 vol. in-12.

488 Enfans (les) célèbres chez les peuples anciens
et modernes, par P. J. B. N*** (Pierre Jean-
Baptiste Nougaret) *Paris*, 1810, 1 vol.
in-12.

La deuxième édition qui est la seule indiquée
par M. Barbier, a été publiée l'année suivante,
avec un léger changement dans le titre.

489 Enfant (l') du crime et du hazard, ou les
erreurs de l'opinion; mémorial historique
d'un homme retiré du monde, rédigé sur ses
manuscrits (par Armand Charlemagne). *Paris, Barba*, an XI, (1803) 4 vol. in-12.

490 Entretien sur le caractère que doivent
avoir les hommes appelés à la représentation
nationale. Par l'auteur du « Voyage d'un
étranger en France, et du Paysan et le gentilhomme » (M. Esneaux). *Paris, L'huillier*,
1818, br. in-8 de 160 pages.

491 Entretiens d'un électeur avec lui-même
(par Benjamin de Constant de Rebecque).
Paris, Delaunay, 1817, br. in-8.

492 Entretiens d'Ariste et d'Eugène (par le père Dominique Bouhours). *Amsterdam, Jacques le jeune,* 1682, 1 vol. in–12.

Cet ouvrage eut un succès tel à son apparition, qu'en moins de six mois, il eut deux éditions, qui bientôt furent suivies de plusieurs autres.

493 Entretiens instructifs et pieux sur la communion, le Saint Sacrifice de la messe et la confession. Par l'auteur de « l'Explication du nouveau catéchisme » (l'abbé Jean–Baptiste Lasausse), à l'usage des maisons d'éducation des jeunes demoiselles. *Paris, veuve Nyon (Lyon et Paris, Rusand).* 1808, 1 vol. in–18.

494 Entretiens de Phocion sur le rapport de la morale avec la politique, traduit du grec de Nicoclès (ouvrage composé par l'abbé Gabriel Bonnet de Mably). *Paris,* 1783, 3 vol. in–18.

Édition peu estimée.

Les mêmes, Paris, Didot le jeune, an III (1795), 1 vol. in–4. — Mably composa cet ouvrage, où il tend à prouver que le bonheur des peuples se fonde sur les mœurs, pour combattre un livre intitulé : *De la félicité publique,* qui parut vers l'année 1763 et dans lequel l'auteur place ce bonheur dans les progrès de l'esprit.

495 Entretiens sur divers sujets d'histoire, de

littérature, de religion et de critique (par Mathurin Veyssière Lacroze). *Cologne, Marteau*, 1733, 1 vol. in-12.

Une autre édition a paru en 1740; la première date de 1711. Cet ouvrage aussi instructif qu'amusant, était à peine publié, qu'il fut traduit en Anglais.

496 Entretiens sur l'état actuel de l'Opéra de Paris (par Ferdinando Bertoni). *Amsterdam, (Paris, Esprit)*, 1779, in-8.

497 Entretiens sur l'état de la musique grecque, vers le milieu du quatrième siècle avant l'ère vulgaire (par l'abbé Barthélemy). *Amsterdam, (Paris, les frères De Bure)*, 1777, in-8.

L'auteur refondit depuis ces entretiens dans le Voyage d'Anacharsis.

498 Éphémères (les), tragi-comédie, en trois actes et en prose par MM. Picard de l'Académie française, et M** (Malmontey). *Paris, Barba*, 1828, in-8.

499 Éphémérides Lyonnaises, par A. P. (Péricaud) et B. D. L. (Breghot du Lut). *Lyon, Rusand*, 1830, in-8 de 14 pages.

500 Éphémérides militaires, ou anniversaires

de la valeur française, depuis 1792 jusqu'en 1815 ; par une société de gens de lettres et de militaires (par Louis-Eugène Albenas, officier supérieur). *Paris, Pillet aîné*, 1818-1820, 12 vol. in-8.

501 Éphémérides politiques, littéraires et religieuses (par M. Noël). *Paris, Neuville*, 1796-1797, 4 vol. in-8.

502 Épicurien (l'), par Thomas-Moore (Traduit de l'anglais par A. A. Renouard père). *Paris, J. Renouard*, 1827, in-12.

503 Épigrammes de Martial traduites en vers (par M. de Marolles, abbé de Villeloin). *Paris, Guillaume de Luynes*, 1671, 2 vol. in-12.

Il existe une autre édition, à la même date, en un seul volume, et deux autres qui remontent à 1655 et dont le titre présente quelques différences.

504. Épisodes, fragments, faits contemporains, correspondance, pensées et maximes, faisant suite aux « Mémoires d'une Contemporaine »; par madame Ida de Saint-Elme (Elzelina Van-Aylde Jonghe). *Paris, Lecointe*, 1829, 2 vol. in-8.

505 Épître à Corneille, au sujet de la statue

qui doit être placée dans la nouvelle salle de spectacle de Rouen (par M. Duval-Sanadon). 1775, in-8.

506 Épître à Dieu (par le chevalier de Port de Guy). *Paris*, 1820, in-8.

507 Épître à Gilbert, datée de l'Hôtel-Dieu où il est mort. (*Paris*, *Bobée*), (1816), in-4 de 4 pages.

> L'auteur de cette Épître (le sieur POUPINET), était malade à l'Hôtel-Dieu quand il l'a publiée.

508 Épître à la chambre des Députés sur la session de 1820 (par M. le marquis de Mannoury-Dectot, auteur d'un grand nombre de découvertes dans les arts). *Paris, Anthelme Boucher*, 1820, br. in-8.

509 Épître à M. le comte François de Neufchâteau (par Hippolyte Bonnellier). *Paris, Ponthieu*, 1825, br. in-8.

510 Épître à M. Joanny (Brisbard), acteur tragique (par M. Belmontet). *Toulouse*, 1818, in-8.

511 Épître à M. le comte de Villèle, précédée d'une notice et suivie de l'hymne à M. de Villèle (par Méry). *Paris*, 1825, in-8.

512 Épître à M. de Châteaubriand. Par un paysan de la vallée aux loups (M. Henri de la Touche). *Paris, Ponthieu*, 1824, br. in-8 de 24 pages.

513 Épître (en vers) à M. de Chalabre, administrateur des jeux publics; par M. B........y (Barthélemy). *Paris, Delaforest (Morinval)*, 1817, in-8.

514 Épître à tout le monde, sur l'esprit de parti. Par M. P. D. (Paul Duport). *Paris, Nouzou*, 1818, in-8 de 8 pages.

515 Épître au trois pour cent, par C...... D........ (Cyprien Desmarais). *Paris*, 1825, in-8.

;Une seconde édition porte le nom de l'auteur.

516 Épître aux romantiques, crue de Baour de Lormian (par Germeau). *Paris*, (sans date), — br. in-8.

Sur cette brochure le mot *crue* se trouve intercalé à dessein en très petits caractères; ce qui tend à faire croire que M. Baour-Lormian en est l'auteur.

517 Épître familière à M. Andrieux, de l'institut de France, sur sa comédie des Deux Vieillards et (par occasion) sur la théorie des

cabales et des sifflets, par Placide-le-Vieux, boulanger à Gonesse et membre de l'Athénée du même endroit, suivie de notes essentielles et instructives à l'usage des littérateurs de Saint-Denis, de Gonesse et d'Argenteuil (par Armand Charlemagne). *A Gonesse*, et se trouve aussi à *Paris*, chez *Brasseux*, 1810, in-8.

518 Épîtres (les) d'Ovide translatées de latin en français, par R. P. (révérend père) en Dieu, Mgr. l'évêque d'Angoulême (Octavien de Saint-Gelais). *Paris, Galliot Dupré*, 1528, 1 vol. in-12.

519 Épîtres (les XXXI) de Perse, traduites en vers français (par M. Nicole). *Paris*, 1656, 1 vol. in-16.

520 Ermite (l') au Palais, ou mœurs judiciaires, par l'auteur des « Mémoires d'un Page» (Émile Marco de Saint-Hilaire). *Paris, Verney et Guyot*, 1832, 2 vol. in-12.

521 Ermite (l') Toulonnais, faisant suite à l'Hermite en province de M. de Jouy (Par M. Bellue, libraire). *Toulon*, chez l'auteur, 1828, in-12.

522 Escamoteur (l') habile, ou l'art d'amuser

agréablement une soirée, etc.; contenant les tours de carte et de passe-passe les plus nouveaux, etc., (par Galien). *Francfort, Andréa*, 1816, 1 vol. in-18.

523 Eschole (l') de Salerne, en vers burlesques et poëma macaronicum de bello huguenotico. par L. M. P. docteur en médecine (Louis-Martin, Parisien). *Paris, J. Hesnault*, 1653, 1 vol. in-4.

524 Espion (l') de Vienne (par Eliçagaray). *Paris, Dureuil*, 1829, 2 vol. in-12.

525 Esprit (l') de parti, comédie en trois actes et en vers (par Onésime Leroy). *Paris, Ladvocat*, 1817; in-8.

En société avec M. Best.

526 Esprit (l') des orateurs chrétiens, ou la Morale évangélique. Extraits des ouvrages de Bossuet, Bourdaloue, Massillon, Fléchier et autres orateurs, par E. L. (Seyriès). 2ᵉ édition augmentée de morceaux choisis des orateurs du second ordre, qui ont vécu dans le cours des dix-septième et dix-huitème siècles *Paris, Dentu*, 1819, 4 vol. in-12.

527 Esprit (l') des almanachs : analyse critique

et raisonnée de tous les almanachs tant anciens que modernes (par M. Dorfeuil). *Paris,
veuve Duchesne*, 1783, 1 vol. in-12.

528 Esquisse politique (par M. le comte de
Peyronnet, ancien garde-des-sceaux). *Paris,
J. Blaise*, 5 janvier 1819, in-8.

529 Essai d'une morale relative au militaire
français, par M. de *** (Conti, ancien professeur à l'école militaire). *Paris*, 1771,
1 vol. in-8.

530 Essai chronologique sur les hivers les plus
rigoureux depuis 396 ans avant Jésus-Christ,
jusqu'en 1820 inclusivement; suivi de quelques recherches sur les effets les plus singu-
liers de la foudre depuis 1676, jusqu'en 1821,
etc.; par G. P. (Gabriel Peignot). *Paris, A.
A. Renouard, et Dijon, Victor Lagier*,
1821, in-8.

531 Essai de chymie méchanique (par M. Le
Sage, citoyen de Genève). Pièce qui a remporté le prix de l'académie de Rouen. (1759).
in-4.

532 Essai de discussion oratoire sur les bals.
Question proposée à la bonne foi de tous les
amis de la religion, de la vérité et de la vertu

(par l'abbé de Sambucy). *Paris, Gaume
frères*, 1832, in-8.

533 Essai de l'histoire du règne de Louis-le-
Grand, jusques à la paix générale de 1697
(par M. Louis Le Gendre, chanoine de
l'église de Paris). *Cologne*, 1700, 1 vol.
in-12.

La première édition parut in-4, chez Jean Guignard, à Paris, dans l'année 1697, et une seconde
édition, en 2 volumes in-12, fut publiée en 1698.
Toutes deux portent le nom de l'auteur.

534 Essai de médecine pratique, suivant la
méthode des indications (par le docteur Doé).
Paris, 1826, in-8.

535 Essai de morale à l'usage de l'église gal-
licane non assermentée (par l'abbé Guillaume-André-René Baston). (*Rouen*, 1792),
in-8.

L'auteur fit paraître un supplément peu de temps
après.

536 Essai d'explication de deux quatrains de
Nostradamus, à l'occasion du livre de M.
Bouys, intitulé : « Nouvelles considérations
sur les oracles.... et principalement sur Nos-
tradamus » (par M. Motret, de Nevers).
Nevers, Bonnot, 1806, in-8.

8.

Le nom de l'auteur se trouve à la suite de lettres adressées, dans le même ouvrage, à M. Bouys.

537 Essai d'un dictionnaire complet grammati-cal et critique du dialecte haut-allemand, avec une comparaison perpétuelle des autres dialectes, mais principalement du haut-alle-mand (par Adelung). On a ajouté la disser-tation couronnée de M. Fulda, sur les deux principaux dialectes allemands. *Leipsig, Breitkorpt*, 1774 et 1786, 5 vol. in-4.

538 Essai d'une traduction en vers de l'Iliade d'Homère, précédée d'un discours sur Homère (par M. de Rochefort). *Londres (Paris, J. Barbou)*, 1765, 1 vol. in-8.

539 Essai historique et philosophique sur les principaux ridicules des différentes nations, par G... Dourx.... (Gazon-Dourxigné). Seconde édition augmentée de plusieurs poésies de l'auteur. *Amsterdam, Rey*, 1 vol. in-12.

540 Essai philologique sur les commencemens de la typographie à Metz, et sur les impri-meurs de cette ville (par M. Tessier). *Metz, Dosquet*, 1828, gr. in-8.

541 Essai philotechnique. Nouvelle joûte fran-

çaise, ou tournois des arts. Moyen d'appré-
cier les produits des arts par l'analyse (par
Louis-Antoine Fouquet). (*Paris*), *Nicolas*
(*Vaucluse*), an XI, in-8 de 14 pages.

542 Essai politique sur le commerce, par
M. M*** (Melon). *Amsterdam, Changuyon*,
1735, 1 vol. in-8.

Une seconde édition de 1736, en 1 vol. in-12,
qui est augmentée de sept chapitres, porte le nom
de l'auteur. Il y a eu une nouvelle réimpression
en 1761.

543 Essai sur la chronologie (par Court de
Gébelin). *Londres (Paris)*, 1751, 3 parties
en 1 vol. in-12.

544 Essai sur l'administration, par le sous-
préfet de Béthune (M. de Normandie). *Béthune, imp. de Savary, et Paris, les marchands de nouveautés*, 1830, br. in-8 de
186 pages.

545 Essai sur la légitimité des rois (par M. Ni-
colas-François Bellart). 1815, br. in-8 de
57 pages.

Cette brochure fut composée pendant les cent
jours, et probablement imprimée en pays étranger.

546 Essai sur la littérature espagnole (par
Malmontet). *Paris*, 1810, in-8.

547 Essai sur la position d'Uxellodunum (par M. Delpon, député du Lot). In-8.

Cet essai, extrait d'un travail que l'auteur avait adressé au ministre de l'intérieur, en 1817, forme la deuxième partie de l'annuaire statistique du département du Lot, pour 1832, imprimé à Cahors.

548 Essai sur la versification française, par le comte de St.-Leu (Louis Bonaparte, ex-roi de Hollande). *Paris, Hector Bossange*, 1825, 2 vol. in-8.

Cet ouvrage n'est que le développement d'un « Mémoire sur la versification, etc., » composé quelques années auparavant par le même, voyez ces mots.

549 Essai sur la vie de Jules-César (par de Bury, avocat). Extrait du Mercure de France, des mois de juillet, août et septembre, 1756, in-12.

550 Essai sur le classement chronologique des sculpteurs les plus célèbres (par M. Éméric David, membre de l'Académie des inscriptions et belles-lettres). *Paris, Firmin Didot* (sans date), in-8.

Cet ouvrage a été publié, pour la première fois, en 1806, et réimprimé en 1807. Réimprimé une troisième fois, il renferme de nombreuses additions.

551 Essai sur le journalisme, depuis 1735 jus-

qu'à 1800 (par Delisles de Salles). *Paris, Colas*, 1811, in-8.

552 Essai sur le salon de 1817, ou examen critique sur les principaux ouvrages dont l'exposition se compose ; accompagné de gravures au trait; par M. M*** (Miel). *Paris, Delaunay*, 1817, in-8.

553 Essai sur l'éducation des princes dans une monarchie constitutionnelle (par Mlle. de F***** (Fragtein). *Paris, Goujon*, 1832, 1 vol. in-8.

554 Essai sur les mystères d'Eleusis, par M. Ouvaroff. 3e édition (publiée par M. Silvestre de Sacy). *Paris, imprimerie royale*, 1816, in-8.

555 Essai sur les noms des habitans modernes de l'Egypte (par M. le comte Gilbert-Joseph-Gaspard de Chabrol-Volvic, préfet du département de la Seine). *Paris*, 1826, br. in-8.

556 Essai sur l'histoire générale de Picardie (par de Vérité). *Abbeville, veuve de Vérité*, 1770, 2 vol. in-12.

557 Essai sur l'histoire militaire du bourg de St.-Loup, chef-lieu de canton, au départe-

ment de la Haute-Saône (par M. Claude de Sébarrières, maire de St.-Loup). *Au Champ-de-Mars, à St.-Loup*, 1790, br. in-8. de 43 pages.

558 Essai sur l'indifférence en matière de religion (par M. l'abbé Robert de la Mennais). 3ᵉ édition. *Paris, Tournachon-Molin*, 1818, 2 vol. in-8.

> Les éditions suivantes portent le nom de l'auteur.

559 Essai sur l'origine de Toulon, ou mémoires pour servir à l'histoire des premiers siècles de cette ville, par H. V. (l'abbé Henri Vidal). *Toulon*, 1827, br. in-8. de 72 pages.

560 Essai sur un nouveau plan de réforme concernant les ordres religieux (par M. Adamoli). Sans date (mars 1780), in-12 de 40 pages.

561 Essai sur un problème de géométrie (la trisection de l'angle) (par M. Tardi). 1789, in-4.

562 Essai d'interprétation d'allégories anciennes et modernes, par l'étymologie des noms, la signification des symboles et les noms de nombre (par A. N. Noizet). *Soissons* (sans date), in-8.

563 Essais (les) de Michel de Montagne (publiés par Naigeon). Édition stéréotype. *Paris, Pierre et Firmin Didot*, 1802, 4 vol. in-8.

564 Esther, tragédie (par Jean-Racine). *Paris, Thierry*, 1689, in-4.

565 État de la question sur l'exploitation de la mine de sel gemme (par M. le marquis de la Gervaisais). *Paris, Adrien Egron et Ponthieu*, 1825, br. in-8.

566 État (de l') moral et politique de l'Europe en 1832, par l'auteur de la Revue politique de l'Europe en 1825, des Nouvelles lettres provinciales, etc. Premier discours au Roi (par M. d'Herbigny). *Paris, Ladvocat*, 1832, in-8.

567 État (l') de la Provence, contenant ce qu'il y a de plus remarquable dans la police, dans la justice, dans l'église et dans la noblesse de cette province, avec les noms de chaque famille. Par M. l'abbé R. D. B. (Dominique Robert de Briançon). *Paris, Aubouin*, 1693, 3 vol. in-12.

On lit sur l'exemplaire de la Bibliothèque du Roi : Nota. « Ce nobiliaire parut à la fin de 1692 ; le privilège est du 5 mars 1689. Les exemplaires qui s'en distribuèrent d'abord, déterminèrent quelques familles à envoyer des mémoires à l'auteur, qui, pour les satisfaire et donner un air de nouveauté à son livre, y mit des cartons, en changea le titre et l'épître dédicatoire. Cette deuxième épître est datée du 22 octobre 1693 et signée. Ainsi la deuxième édition n'est que supposée.»

568 États (les) de Blois, ou la mort de MM. de Guise, scènes historiques. Décembre 1558. Par l'auteur des Barricades (M. Vitet). *Paris, Ponthieu et compagnie*, 1827, 1 vol. in-8.

569 Étrennes D. J. J. R. A. F. M. A. D. V. (de Jean-Jacques Rousseau à François - Marie Arouet de Voltaire). (En vers). In-8 de 12 pages.

Il y a une autre édition augmentée, intitulée : « Étrennes D. M. D. M. A. M. D. M. »

570 Étrennes pour les fidèles dévoués à Jésus, à Marie et aux Saints. Par l'auteur des « Dialogues chrétiens » (l'abbé Jean-Baptiste Lasausse). *Paris, veuve Nyon*, 1813, 1 vol. in-18.

571 Étrennes sans pareilles de Falaise, ou le plus utile et le plus curieux des almanachs, pour l'année 1832. Par B*** l'aîné (Brée, imprimeur). *Falaise, chez les principaux libraires*, 1832, in-32.

572 Étude (l') de la nature. Épître à madame ***. Pièce qui a concouru pour le prix de l'Académie française, en 1771. Par M*** (M. Mauduyt). *Paris, veuve Regnard,* 1771, pièce de 30 pages in-8.

573 Études. Premier cahier, contenant l'appel au public même, du jugement public sur J.-J. Rousseau, etc. (par le citoyen Clément-Alexandre de Brie-Serrant). *Paris, Guerbart* (an XI), in-8 de 32 pages.

574 Eudoxe, ou la jeunesse prémunie contre les erreurs populaires, par B. Allent (Eugène Balland, libraire). *Paris, Pierre Blanchard,* 1825, 2 vol. in-12.

575 Eulalie de Rochester, vicomtesse de ***; nouvelle vendéenne (par François-Joseph de Lasserrie). *Paris,* 1801, 1 vol. in-18.

576 Europe (l') et la France devant le trône de l'Éternel (par Mignonneau). Suivi des moyens d'améliorer les mœurs du peuple. *Paris,* 1792, in-8.

La seconde partie de cette fiction a paru en 1814. L'auteur en a donné, en 1816, une nouvelle édition sous la forme d'un drame.

577 Eustache, histoire imitée de l'allemand,

par M. l'abbé H***** (Hunckler). *Paris, à la Societé des bons livres*, 1832, in-12.

578 Évélina, ou l'entrée d'une jeune personne dans le monde, par miss Burney (aujourd'hui madame d'Arblay). Traduit de l'anglais (par Antoine-Gilbert Griffet de La Baume). *Paris, Maradan*, 1816, 2 vol. in-12.

La première édition de cette traduction avait paru en 1785.

579 Événemens arrivés en France depuis la restauration de 1815, par Hélène – Marie Williams, traduit de l'anglais (par M. Moreau père). *Paris, Rosa*, 1819, in-8.

580 Événemens (les) les plus considérables du règne de Louis-le-Grand, écrits en italien par M. Marana, et traduits en français par *** (Pidou de Saint-Olon). Dédiés à Mgr. le cardinal d'Étrées. *Paris, Martin Jouvenet*, 1690, 1 vol. in-12.

Le véritable auteur de cet ouvrage est Jean-Baptiste Primi VISCONTI, comte de Saint-Majole.

581 Evvres de Lovize Labé Lyonnoise (publiées par M. Breghot du Lut). *Lyon, Perrin*, 1824, grand in-8.

582 Examen critique de l'équilibre social eu-

ropéen, ou Abrégé de statistique politique et
littéraire ; accompagné de tableaux statistiques et d'une planche gravée. Par le baron
de R***, ancien colonel d'état-major (de Ré-
vérony - Saint-Cyr). *Paris, Magimel*, 1820,
1 vol. in-8.

583 Examen critique du cours de philosophie
de M. Cousin, année 1828. Par A. M....
(Armand Marrast). *Paris, Corréard jeune*,
1829, br. in-8 de 90 pages.

584 Examen critique du cours de philosophie
de M. Cousin (leçon par leçon). *Paris, Corréard jeune*, 1828-29, in-8.

Leçons 1 à 20. L'ouvrage n'est pas terminé.
La 6e leçon porte le nom de l'auteur, M. Armand
Marrast.

585 Examen de la constitution de don Pedro.
et des droits de don Miguel (par le baron de
Bordigné). *Paris, De la Forest (Morinval)*,
1827, br. in-8.

586 Examen de la latinité du père Jouvenci
(par M. l'abbé Vallart) (sans date), in-12 de
26 pages.

587 Examen des causes destructives du théâtre
de l'Opéra, et des moyens qu'on pourrait

employer pour le rétablir; ouvrage spécula-
tif, par un amateur de l'Harmonie (par
M. Gabriel). *Londres (Paris, veuve Duchesne)*, 1776, in-8 de 40 pages.

588 Excellence (de l') des hommes contre
l'égalité des sexes (par Poullain de la Barre).
Paris, Dezallier, 1679, 1 vol. in-8.

> Il y a une autre édition in-12, antérieure à celle-
> ci de quatre années.

589 Excursions dans l'Amérique méridionale,
le nord-ouest des États-Unis et les Antilles;
dans les années 1812, 1816, 1820 et 1824.
Par Charles Waterton, écuyer; suivies d'une
notice sur les sauvages de l'Amérique sep-
tentrionale. Traduit de l'anglais (par M. De
Caze). *Paris, Lance*, 1833, 1 vol. in-8.

> La notice sur les sauvages de l'Amérique du nord
> ajoutée à cette traduction, n'est pas de M. WA-
> TERTON, mais de WASHINGTON IRVING.

590 Exhortation pour un mariage, faite dans
l'église de Saint-Paul, à Paris, par M. M****
(Mulot, chanoine régulier, bibliothécaire de
l'abbaye de Saint-Victor). Le 22 janvier
1778, in-8.

591 Exilée (l') d'Holy-Rood, par le vicomte de
Varicléry (le baron de Lamothe-Langon).
Paris, Dentu, 1832, 1 vol. in-8.

Cet ouvrage, à son apparition, a excité, à cause
de son titre, une assez grande curiosité. Mais à la
lecture, on y a moins reconnu la vérité historique,
qu'une composition romanesque qui s'écarte quelquefois des convenances.

592 Explication du zodiaque de Denderah
(Tentyris). Observations curieuses sur ce monument précieux et sur sa haute antiquité
(par MM. Chabert et Ferlus). *Paris, Martinet*, 1822, br. in-8.

Une seconde édition porte le nom de M. FERLUS.

593 Exposition du sens primitif des psaumes,
totalement conservé dans le latin de la vulgate, et dans une nouvelle traduction française, mise en regard du texte et augmentée de notes, par M. V****** (Viguier).
Deuxième édition revue, améliorée et considérablement augmentée. *Paris, Demonville*,
1818, in-8.

594 Exposition d'une méthode raisonnée pour
apprendre la langue latine (par Dumarsais).
Paris, David, 1758, in-8.

595 Exposition sommaire et sur documens
authentiques, de la situation de la compagnie des Indes et du commerce anglais, en
1825; par M. de M*** (Montvéran), auteur

de « l'Histoire critique et raisonnée de la Situation de l'Angleterre. » *Paris*, 1825, in-8.

596 Extrait d'un itinéraire de Hhaleb (Alep)
à Moussel (Mosul), par la voie du Djéziré
(la Mésopotamie). par M. R****** (Jean-
François-Xavier Rousseau, consul de France
à Alep). *Paris*, *Gœtschy*, 1823, in-8 de 52
pages.

> Cet extrait a été inséré dans le 50e cahier du
> *Journal des voyages*, publié par M. VERNEUR.

597 Extrait d'un itinéraire en Perse par la voie
de Bagdad; par M. **** (Jean - François-
Xavier Rousseau, consul général de France
à Alep). *Paris*, *Sajou*, 1813, br. in-8.

598 Ezour (l') - Vedam, ou Ancien commen-
taire du Vedam, traduit du samscretan par un
Brame (publié par le baron de Sainte-Croix).
Yverdon (*Avignon*), 1775, 2 vol. in-12.

> Cet ouvrage, qui a été traduit dans l'Inde par
> un jésuite nommé NOBILI, fut envoyé par lui
> à Voltaire qui l'accueillit avec empressement et
> le remit à M. de SAINTE-CROIX qui s'en rendit
> l'éditeur.

Anonymes et pseudonymes étrangers.

599 Ἐκ τῶν Ἀριστοτέλους πολιτικῶν. (Edente Reitz). Cum annotatione criticâ. *Lipsiæ , Jacobæerus,* 1776, 1 vol. in-8.

600 Enchiridion botanicum ; complectens cha-racteres genericos et specificos plantarum per insulas Britannicas spontè nascentium ex Linnæo aliisque desumptos. *Londini, impen-sis G. Robinson, Pater noster-Row : prostant venales apud J. B. Becket, Bristolii.* 1782, in-8.

L'auteur, suivant le catalogue de Gilbert White , est le capitaine BROUGHTON, auteur d'un « Voyage de découvertes , » imprimé à Londres en 1805.

601 Encyclica S. congregationis de propagandâ fide ad patriarchas et antistites orientales de renovandâ fidei professione arab. et lat. (à Stephano cardinale Borgia suscripta). *Romæ, Typis ejusdem congregationis,* 1803, in-4.

602 Epistola apologetica quam author libelli cui titulus : « Monita salutaria Beatæ Virginis Mariæ ad cultores suos indiscretos », scripsit ad ejusdem censorem (Adam Widenfeldt).

Mechliniæ, *Gisbert-Lintzius*, 1674, in-12 de
63 pages.

L'opuscule qui avait donné lieu à cette lettre
apologétique, et que Widenfeldt avait publié à
l'instigation des jansénistes, pour ôter aux protestans tout prétexte de s'élever contre le culte que
les catholiques rendent à la vierge, produisit, à son
apparition, une sensation extraordinaire. Il renferme en effet tous les argumens les plus propres à
ruiner la dévotion des fidèles envers la mère de
Dieu. Il fut traduit en plusieurs pays, notamment
en France où il en existe trois traductions, dont
deux sont d'auteurs inconnus; la troisième est, dit
M. Barbier, due au père GERBERON. Toutes ces
traductions furent condamnées par un décret daté
de Rome du 22 juin 1676.

On l'avait d'abord attribué à M. de Choiseuil,
évêque de Tournay; mais il n'en était que l'appro-
bateur, l'ayant recommandé dans une lettre pastorale comme ouvrage plein d'une solide piété. Le
père Crasset prétend, au contraire, que tout le
monde chrétien en fut scandalisé, et que les savans
de tous les pays le réfutèrent comme un livre
plein de maximes dangereuses.

603 Erotopægnion, sive Priapeia veterum et re-
centiorum (edente D. Noël). *Lutetiæ Parisiorum*, 1798, in-8.

604 Euripidis tragœdiæ IV : Hecuba, Phœnis-
sæ, Hippolytus et Bacchæ, græcè, ex opti-

mis exemplaribus emendatæ (à Brunck). *Argentorati*, 1780, in-8.

Il se trouve à la fin une pièce de vers latins qui n'existe que dans un très petit nombre d'exemplaires (Renouard, catalogue de la bibliothèque d'un amateur.)

605 Elogio storico del signore abate Antonio Genovesi (di Giuseppe-Maria Galanti). *Napoli*, 1772, in-8.

606 Énéide (l') di Virgilio del Annibal Caro (pubblicato da Conti). *Parigi, vedova Quillau*, 1760, 2 vol. grand in-8.

Cette édition, avec celle de Trévise qui parut en 1603, in-4, passe pour la meilleure. Annibal Caro établit tout-à-fait sa réputation par cette traduction où l'élégance ne fait aucun tort à la fidélité et qui est digne en tout de l'original.

607 Epigrammi (dal conte Carlo Roncalli). *Parma, Bodoni (senza anno)*, 1 vol. in-16.

Il existe une autre édition imprimée à Venise en 1793 qui porte le nom de l'auteur.

608 Ensayos poëticos de V. (Pieralta). *Paris, Decourchant*, 1832, in-18 de 90 pages.

609 Escuela (la) de los maridos, comedia escrita en frances por Juan-Bautista Molière, y traducida a nuestra lengua, por Inarco Ce-

lenio P. A. (M. Moratin) *Madrid, Villal-pando,* 1812, in-12.

610 East (the)—India military Calendar : Containing the services of general and field officers of the Indian army (by John Philippar). *London, Kingsburg,* 1823 - 26, 6 vol. in-4.

611 Elogy on Prince Henry of Prussia, composed by the king of Prussia (Frédéric II). *Birmingham,* 1768, in-8.

Cet éloge n'a été tiré qu'à 25 exemplaires, tous donnés en présent.

612 Essay (an) toward a new edition of the elegies of Tibullus, with a translation and notes (by Samuel Henley. *London, J. Johnson,* 1792, in-8.

613 Evelina (by miss Françoise Burney, aujourd'hui madame d'Arblay). *London,* 1784. 3 vol. in-12.

La première éditon avait paru en 1777. L'auteur n'avait alors que 15 ans. Ce roman a été traduit en français par Antoine-Gilbert Griffet DE LA BAUME. Voyez le n° 578.

F.

614 Fables choisies de John Gay, traduites en vers français (par M. Joly, de Salins). *Paris, Ancelle*, 1811, 1 vol. in-18.

615 Fables choisies de La Fontaine, précédées de la vie de l'auteur et de celle d'Esope. Nouvelle édition à laquelle on a ajouté des notes explicatives et diverses pièces de poésie du même auteur. A. M. D. G. (*ad majorem Dei gloriam*). (Publiées par le père Loriquet). *Lyon , Rusand*, 1821 , 1 vol. in-12.

> Le faux titre porte : « Collection classique à l'usage de la jeunesse. » Poètes français. Tome 1er.

616 Fables de La Fontaine (précédées d'une notice biographique, par Saint-Prosper, auteur de *l'Observateur au XIXᵉ siècle*). *Paris, madame Lardière*, 1830, 1 vol. in-12.

617 Fables complètes de La Fontaine, accompagnées de *la Vie d'Ésope, de Philémon et Beaucis*, etc., etc., nouvelle édition avec le sens moral de l'apologue, par J. M. (Joseph

Moronval). *Paris, Moronval,* 1833, 1 vol. in–18.

618 Fables de La Fontaine, avec des notes et figures gravées sur bois. *Paris, Crapelet,* 1830, 2 vol. grand in-32.

L'avertissement signé des initiales G. A. C. est de M. Crapelet, et la notice sur La Fontaine, signée C. A. W. de M. Walkenaër.

619 Fables diverses, critiques, politiques et littéraires, faisant suite aux *Fables pour l'enfance et la jeunesse,* par J. L. G. (Jacques-Louis Grenus, de Genève). *Paris, Bossange,* 1807, 1 vol. in-16.

Les Fables pour l'enfance et la jeunesse ont paru en 1806.

620 Fables et poésies diverses, par M. B*** (Bressier, de Dijon). *Paris, Firmin Didot,* 1828, 1 vol. in-12.

Cette édition, qui est la seconde (la première avait paru en 1824), tirée seulement à 300 exemplaires, n'a pas été mise dans le commerce.

621 Fables nouvelles, divisées en 6 livres, par M. (Nicolas) Grozelier, P. D. L. O. (Prêtre de l'Oratoire). *Paris, Desaint et Saillant,* 1760, 1 vol. in-16.

622 Fables pour l'enfance et la jeunesse, par
J. L. G. (Jacques-Louis Grenus, de Genève).
Paris, Bosange, Masson et Besson, 1807,
1 vol. in-18.

623 Fabliaux, ou contes des XIIe et XIIIe siècles, traduits ou extraits d'après divers manuscrits anciens ; avec des notes historiques
et critiques et les imitations qui ont été faites
de ces contes, depuis leur origine jusqu'à
nos jours (par Le Grand d'Aussy). *Paris,
Eugène Onfroy*, 1779, 3 vol. in-8.

L'auteur publia, en 1781, un quatrième volume
auquel il mit son nom, sous le titre de : « Contes,
Fables et Romans anciens, pour servir de suite aux
fabliaux.» *Paris, chez l'auteur*, in-8.

624 Facécieuses Nuicts de Straparole (par Jean-
François, de Caravage, conteur italien),
(traduites d'italien en français, le 1er volume
par Jean Louveau, et le 2e, 16 ans plus
tard, par Pierre de Larivey). Édition revue
et publiée (par La Monnoie qui y a mis une
préface). *Amsterdam, Frédéric Besnard*,
1726, 2 vol. in-16.

LARIVEY est un poète dramatique très-ancien, et
dont les biographes n'ont pu préciser la date de la
naissance. Il publia pour la première fois sa traduction des *Piacevoli notti*, en 1576. On suppose qu'il

mourut vers 1612. La même obscurité règne à l'é-
gard de l'auteur italien; elle est telle, que l'on
n'a pu encore constater si le nom de STRAPAROLE
est un nom de famille, ou si ce n'est qu'un sobri-
quet, comme il était alors d'usage en Italie d'en
adopter.

625 Factum, ou Mémoire qui était destiné à être
prononcé dans une affaire contentieuse, où il
s'agissait de deux têtes, l'une en plâtre, l'autre
en marbre (par M. Cornelissens). An XI
(1802), in-12 de 95 pages.

626 Famille (la) d'Almer, ou le Souterrain du
château de L***** (par M. Donat). *Paris,
Pigoreau*, 1812, 2 vol. in-12.

627 Famille (la) d'Aubeterre, ou Scènes du XVI°
siècle. Roman historique, par madame de ***
(de Maraise, aujourd'hui madame de Ville-
d'Avray). *Paris, Ch. Gosselin*, 1829, 4 vol.
in-12.

628 Famille (la) de Halden, traduite de l'alle-
mand, d'Auguste La Fontaine, par M. V. (Henri
Villemain). Seconde édition revue et corrigée.
Paris, Maradan, 1805, 4 vol. in-12.

629 Famille (la) Saint-Amaranthe, ou le règne de
la terreur; nouvelle héroïque, ornée de deux
portraits, par madame E. L., née C. L.

(Madame Eugène La Baume, née Caroline La Place). *Paris, Corbet aîné*, 1827, 2 vol. in-12.

Toute la partie historique a été rédigée par M. EUGÈNE LA BAUME, son mari, auteur de plusieurs ouvrages recommandables; entr'autres d'une « Relation circonstanciée de la campagne de Russie, » dont plusieurs éditions attestent le succès.

630 Famille (la) improvisée, scènes épisodiques par M. Henry Monnier. *Paris, Barba*, 1831, in-8.

Les véritables auteurs de cette pièce sont MM. DU-VERT, DUPEUTY et BRAZIER. Une deuxième édition qui a paru en 1832, porte le nom des auteurs.

631 Famille (la) irlandaise, mélodrame en trois actes, par MM. Théodore (Nezel) et ****. *Paris, Quoy*, 1821, in-8.

632 Famille (la) Saint-Julien aux bains de Rockbeack, ou le Faussaire anglais, par M. B** son de C***ve (Breson de Cocove). *Paris, Germain Mathiot*, 1812, 4 vol. in-12.

633 Famille (la) Sirven, ou Voltaire à Castres, mélodrame en 3 actes, par M. Frédéric (Du Petit-Méré). *Paris, Quoy*, 1820, in-8.

Cet auteur, à qui les théâtres du boulevard doivent un grand nombre d'ouvrages, qui tous ont obtenu assez de succès, avait débuté dans une toute autre carrière que celle des lettres. Il avait d'abord exercé la profession de cuisinier, à laquelle il renonça pour se livrer exclusivement à la muse du mélodrame. Le nom Du Petit-Méré qu'il s'était adjugé, est celui du village où il avait pris naissance. Cet auteur est mort à Paris, il y a quelques années, dans un état voisin de la misère.

634 Fanatisme (le) anti-catholique (par M. le marquis de la Gervaisais). *Paris, A. Pihan de la Forest*, 1826, br. in-8.

635 Fatalité (la) de Saint-Cloud, près de Paris (attribué au père Bernard Guyard). *Le Mans, Paris* (1672—1673), 1 vol. in-12.

L'impression de cet ouvrage avait été commencée au Mans; des circonstances en ayant nécessité la suspension, elle ne fut reprise et terminée que l'année suivante, mais à Paris.

Le but que l'auteur s'y propose, est de prouver que JACQUES CLÉMENT n'a point été le meurtrier de HENRI III, et que l'auteur de cet exécrable forfait, était un seigneur déguisé en religieux. JEAN GODEFROY a réfuté ce paradoxe, par « la véritable fatalité de Saint-Cloud. » (*Lille*), 1715, 1 vol. in-8. (Biogr. univ.)

636 Fausse (la) communion de la Reine, soutenue au moyen d'un faux. Nouvelle réfutation appuyée sur de nouvelles preuves, par l'au-

teur des « Mémoires secrets et universels de la reine de France. » (Lafont-d'Aussone) *Paris, Pélicier*, 1824, br. in-8.

637 Faust, ou les Premiers amours d'un méta-physicien romantique, pièce du théâtre de Gœthe arrangée pour la scène française, en 4 actes, en prose (par M. Rousset médecin). *Paris, Pélicier et Châtet*, 1829, 1 vol. in-8.

638 Faut-il une nouvelle constitution ? par M. de S*** (de Sales , juge au tribunal de première instance de la Seine, depuis commissaire de police à Paris). (1er mai 1814), br. in-8.

639 Faux (le) indifférent, ou l'Art de plaire, co-médie en un acte et en vers, par M. *** (Joseph Landon), sans date (vers 1750), in-8.

640 Félicia, ou mes fredaines (par Andréa de Nercyat, de Dijon). *Amsterdam*, 1780, 1 vol. in-12.

641 Femme (la) du banquier, par la comtesse O.... du... (le baron de Lamotte-Langon). *Paris, Lachapelle*, 1832, 2 vol. in-8.

642 Femme (la) du forçat, roman nouveau, par J. B. J. Champagnac (par le même) *Paris, Ménard*, 1833, 1 vol. in-8.

643 Femme (la) jalouse, comédie en 5 actes, en vers français, dédiée à Son Altesse royale Madame, régente (par Thibault). *Nancy, Pierre Antoine*, 1734, in-8.

644 Femmes (les) de bonne humeur, ou les Commères de Windsor, comédie de Shakespeare (par Louis-Alexandre de Cézan, docteur médecin) (sans date). in-12.

> Cette pièce est tirée du tome 4, page 135, d'un ouvrage qui est intitulé: « Extrait de pièces non traduites de Shakespeare. »

645 Fervent (le) ecclésiastique, se pénétrant chaque jour de l'année des devoirs de son état, avec une explication des cérémonies de la messe, et des exercices pour la préparation et l'action de grâces (par l'abbé Jean-Baptiste Lasausse). *Paris, Mame (Lyon et Paris, Rusand)*, 1814, 1 vol. in-12.

646 Festin (le) joyeux, ou la Cuisine en musique, en vers libres (par Joseph Lebas). *Paris,* 1738, in-12.

647 Feu partout! voilà le ministère Polignac (par MM. Léon Vidal et Léon Gozlan). *Paris, Dureuil,* 1829, br. in-8.

648 Figures et empreintes des monnaies de

France (par Jean-Baptiste Haultin). 1619 , 1 vol. in-4.

Ce livre curieux, devenu fort rare, contient les monnaies de France depuis le commencement de la monarchie, jusqu'au règne de HENRI II ; mais aucun texte n'est joint à ces figures qui sont gravées sur bois.

649 Filet (le) d'Ariane , pour entrer avec sûreté dans le labyrinthe de la philosophie hermétique (par Gaston Ledoux., dit de Claves). *Paris* , 1695 , 1 vol in-12.

Le véritable nom de cet écrivain qui est DULCO ou DUCLO (GASTON), en latin *Gasto claveus,* a été défiguré par certains biographes qui l'ont gauchement traduit par DE CLAVE, ou DU CLOUD, ou enfin LE DOUX et même par GASTON DUC DE CLÈVES, naquit dans le Nivernais. Il a composé plusieurs ouvrages sur le même sujet.

650 Fille bleue (la), ou la Novice , l'Archevêque et l'Officier municipal, par Jean-Pierre (Marie Aycard). *Paris , Lecointe et Pougin* , 1832 , 4 vol. in-12.

651 Fille (la) d'une femme de génie, ouvrage traduit de l'anglais de madame Hofland (par mademoiselle Cuvier, fille du célèbre savant de ce nom). *Paris, Barbezat*, 1829, 2 vol. in-12.

_ M. Quérard, dans sa France littéraire, attribue cette traduction à madame Woidel.

652 Fille (la) légitime de Buonaparte , l'Université ci-devant impériale et royale, protec-
trice de la confédération d'instruction , média-
trice des trente-six cantons académiques , par
M. C. J. G. P. D. S. P. (l'abbé Charles-Jean
Girod, prêtre de St.-Paul). *Paris , Laurent
aîné* , 1814 , br. in-8.

653 Fille (la) mère , par madame Louise Mai-
gnaud, auteur de : « La Femme du monde et la
Dévote, » avec une préface par l'auteur de :
« l'Ane mort et la Femme guillotinée » (Jules
Janin). *Paris , Eugène Renduel* , 1829, 4
vol. in-12.

654 Fils (le) d'Asmodée , suivi de : « Il y a des
choses plus extraordinaires, ou Lettres de la
marquise de Cézannes à la comtesse de Mir-
ville » (par madame d'Antraigues). *Paris, Guillaume*, 1811 , 3 vol. in-12.

655 Fils (le) du meûnier. *Première partie* : « le
Siège de Rouen , » par Mortonval (Alexandre
Furcy-Guesdon); et, *seconde partie* : « le
Siège de Paris (par le même), *Paris, Ambroise
Dupont*, 1828, 9 vol. in-12.

656 Fin (la) de la tyrannie, par A. Sim C***

(Auguste-Simon Collin, de Plancy), professeur. *Paris*, *Tiger*, 1815 , br. in-12.

657 Flaneur (le), galerie pittoresque, philosophique et morale de tout ce que Paris offre de
curieux et de remarquable dans tous les genres, etc., par un habitué du boulevard de Gand
(M. d'Aldeguier). *Paris*, 1826, 1 vol. in-12.

658 Flore du Dictionnaire des Sciences médicales, décrite par (François-Pierre) Chaumeton (docteur en médecine), peinte par madame P. (Panckouke et par Turpin). *Paris*,
Panckouke, 1814—1820, 8 vol. in-8.

659 Folie (la) du jour , ou Dialogue entre un
Anglais et un Français , sur les actions des
eaux de Paris (par M. Hilliard d'Auberteuil).
Londres , 1785 , br. in-8. de 24 pages.

660 Folies (les) de ce temps-là, ou le 33e siècle,
par T*** (Théophile Marion Du Mersan).
Paris, *Fontaines*, An XI (1801), 2 vol.
in-12.

661 Folle (la) d'Orléans , Histoire du temps de
Louis XIV , par le bibliophile Jacob (Paul
Lacroix). *Paris* , *Eugène Renduel* , 1832 ,
1 vol in-8.

662 Folle (la) intrigue , ou le Quiproquo; comédie en 3 actes et en vers, par Victor (Victor-Henri-Joseph Brahin Ducange, fils). *Paris , Fages ,* 1814 , in-8.

663 Forêt (la) noire, ou les Aventures de M. de Luzy (par Louis - Pierre - Prudent Le Gay). *Paris, Hubert ,* 1820 , 4 vol. in—12.

664 Fou (le), drame en 3 actes (en prose), par MM. Antoni (Béraud) Alexis (Hyacinthe de Comberousse), et *** (Gustave Drouineau). *Paris , Barba ,* 1829 , in-8.

665 Fouet (le) de nos pères , ou l'Éducation de Louis XII en 1469. Comédie historique en 3 actes (par M. Antoine Rœderer). *Paris , Lachevardière fils ,* 1827 , in-8.

Cette pièce avait déja été imprimée à Bruxelles, en 1816.

666 Fragments biographiques et historiques, extraits des registres du conseil—d'état de la république de Genève , de 1535 à 1792 (par M. le baron Grenus-Saladin). *Genève , Manget et Cherbuliez ,* 1815 , in-8.

667 Fragments sur l'Inde , sur le général Lalli et sur le comte de Morangies (par Voltaire).

Genève, 1773, gr. in-8; traduit en anglais, en 1774.

668 Fragment d'un ouvrage inédit intitulé: « Recherches sur la formation du langage politique en France »(par M. Rey). *Paris, Dentu*(1832). in-8.

669 France (la) en 1829 et 1830, par Lady-Morgan , traduit par le traducteur de *l'Italie* (mademoiselle A. Sobry). *Paris , Fournier ,* 1830 , 2 vol. in-8.

Chaque volume se compose de deux parties , qui ont paru à certain intervalle l'une de l'autre ; les deux premières portent seules le nom du traducteur.

670 France (la) gouvernée par des ordonnances ou Esprit des conseils–d'état sur les principaux règnes des rois de France, par Gustave B*** imprimeur-compositeur (Ballari , aujourd'hui comédien). *Paris, Chaigneau fils aîné,* 1829 , br. in-8. de 102 pages.

671 France (la) secourant les incendiés de Salins. Epître en vers (par M. Trémollières, président du tribunal de 1re instance à Besançon). *Besançon, Charles Deis,* 1827 in-8. de 11 pages.

672 France (la) trompée par les magiciens et démonolâtres du 18e. siècle, etc.) par l'abbé

Fiard , prêtre du diocèse de Dijon). *Paris,*
1803 , in-8.

Ouvrage singulier et assez rare.

673 Francs (les) Juges, ou les temps de barbarie,
mélodrame historique en 4 actes, du XIIIe
siècle , par M. C. H. F. L. (Lamortellière).
Paris , Barba, 1807, in-8.

Réimprimé en 1811.

674 Francs (les) Taupins , par le bibliophile Jacob (Paul Lacroix). *Paris, Eugène Renduel,*
1832 , 2 vol. in-8.

675 Fray-Eugenio, ou l'autodafé de 1680, par
Mortonval (Alexandre Furcy-Guesdon). *Pa-*
ris, Ambroise Dupont, 1826, 4 vol. in-12.

676 Frêlon (le) et les Abeilles, apologue à l'occasion du retour de Sa Majesté Louis XVIII,
et de son rétablissement au trône des Bourbons (par Marie-Jacques-Armand Boyeldieu,
ancien avocat au parlement du Rouen, oncle du
célèbre musicien de ce nom , etc.) *Rouen,*
Périaux, et à *Paris, Petit,* 1814, in-8.

677 Frères (les) amis, comédie en 2 actes et en
prose, par M. de B.... (Louis-Alexandre-
Bertrand Robineau , connu dans le monde
littéraire sous le nom de Beaunoir, qui en
est l'anagramme) *Paris.*

M. Arnault, dans ses *Souvenirs d'un sexagénaire*, tome I, page 411, rapporte un fait assez plaisant, et qui prouve la fécondité extraordinaire de cet auteur médiocre. « Feu Nicolet, dit-il, directeur du théâtre des *Grands Danseurs* du roi (aujourd'hui le théâtre de *la Gaîté*), écrivit un jour à M. DE BEAUNOIR la lettre suivante : « Monsieur, l'administration que je pré-« side, a décidé qu'à l'avenir, comme par le passé, « vos ouvrages seraient reçus à notre théâtre, sans « être lus, et qu'on continuerait à vous les payer « dix-huit francs la pièce ; mais vous êtes prié de « n'en pas présenter plus de trois par semaine. »

678 Frères (les) Hongrois, roman de miss Anna-Maria Porter ; traduit de l'anglais par mademoiselle Aline de L. (Lacoste). *Paris, Arthus Bertrand*, 1817, 3 vol. in-12.

679 Fruit (le) de mes lectures ou Pensées extraites des auteurs profanes, relatives aux différents ordres de la société, accompagnées de quelques réflexions de l'auteur ; par dom (Nicolas) Jamin, religieux bénédictin de la congrégation de St.-Maur. (Nouvelle édition revue et publiée par les soins de M. Gabriel Peignot, membre de l'université, qui l'a fait précéder d'une notice sur la vie et les ouvrages de Jamin, signée G. P.). *Dijon* et *Paris, Victor Lagier*, 1825, 1 vol in-12.

680 Funérailles des rois de France et cérémonies

anciennement observées pour leurs obsèques,
par A. B. de G.(Alexandre Barginet, de Grenoble).*Paris, Baudouin frères*, 1824, br. in-8.

———————

Anonymes et Pseudonymes étrangers.

681 Fasciculus temporum omnes antiquorum
historias complectens ; en français : « les fleurs
et manières de temps passés et de faits merveil-
leux de Dieu, tant en l'Ancien Testament
comme au Nouveau, et des premiers seigneurs
princes et gouverneurs temporels en cestuy
monde...... (Par Wernerus Rolevinck , char-
treux , et Pierre Farget). Imprimé à *Paris*,
par *Nicolas Desprez* , pour Jehan Petit,
1505 , in-fol.

682 Flora Berolinensis. *Berlin* , 1757 , in-fol.
L'auteur de cette flore est Jean-Jules Hecquer,
qui a publié, en 1742, *Specimen floræ berolinensis.*

683 Filostrato (il) poema, ora per la prima
volta dato in luce (da F. L. barone Servita).
Parigi , Didot il maggiore, 1789, 1 vol. in-8.

684 Fifteen years in India ; or Sketches of a Sol-

dier's life, from the journal of an officer (by George Wallace). *London, Longman,* 1823, 1 vol. in-8.

685 Fruit-walls improved, by inclining them to the horizon : or, a way to build walls for fruit-trees. By a member of the Royal Society N.F.D. (Nicolaus Fatius Duillierius). *London, R. Everisgham* 1699 , in-4.

G.

686 Galerie biographique des artistes drama-tiques (par Adolphe Laugier et A. Mottet). *Paris, Béchet aîné* , 1826, in-8.

La publication de cet ouvrage a été interrompue après la troisième livraison.

687 Galerie française en estampes, des hommes les plus illustres dans tous les genres, avec un texte explicatif, par B. Allent (Eugène Bal-land, libraire). *Paris, Alexis Eymery,* 1824, in-8. oblong, avec quinze figures.

688 Garde (la) pendant les événemens du 26

juillet au 5 août, par un officier de l'état-
major (M. de Bermond). *Paris*, *Dentu*,
1831 , in-8.

689 Garde (le) national à l'obélisque de Mas-
séna ; anecdote historique, suivie du *Renégat*
ou *la Vierge de Missolonghi;* par madame
S... E.., auteur des *Anecdotes du XIXe siècle,*
et des *Mémoires d'une Contemporaine* (ma-
dame Elzélina Van-Aylde Jonghe). *Paris,*
Ladvocat, 1827, in-8. de 32 pages.

> Les initiales S. E., cachent le pseudonyme SAINT-
> ELME, sous lequel cette femme auteur est connue
> dans le monde littéraire.

690 Général (le) d'armée, par Onésander, en
grec et en français, suivi du premier chant
élégiaque de Tyrtée, en grec et en vers français (la traduction est de M. Adamance Coraï, savant helléniste). *Paris, Firmin Didot,*
1822 , 1 vol. in-8.

691 Généreuses (les) Françaises, anecdote
historique, etc., (par M. Raup-Baptestire).
(sans date) br. in-8. de 22 pages.

692 Génie (le) de Bossuet, ou Recueil des plus
grandes pensées et des plus beaux morceaux
d'éloquence, répandus dans tous les ouvrages

de cet écrivain. Publié par E. L. (Seyries). *Paris, Dentu*, 1810, 1 vol. in-18.

L'auteur a reproduit beaucoup de fragmens de cet ouvrage dans l'*Esprit des orateurs chrétiens*, publié postérieurement. Voyez ces mots, n° 526.

693 Géométrie usuelle, dessin géométrique et dessin linéaire sans instrumens, en cent vingt tableaux, dédiés à M. le baron Feutrier, préfet de l'Oise. Par C. B. (Charles Boutereau) professeur des cours publics et gratuits de géométrie, de mécanique et de dessin linéaire, à Beauvais. *Beauvais, Tremblay et Paris, Pigoreau*, 1832. Publié en cinq livraisons in-4.

694 Goupillon (le), poëme héroï-comique, traduit du portugais, d'Antoine Dinys (par M. Jean-François Boissonnade, membre de l'Académie des inscriptions et belles-lettres). *Paris, Verdière*, 1828, 1 vol. in-12.

695 Gorge (la) de Mirza, autore Coræbo Aristenete, (aliàs Félix de Nogaret). Cum notis et commentariis. *Parisiis, anno IX* (1801), 1 vol. in-12.

696 Gomez Arias, ou les Maures des Alpujaras, roman historique espagnol, par don Telesforo

de Trueba y Cosio, traduit par l'auteur « d'*O-lesia* ou *la Pologne*, d'*Edgard* et de *Vancisa d'Ornano* » (madame Lattimore Clarcke). *Paris, Ch. Gosselin*, 1829, 4 vol. in-12.

697 Gouvernement (du) révolutionnaire, ou du Refus des subsides, (par M. le marquis de la Gervaisais). *Paris, A. Pihan de la Fresto*, 1830, br. in-8.

698 Grammaire arabe, en tableaux, à l'usage des étudiants qui cultivent la langue hébraïque, par P. G. A. (Prosper-Gabriel Audran). *Paris, Méquignon Junior et Brajeux*, 1818, 1 vol. in-4.

699 Grammaire de la langue arabe vulgaire et littérale, (en français et en latin), ouvrage posthume de M. Savary, augmentée de quelques contes arabes, par l'éditeur (Louis-Mathieu Langlès, professeur de persan, et conservateur au dép'. des manuscrits de la bibliothèque du roi). *Paris, I. I.*, 1813, 1 vol. in-4.

700 Grammaire hébraïque, en tableaux, par P. G. A. (Prosper-Gabriel Audran). *Paris, Eberhart*, 1805, 1 vol. in-4.

Une seconde édition de cette grammaire, a été publiée en 1818, chez Brajeux, presque en même

temps que la grammaire arabe du même auteur.
Voyez plus haut.

701 Grammaire turque, d'une toute nouvelle
méthode d'apprendre cette langue en peu de
semaines, avec un vocabulaire enrichi d'anecdotes utiles et agréables, (par Joseph de
Preindl). *Berlin*, 1790, 1 vol. in-8.

702 Granby, roman de mœurs, traduit de l'anglais, de lord Normanby, (par madame la
comtesse Molé de Vallivon). *Paris, Sthubart
et Heideloff*, 1829, 4 vol. in-12.

703 Grand (le) prix, ou le voyage à frais com-
muns, opéra - comique en trois actes, par
MM. Gabriel, (Thomas) et Masson. *Paris*,
Barba, 1831, in-8.

704 Grand (le) trésor historique et politique
du florissant commerce des Hollandais, dans
tous les états et empires de ce monde (attribué au célèbre Pierre-Daniel Huet, évêque
d'Avranches). *Rouen, Ruault*, 1712, 1 vol.
in-12.

Ce qui tend à faire regarder Huet comme auteur
de cet ouvrage, c'est que plusieurs mémoires sur *le
commerce des Hollandais dans les états et empires
du monde,* qui parurent à peu près vers le même
temps, lui ont été attribués, comme faisant une es-

pèce de suite à son *Histoire du commerce et de la navigation des anciens,* qui parut aussi sous le voile de l'anonyme.

705 Guerre (la) de trois jours, poëme héroï-comique; par A. B. de G. (Alexandre Barginet, de Grenoble). *Paris, Ladvocat,* 1819, br. in-8.

706 Guignolet, ou la Béatomanie; poëme héroï-comique en neuf chants, suivi de poésies diverses. Par M. B. A. B. (Brûlebœuf). *Paris, Lenormant,* 1810, 1 vol. in-18.

707 Guillaume, prêtre dans le diocèse de Rouen, à M. Louis C. de la R. (Charrier de la Roche), évêque constitutionnel du département de la Seine-inférieure; salut et retour à l'unité (par l'abbé Guillaume-André-René Baston) (*Rouen,* 1791), in-8°.

708 Gulistan ou l'Empire des roses, traité des mœurs des rois, composé par Musladini Saadi; traduit du persan, par M. (d'Alègre). *Paris, Prault,* 1737, 1 vol. in-12.

709 Guzla (la), ou Choix de poësies illyriques recueillies dans la Dalmatie, la Bosnie, la Croatie (par M. Prosper Mérimée). *Paris, Levrault,* 1827, 2 vol. in-18.

Ces poësies n'ont pas une origine plus vraie que les comédies de *Clara Gazul*, du même auteur.

———————◦◦◦———————

Anonymes et Pseudonymes étrangers.

710 Gesta et vestigia Danorum extra Daniam, præcipuè in Oriente, Italiâ, Hispaniâ et Galliâ, etc. (auctore Erico Pontoppidano, évêque de Bergen en Norwège). *Lipsiæ et Haffniæ*, 1740-41, 3 vol. in-4.

Ouvrage qui renferme des détails curieux, quoique incomplets, sur l'état de ce royaume.

711 Gyges Gallus, Petro Firmiano auctore (par le père Zacharie, de Lisieux, capucin). *Parisiis*, 1659, 1 vol. in-12.

Cette fiction, où l'auteur suppose que, devenu possesseur du fameux anneau de Gygès, il en profite pour pénétrer dans l'intérieur des maisons et décrire ce qu'il y voit, prouve que l'idée du *Diable boiteux* de LESAGE n'était pas neuve. Pour connaître ce qu'en dit l'abbé COUPÉ, qui place le *Gygès Gallus* au-dessus de l'ouvrage français, voir la Bibl. des romans, décembre 1779 et février 1780 ; peu de personnes, au reste, seront de son avis. Ce livre a été souvent réimprimé, 1660 in-4-8.—*Ratisbonne*, 1736, in-8 traduit en français par le père Antoine de Paris, en 1663, in-12.

712 Guerra Grammatico-critica declarada por
dois professores a hum, ou o Arguente das con-
clusoens atacado, e desatacado, que para
divertimento do publico dó á luz á sua custa
J. D. (Jean Dubeux, négociant). *Madrid*,
1807, in-4.

L'auteur est Fre Diogo de Mello e Menezes, moine
de l'ordre de saint Jérôme, et professeur royal de langue latine au monastère de Notre-Dame-de-Bellem,
près Lisbonne. La préface seule est de l'éditeur.

713 Grounds (the) and reasons of monarchy con-
sidered; and exemplified in the Scotish line,
of their own best authors and records.

(Non verò Harringtonum, uti plerumquè tradunt
sed quemdam Joannem Hall Durhamensem, hoc
composuisse ingenii levioris monimentum comper-
tum habemus.)

H.

714 Hacendilla (l'), conte psycologique, par
M. Hippolythe Dalicar (Pichard). *Paris*,
Dumont, 1832, 1 vol. in-8.

Ce volume se compose de quatre contes, tous

traduits de l'anglais, ce qui n'est énoncé ni sur le titre, ni dans une préface.

715 Ham, août 1829, novembre 1832; par un ancien attaché à la présidence du conseil des derniers ministres de la restauration (Alexandre Mazas). *Paris, Urbain Canel, Adolphe Guyot*, 1833, 1 vol. in-8.

716 Harald, ou les Scandinaves, tragédie en cinq actes et en vers, par Victor (Lerebours, artiste dramatique). *Paris*, 1825, in-8.

717 Harangues de Démosthène, avec des remarques (par Jacques de Tourreil) *Paris, Dezallier*, 1691, 1 vol. in-8.

Cette traduction de Démosthène a été comprise dans l'édition de ses œuvres, publiée postérieurement.

718 Harengve faicte au nom de l'université de Paris, devant le roi Charles sixiesme et tout le conseil, en 1405, contenant les remontrances touchant le gouvernemént du roy et du royaume; par maître Jehan Gerson (Jean Charlier), chancelier de l'Eglise de Paris. Cette harengue est connue sous le titre de *Vivat Rex, Vive le Roi!* cri de dévouement par lequel elle commence. 3e. édition, éditée par M. A. M. H. B. (Antoine-Marie-Henri Boulard) *Paris, Debausseaux*, 1824, br. in-8.

M. Boulard croyait, lorsqu'il fit imprimer son travail, que l'édition qu'il publiait était la première, et ce ne fut pas sans surprise qu'il apprit, lorsqu'il était trop avancé pour s'arrêter, qu'il existait une édition plus ancienne qui remontait jusqu'au xv᷎ siècle. M. Boulard a eu le tort de rajeunir plusieurs expressions qu'il aurait dû laisser textuellement en les expliquant par un glossaire, s'il craignait qu'on ne les comprît point.

719 Hasard et Folie, comédie en trois actes, par Victor (Henri-Joseph Brahin-Ducange). *Paris, Quoy*, 1819, in-8.

720 Hécatomgraphie, c'est-à-dire, les Descriptions de 100 figures et histoires contenant plusieurs apophthegmes, proverbes, sentences, le tout revu par son auteur (Gilles Corrozet). *Paris, Janot*, 1543, 1 vol. in-8.

721 Héléna, le Somnambule, la Fille de Jephté, etc., poëmes (par Alfred de Vigny). *Paris, Pélicier*, 1822, in-8.

722 Hélène, comtesse de Castle-Howell, traduit de l'anglais (de Mistriss Elis Bennet), par le traducteur des œuvres de Walter-Scott (de Fauconpret) *Paris, Ch. Gosselin*; 1822, 4 vol. in-12.

723 Henri, ou l'éxilé ; traduit de l'allemand, d'Auguste Lafontaine, par madame de ***

(mademoiselle Fontenay, comtesse de Ruolz).
Paris, Maradan, 1810, 2 vol. in-12.

724 Henri, duc de Bordeaux, ou choix d'anecdotes sur la vie de ce prince. 2°. édition ornée
des signatures de Madame et de ses enfants
(par M. Thomassin). *Paris, Dentu*, 1832,
in-8.

Cet ouvrage n'est qu'un recueil des diverses anecdotes disséminées dans les journaux.

725 Henri l'exilé, par le vicomte de B*** (de
Bonald). *Paris, Dentu*, 1832, 1 vol. in-8.

726 Herbier élémentaire, ou Recueil de gravures au trait ombré, contenant la collection
complète des plantes qui croissent aux environs de Paris ; par madame *** (Menu-Be-
noist). *Paris, Clament frères*, 1811, in-8.

Cet ouvrage devait être publié par livraisons ; la
première seule a paru.

727 Hermès dévoilé à la postérité (par Cyliani).
Paris, 1832, br. in-8.

L'auteur, dans sa brochure, raconte par quelles
circonstances il a été conduit à diriger tous ses
efforts vers la recherche de la *pierre philosophale*,
qu'il prétend avoir trouvée.

728 Hermès, ou le Génie des colonies. Essai

politique contenant les principes fondamen-
taux en matière de colonisation, par M. A. R.
(Alexis Rogniat, neveu du général de ce
nom). *Paris, Hivert*, 1832, 1 vol in-8.

729 Hermite (l') de la tombe mystérieuse, ou
le Fantôme du vieux château ; anecdote extraite des annales du XIIIe. siècle, par madame Anne Radcliffe et traduite sur le manuscrit anglais, par M. E. L. D. L. (Etienne-
Léon de Lamotte), baron de Langon. *Paris,
Ménard et Desenne*, 1815, 3 vol. in-12.

730 Hermite (l') en province, Ou observations
sur les mœurs et les usages français au commencement du XIXe. siècle ; Par M. Etienne
Jouy, membre de l'académie française. *Paris,
Pillet aîné*, 1818-1827, 4 vol. in-12.

Il existe plusieurs éditions, dont une in-8.

Un exemplaire unique sur papier couleur feuille-
morte, format in-8, avec gravures tirées sur papier
de Chine, du volume de cet ouvrage qui traite de
la *Haute-Normandie*, compris dans la vente faite en
1830, des livres de la bibliothèque de M. Riaux,
archiviste de la chambre du commerce de Rouen,
porte l'annotation suivante, écrite à la main : « Of-
fert à Monsieur Riaux, par l'auteur M. Lefèvre-
Duruflé. »

731 Hermite (l') en Suisse, ou Observations sur

les mœurs et usages suisses au commencement
du XIX°. siècle, faisant suite à la *Collection
des mœurs françaises, anglaises, etc.* (Par
Alexandre Martin.) *Paris*, *Pillet aîné*, t. 1
et 2, 1829, t. 3 et 4, 1830, 4 vol. in-12.

732 Héro et Léandre, poëme héroï-comique en
V chants , en vers (par Laurençeau). *Paris,*
1807, in-8.

733 Heures choisies, ou Recueil de prières
pour tous les besoins de la vie, etc. ; par
madame la marquise D'**** (d'Andelarre).
Dijon, *Lagier*, 1830, 1 vol. in-12.

Une épître dédicatoire , placée en tête, est signée
par la fille de l'auteur, la comtesse d'ANDELARRE,
(Chanoinesse), qui a donné cette édition après la
mort de sa mère.

734 Hierusalem (la) délivrée du Tasse, traduite
en vers français (par Vincent Sablon). *Paris,*
Denis Thierry, 1671, 2 vol. in-12.

Cette traduction avait paru, pour la première
fois, en 1659, dans le format in-4, et sous ce titre :
« Le Godefroy, ou la Hiérusalem deslivrée, etc. »
Paris, *Claude Barbin.*

735 La même (traduite par Michel Leclerc).
Paris, *Claude Barbin*, sans date (1666),
1 vol. in-4°.

Cette traduction ne comprend que les cinq premiers livres. Leclerc s'était imposé la tâche de rendre l'original vers pour vers.

736 Histoire abrégée de la littérature grecque, sacrée et ecclésiastique, par l'auteur de l'Histoire de la littérature grecque profane, de celle de la littérature moderne et du Cours d'histoire des États-européens (M. Fr. Schœll); deuxième édition. *Paris, Gide*, 1832 , 2 vol. in-8.

Cette deuxième édition n'est que la réimpression du second volume de : « *L'Histoire abrégée de la littérature grecque, depuis son origine, jusqu'à la prise de Constantinople par les Turcs,* » en 2 vol. in-8 que l'auteur a publiés en 1813, et à laquelle il a mis son nom.

737 Histoire abrégée et chronologique du rétablissement des gouvernemens renversés par des sujets révoltés ou par des usurpateurs, montrant la conduite invariablement tenue par les souverains légitimes lorsqu'ils ont ressaisi leur autorité et repris possession des pays soumis à leur puissance (par M. le baron de Rouvrou , maréchal-de-camp). *Paris, A. Pihan de la Forest,* 1827 , br. in-8.

738 Histoire complète des voyages et découvertes en Afrique , depuis les siècles les plus

reculés jusqu'à nos jours ; traduite de l'anglais et augmentée par M. A. C. S. du S. de F. (Cuvillier, secrétaire du sceau de France). *Paris, Arthus Bertrand*, 1821, 4 vol. in-8. avec atlas in-4.

739 Histoire critique des théâtres de Paris, pendant 1821, pièces nouvelles, reprises, débuts, rentrées, etc., etc.; par M. M*** A*** (Auguste-Philibert Châlons d'Argé). *Paris, Lelong*, 1822, 1 vol. in-8.

L'auteur avait d'abord eu le dessein de mettre son nom à l'ouvrage ; mais l'éditeur (M. RAGUENEAU DE LA CHESNAYE), à qui il l'avait confié, s'étant permis de le tronquer à son gré, et d'une manière peu heureuse, en un mot, de le rendre totalement méconnaissable, M. CH. D'ARGÉ exigea la suppression de son nom, qui fut remplacé par l'initiale M, ce qui le fit attribuer, dans le public, lors de son apparition, à M. MERLE, homme de lettres, connu par des travaux tous relatifs au théâtre.

740 Histoire de Napoléon Bonaparte, depuis sa naissance jusqu'à sa dernière abdication ; par C**** (Pierre Colau, cordonnier). *Paris, Vauquelin*, 1815, 1 vol. in-16.

741 Histoire de Hainaut, par Jacques de Guyse, traduit en français avec le texte latin en regard, et accompagné de notes (par M. le

marquis de Fortia d'Urban). *Paris , Paulin, et chez l'auteur*; et, *Bruxelles , Arnold Lacrosse* , 1826-1832 , 14 vol. in-8.

Le texte est publié, pour la première fois, d'après deux manuscrits de la bibliothèque royale. Les annotations ajoutées à cette édition , qui avait été annoncée en 10 volumes, sont dues à M. GUÉRARD, employé au département des manuscrits de ladite bibliothèque.

742 Histoire de la chûte de l'Empire grec (1400 à 1480); par l'auteur du *Duc de Guise à Naples* (M. le comte Amédée de Pastoret). *Paris , Levavasseur,* 1827 , 1 vol in-8.

743 Histoire de la conquête de Grenade, tirée de la chronique manuscrite de Fray Antonio Agapida, par Washington Irving ; traduit de l'anglais par Jean Cohen. *Paris, Dehay,* 1829, 2 vol. in-8.

Le nom du chroniqueur espagnol est supposé. Le véritable et seul auteur de cette histoire est M. WASHINGTON IRVING.

744 Histoire de la guerre de Russie en 1812; par M. Mortonval (Alexandre Furcy-Guesdon). *Paris, Ambroise Dupont,* 1829, 1 vol. in-8. en deux parties.

Ce volume forme la 8ᵉ livraison de l'*Histoire militaire des Français.*

745 Histoire de la mémoire de la semaine de juillet 1830, avec les principaux traits de courage, de patriotisme et d'humanité qui ont brillé au milieu de ces grands événemens, et un appendice de ce qui s'est passé jusqu'à la proclamation de Philippe Ier. ; par Ch. L*** (Charles-Lazare Laumier). *Paris*, *Pierre Blanchard* , 1830, 1 vol. in-18.

Réimprimé plusieurs fois, mais avec le nom de l'auteur.

746 Histoire de la petite vérole, avec les moyens d'en préserver les enfans et d'en arrêter la contagion en France; suivie d'une traduction française du Traité de la petite vérole de Rhasès (par Jean-Jacques Paulet, médecin, mort à Fontainebleau). *Paris*, 1763, 2 vol. in-12.

747 Histoire de la révolution d'Espagne, en 1820; précédée d'un aperçu du règne de Ferdinand VII depuis 1814, et d'un précis de la révolution de l'Amérique du sud. Par Ch. L.... (Charles-Lazare Laumier). *Paris*, *Plancher*, 1820, 1 vol. in-8.

Une seconde édition, publiée dans la même année, porte le nom de l'auteur. Cette histoire a été traduite en espagnol.

748 Histoire de l'art par les monumens, depuis

sa ▮▮▮▮▮▮▮▮▮▮▮▮ siècle, jusqu'à son re-
nouvel▮▮▮▮▮▮▮▮ XVIe; par J. B. L. C. Séroux d'Agincourt. Ouvrage enrichi de 325
planches. *Paris, Treuttell et Würtz*, 1823,
6 vol. in-f°.

Cet ouvrage important est suivi d'une table des
matières pour les trois sections de l'*architecture*, de
la *peinture* et de la *sculpture* qui est due à la rédaction éclairée de M. J. B. GENCE

749 Histoire de la réforme politique et religieuse, par l'auteur du *Duc de Guise à Naples* (M. le comte Amédée de Pastoret). *Paris,
Levavasseur*, 1829, in-8.

750 Histoire de la restauration et des causes
qui ont amené la chute de la branche aînée des
Bourbons. Par un homme d'état (rédigé par
M. Capefigue). *Paris, Dufey et Vézard*,
1831-32, 4 vol. in-8.

751 Histoire de la révolution d'Espagne de
1820 à 1823, par un Espagnol, témoin oculaire. *Paris, Dentu*, 1824, 2 vol. in-8.

L'ouvrage a été composé en espagnol (par don
SÉBASTIEN MIÑANO). Les 361 premières pages du tome
1er sont traduites par (MM. MEISSONNIER DE VAL-
CROISSANT et ERNEST DE BLOSSEVILLE); le reste de l'ouvrage (par don ANDRES MURIEL). La majeure partie
du second volume a été empruntée par MIÑANO,

presque textuellement, ▮▮▮▮▮ storique de
LESUR.

752 Histoire de la Saint-Barthélemy, d'après
les chroniques, mémoires et manuscrits du
XVIᵉ siècle (par M. J. M. V. Audin, libraire).
Paris, Urbin Canel, 1826, 1 vol. in-8.

La deuxième édition de cet ouvrage fort-estimé,
porte le nom de son auteur.

753 Histoire de la ville et du château de St.-
Germain-en-Laye; suivie de recherches historiques sur dix autres communes de ce canton (par MM. Abel Goujon, libraire, et
Charles Odiot, avocat). *St.-Germain-en-Laye*,
1829, 1 vol. in-8.

754 Histoire de l'auguste et vénérable église,
de Chartres, dédiée par les anciens Druides
à une vierge qui devait enfanter. Tirée des
manuscrits et des originaux de cette église
(par Vincent Sablon). *Chartres, René Bocquet*,
1671, 1 vol. in-18.

Souvent réimprimée. La première et la quatrième
éditions renferment une épître dédicatoire aux cha-
noines de Chartres, épître qu'on ne trouve pas
dans les autres éditions.

755 Histoire de l'estat et républiques des Druides,

11*

Eubag........., Bardes, Vacies, anciens Français gouverneurs des pays de la Gaule, depuis le déluge jusqu'à la venue de J.-C. (par F. Noël Taillepied). *Paris, Parant*, 1585, 1 vol. in-8.

756 Histoire de l'expédition de Russie; par M. M*** (le marquis Georges de Chambray, ex-colonel d'artillerie). Seconde édition. *Paris, Anselin et Pochard*, 1825, 3 vol. in-8, avec un atlas de 9 cartes.

Cette seconde édition est augmentée d'une introduction.

757 Histoire de Lille et de sa châtellenie; par le S..... (Tiroux). *Lille, Prévot*, 1730, 1 vol. in-12.

758 Histoire de l'imprimerie et de la librairie, depuis son origine jusqu'en 1689 (par Jean de Lacaille, imprimeur). *Paris, de Lacaille*, 1689, 1 vol. in-4.

759 Histoire de l'origine de la royauté et du premier établissement de la grandeur royale (par Pelisseri). *Paris, de Sercy*, 1684, 1 vol. in-12.

760 Histoire de Normandie, contenant les faits et gestes des ducs et princes dudit pays, de-

puis Aubert premier duc, et gouverneur
d'iceluy, selon l'ordre et supputation des
ans continuez jusques à la dernière réduction d'iceluy pays à l'obéissance de la couronne de France. Revue et augmentée en la
plupart outre les précédentes impressions
et remise tout de nouveau en la langue
française (publiée par Martin le Mégissier,
libraire). *Rouen*, chez *Martin le Mégissier*,
1558, 1 vol in-8.

Quelques bibliographes ont, à tort, regardé
Martin le mégissier, libraire fort instruit, comme
l'auteur de cet ouvrage dont il n'a fait que rajeunir
le style. Il en parut une nouvelle édition en 1578,
qui n'est que la réimpression presque littérale de
celle que nous indiquons ici. L'orthographe seule
de certains mots a subi quelques changemens. On
y trouve aussi deux cartes gravées sur bois et qui,
bien que d'un travail grossier, ajoutent cependant
du prix au volume.

(Note extraite des *Curiosités littéraires concernant
la province de Normandie*, par Pluquet).

M. Pluquet pense avec raison que M. Barbier
aura été induit en erreur en attribuant l'*Histoire
et chronique de Normandie*, mentionnée dans son
Dict. des Anon., sous le n° 8145, à l'abbé Jean Na-
gerel, chanoine de Rouen, auteur d'un ouvrage
intitulé : « *Description du pays et duché de Normandie, anciennement appelé Neustrie*, etc., »
que l'on trouve à la suite de l'édition, de 1578, de la
Chronique de Martin le Mégissier.

761 Histoire de Portugal, contenant les entre-
prises, navigations et gestes mémorables des
Portugallois, tant en la conqueste des Indes
Orientales par eux découvertes, qu'ès guerres
d'Afrique, etc., comprise en 20 livres, dont
les douze premiers sont traduits du latin de
Jérosme Osorius, les huit suivans pris de
Lopez Castagnede et autres historiens. Nouvellement mise en français par S. G. S. (Simon Goulart, senlisien, successeur de Calvin
dans le ministère de Genève, qu'il exerça
pendant plus de 60 ans). *Paris, J. Houzé*,
1587, 1 vol. in-8.

762 Histoire de Rasselas, prince d'Abyssinie,
traduite de l'anglais de Johnson (par madame
Belot, depuis madame Durey de Ménières).
Amsterdam, (Paris), Prault fils, 1760, 1
vol. in-12.

763 Histoire de tout le Monde, par Emile de
Palman (par MM. Regnier Destourbets et
Charles Rabou.) *Paris, Dureuil*, 1829, 3
vol. in-12.

   M. Charles Rabou n'a pris part à cet ouvrage que
pour le troisième volume.

764 Histoire des campagnes de France en 1814
et 1815. Par M. Mortonval (Alexandre

Furcy-Guesdon). *Paris, Amb. Dupont,* 1826, 1 vol in-8.

Cette histoire forme la deuxième livraison de *l'Histoire militaire des Français.*

765 Histoire des campagnes d'Allemagne depuis 1807 jusqu'en 1809. Par le même (Alexandre Furcy-Guesdon). Revue, pour les détails stratégiques par M. le général Beauvais. *Paris, Ambroise Dupont,* 1826, 1 vol. in-18.

766 Histoire des empereurs romains, Byzantins et Latins, depuis Auguste jusqu'à la prise de Constantinople par les Turcs, en 1453, par Th. B...... (Théodore Burette), professeur d'histoire au collége de *Stanislas. Paris,* 1832, 1 vol. in-18.

767 Histoire des guerres de la Vendée, depuis 1792 jusqu'en 1796. Par M. Mortonval (Alexandre Furcy Guesdon). *Paris, Ambroise Dupont,* 1828, 1 vol. in-8.

Une première édition avait paru en 1827, et ne formait qu'un vol. in-18.

768 Histoire des guerres excitées dans le comté Venaissin et dans les environs, par les calvinistes du XVI° siècle (par P. Justin). *Carpentras,* 1782, 2 vol. in-12.

769 Histoire des Mongols, depuis Tchinguiz-Khan jusqu'à Timour-Lanc, avec une carte de l'Asie au XIII⁰ siècle (par M. Mouradgea d'Ohsson fils). *Paris, Firmin Didot,* 1824, 1 vol. in-8 en 2 parties.

770 Histoire des plantes de l'Europe et des plus usitées qui viennent d'Asie, d'Afrique et d'Amérique (par Nicolas Deville). *Lyon, Deville,* 1719, 2 vol. in-12.

Réimprimée en 1737.

771 Histoire des révolutions de la barbe des Français, depuis l'origine de la monarchie (publiée par M. Motteley). *Paris, Ponthieu,* 1826, 1 vol. in-12.

772 Histoire d'Hélène Gillet, ou Relation d'un événement extraordinaire survenu à Dijon, dans le XVII⁰ sièle; suivie d'une notice sur des lettres de grace singulières expédiées au XV⁰ siècle, avec des notes. Par un ancien avocat (Gabriel Peignot, membre de l'Université). *Dijon, Victor Lagier,* 1829, in-8.

773 Histoire d'Olivier Cromwell (par l'abbé François Raguenet, de Rouen). *Paris, Claude Barbin,* 1691, 1 vol. in-4.

Une nouvelle édition de cet ouvrage estimé fut

publiée l'année suivante , chez Pierre Elzévier, à Utrecht, en 2 vol. in-12.

774 Histoire du congrès de Vienne, par l'auteur de la *Diplomatie française* (M. de Flassan). *Paris, Treuttel et Würtz,* 1829, 3 vol. in-8.

775 Histoire du Palais-Royal (par M. J. Vatout). *Paris, Gauthier Laguionie,* 1830, 1 vol. in-8.

776 Histoire du prince de Timor, contenant ce qui lui est arrivé pendant ses voyages dans les différentes parties du monde, et particulièrement en France, après l'abandon et la trahison de son gouvernement dans le port de Lorient; par M. D. B. (le marquis Denis-Jean-Florimond Langlois Dubouchet , de Clermont en Auvergne, mort lieutenant-général.) avec fig. (le portrait du prince de Timor). *Paris, Lerouge,* 1812, 4 vol. in-12.

777 Histoire du règne de l'empereur Charles-Quint, etc., par W. Roberston ; traduite de l'anglais (par Jean-Baptiste-Antoine Suard, de l'académie française). *Paris,* 1788, 6 vol. in-12, ou 2 vol. in-4.

La première édition avait paru en 1771. Cette histoire a été réimprimée avec des corrections , en 1816 et 1822.

778 Histoire du roi de Bohême et de ses sept châteaux (par Charles Nodier). *Paris, De-langle*, 1830, 1 vol. in-8.

779 Histoire du romantisme en France, par L. R. de Toreinx (Eugène Ronteix). *Paris, Dureuil*, 1829, 1 vol. in-18.

780 Histoire du vieux et du nouveau Testament (par David Martin). Enrichie de plus de 400 fig. *Anvers (Amsterdam). Pierre Mortier*, 1700, 2 vol. in-fol.

Edition très recherchée à cause des belles gravures dont elle est ornée, réimprimée à Genève, en 3 vol. in-12, sans figures.

781 Histoire d'un chien naufragé, par E. de M. (Edmond de Manne). Élève au collége royal de Henri IV. Sans date. (*Paris*, 1820), br. in-8.

Cette anecdote est extraite du xviie cahier du *Journal des Voyages*, où elle avait été insérée.

782 Histoire et procès complet des prévenus de l'assassinat de M. de Fualdès, accompagnée d'une notice historique sur tous les personnages qui ont figuré dans cette affaire. Par le Sténographe parisien (Henri de la Touche). *Paris, Pillet*, 1818, 1 vol. in-8.

783 Histoire générale des guerres de Piedmont,

Savoye, Montferrat, commençant aux mémoires des S. de Villars, de 1556 à 1562,
continuée jusqu'à la levée du siège de Casal,
par C. M. (Claude Malingre). *Paris, Gui-*
gnard, 1647, 4 vol. in-12.

784 Histoire générale des Indes occidentales et
Terres-Neuves, traduite de l'espagnol (de
Franc. Lopez de Gomara) en français, par
Martin Fumée. *Paris*, 1569, 1 vol. in-8.

    Plusieurs fois réimprimée.

785 Histoire littéraire du moyen âge, traduite
de l'anglais (par M. Antoine-Marie Boulard,
notaire). *Paris, Maradan*, 1789, 1 vol.
in-12.

    . Cette traduction parut, pour la première fois,
en 1785.

786 Histoire métallique de Napoléon, ou recueil des médailles et monnaies qui ont été
frappées depuis la première campagne d'I-
talie, jusqu'à son abdication en 1815 (par
M. Millingen). *Londres*, 1819, 1 vol. in-4.

787 Histoire militaire des Français par campagnes, depuis le commencement de la révolution, jusqu'à la fin du règne de Napoléon.
Guerre de Russie, avec deux portraits et

3 cartes. Par M. Mortonval (Alexandre Furcy-Guesdon). *Paris, Ambr. Dupont*, 1829, 2 vol. in-18.

788 Histoire morale, civile, politique et littéraire du Charivari, depuis son origine vers le IVe siècle, par le docteur Calybariat de Saint-Flour, suivie du complément de l'histoire des Charivaris, jusqu'à l'an de grâce 1833. Par Eloi-Christophe Bassinet, sous-maître à l'école primaire de Saint-Flour, et aide - chantre à la cathédrale (attribué à M. Gabriel Peignot). *Paris, Delaunay*, 1833, 1 vol. in-8.

789 Histoire numismatique de la Révolution française. Par M. H.... (Hénin). *Paris, Merlin*, 1826, 1 vol. grand. in-4.

790 Histoire pittoresque de la convention nationale et de ses principaux membres, par M. L...., conventionnel (par le baron de La-motte-Langon). *Paris, Ménard*, 1833, 2 vol. in-8.

791 Histoire politique et critique de la révolution de 1830 (-par Ferdinand Floccon). *Paris, Levavasseur*, 1833, br., in-8.

792 Histoire sacrée en tableaux, avec leur

explication et quelques remarques chronolo-
giques (par l'abbé Claude-Oronce Finé de
Brianville). *Paris*, *Charles de Sercy*, 1670-
71-75, 3 vol. in-12 (ornée de figures estimées de Sébastien Leclerc).

Cette histoire a été réimprimée en 1693 ; mais
cette dernière édition est inférieure à celle de 1670.

793 Histoire secrète du directoire (attribuée à
M. le comte Fabre de l'Aude, et rédigée sur
ses notes). *Paris*, *Ménard*, 1832, 4 vol.
in-8.

794 Histoire (l') et discours au vray du siège qui
fut mis devant la ville d'Orléans, par les Anglais, le mardy 12ᵉ jour d'octobre 1428,
régnant alors Charles VII de ce nom, roy
de France, avec la venue de *Jeanne la Pucelle*, etc. (par Léon Trippaut, conseiller
au présidial d'Orléans). *Orléans*, 1576, 1
vol. in-4.

Ouvrage extrêmement rare.

795 Historiettes d'un voyageur, par Geoffroy
Crayon, gentleman (Washington Irving).
Traduites de l'anglais (par M. Lebègue).
Paris, 1825, 4 vol. in-12.

Cet ouvrage de W. IRVING (*tales of a traveller*),
avait déjà été traduit sous le titre de : « *Contes d'un*

voyageur, » par madame *Adèle de Beauregard. Paris, Lecointe*, 1825.

796 Historique de la loi proposée en faveur de la mine (de sel gemme) (par M. le marquis de la Gervaisais). *Paris, Adrien Égron*, 1825 , br., in-8.

797 Hommage à une belle action. Petit poëme sur le courage de François-Remi l'aîné, qui sauva 42 militaires français, blessés à bord d'un bâtiment, sur le Danube (par Marie-Joseph Chénier). *Paris, Dabin*, 1809, in-16.

798 Homme (l') à la longue barbe : précis sur la vie et les aventures de CHODRUC-DUCLOS. Par MM. E. et A. (Edouard Eliçagaray et Auguste Amic). *Paris, Gueffier*, 1829, br. in-8.

799 Homme (l') du peuple, drame en trois actes et en prose, par MM. Du Mersan (Théophile Marion) et Gabriel (Thomas). *Paris, Barba*, 1830, in-8.

800 Homme (l') sans nom (par M. Pierre-Simon Ballanche, ancien libraire à Lyon) 2e édition. *Paris, Jules Didot aîné*, 1828, 1 vol. in-8.

Cette seconde édition est augmentée d'une préface. Ainsi que la première, qui a paru en 1820, elle n'a été tirée qu'à cent exemplaires, et est destinée à faire suite à la *Palingénésie sociale* du même.

801 Homme (l') singulier, ou Emile dans le monde, imité de l'allemand, par J. B. J. Breton (et J. D. Freiswinkel, plus connu sous le nom de Friéville). *Paris, G. Dufour,* 1810, 2 vol. in-12.

802 Honorine, ou Mes vingt-deux ans; histoire véritable de Melle D****, publiée sur ses mémoires, par un homme de lettres (Jacques-André Jacquelin). *Paris, Marchant,* 1803, 3 vol. in-12.

803 Horæ biblicæ, ou Recherches littéraires sur la Bible traduite de l'anglais, de Charles Butler (par Marie-Antoine Boulard). *Paris, Maradan,* 1810, 1 vol. in-8.

804 Horloge de la passion, ou Réflexions et affections sur les souffrances de J.-C., par S. A. de Liguori. Traduit de l'italien, par l'abbé J. G. (Joseph Gaume). Seconde édition. *Paris, Gaume frères,* 1833., 1 vol. in-18.

Cette nouvelle édition est augmentée des textes latins.

805 Horlogéographie pratique, ou la Manière de faire les horloges à poids. Par le P. B. religieux augustin (le père Beuriot, profès du couvent de Rouen, sis rue Malpalu, mort à Carhaix, en Basse-Bretagne, en 1739). *Rouen, Ph. P. Cabut*, 1719, 1 vol. in-8.

806 Humbles requestes et remontrances faictes au roi (Charles IX), pour le clergé de France, tenant ses estats (par Fr. Jehan Quintin, de l'ordre de Hierusalem, en janvier 1560). *Paris, Pierre Gueau*, 1588, 1 vol. in-8.

807 Hymne de Sainte-Geneviefve, patronne de la ville de Paris. Par A. G. E. D. G. (Antoine Godeau, évêque de Grasse). *Paris, P. le Petit*, 1652, in-4.

808 Hymnes patriotiques. Avant, pendant et après la grande semaine de juillet 1830. Par Phillarmos (La Fresnée). *Paris*, 1830, br. in-8. de 32 pages.

809 Hypnerotomachie, ou Discours du songe de Poliphile, déduysant comme amour le combat à l'occasion de Polia, soubz la fic-

tion de quoy l'auteur monstrant que toutes
choses terrestres ne sont que vanité, traite
de plusieurs matières profitables. Nouvellement traduit du langage italien (de François
Colonna, religieux dominicain) en français.
(Édition revue et publiée par Jean Martin,
secrétaire du cardinal de Lénoncourt). *Paris,
Jacques Kerver*, 1546, 1 vol. in-fol.

Ce livre bizarre, qui parut pour la première fois
en 1499, et non en 1501, comme l'ont pensé plusieurs auteurs, à Venise, chez Alde Manuce, a été
plusieurs fois traduit dans notre langue, sans être
devenu plus intelligible. PROSPER MARCHAND, dans
son *Dictionnaire historique*, dit que ne pouvant découvrir d'une manière certaine le vrai but de l'auteur, plusieurs savans qui se sont attachés à le pénétrer, lui ont prêté des motifs peu naturels, souvent
même ridicules. Ainsi, les uns en ont fait un ouvrage historique ; d'autres ne l'ont regardé que
comme un roman ; quelques-uns enfin, ont cru y
voir les mystères les plus sublimes de la religion,
cachés sous des figures emblématiques. Tout ce
qu'on a pu conjecturer de plus raisonnable, c'est
que son auteur, gentilhomme d'une illustre origine,
avait été épris d'une jeune personne dont le nom de
Polia n'est que l'abrégé d'*Ippolita*, et qu'il était déja
moine lorsqu'il composa cet ouvrage : car, on re-
marquera que les lettres initiales des différens chapitres qui composent son livre donnent la phrase latine suivante : « *Poliam Frater Franciscus Columna
peramavit... Frère François Colonna a aimé Polia.* »

M. Beuchot, dans l'article de la *Biographie uni-*
verselle, relatif à Colonna, dont nous donnons ici
la substance, prétend que c'est à tort qu'on a attribué à Jean Martin la traduction que nous indiquons et dont il ne fut que le réviseur et l'éditeur.
Il l'aurait reçue des mains de Jacques Gohorry, ami
du traducteur qui était un chevalier de Malte dont
le nom est inconnu. Il est certain que, dans sa dédicace, Jean Martin ne prend pas d'autres qualités.
Jacques Gohorry lui-même donna, quelques années plus tard, une édition du *Songe de Poliphile*,
et, dans un avertissement latin mis en tête, il y con-
firme ce qu'avait dit précédemment Jean Martin.
Béroalde de Verville la reproduisit en 1600, avec
quelques changemens et des additions maladroites,
si l'on en excepte une table des matières qui est le
seul travail qui soit à citer. Prosper Marchand nous
apprend encore que, près d'un demi-siècle après,
en 1657, on vit reparaître cette révision de Béroalde
annoncée comme une nouvelle édition; ce qu'on
doit se garder de croire, car ce n'est que la même
dont on a changé le titre et le frontispice, en lui en
substituant un autre, pour lui donner un air de
nouveauté. On peut juger par là que ce charlata-
nisme de librairie, fort connu de nos jours, remonte à une date assez élevée, et que certains libraires actuels ne pourraient réclamer à ce sujet un
brevet d'invention.

810 Le même, traduit de l'italien (par Jac-
ques-Guillaume Legrand, architecte). *Paris,*
Didot l'aîné, 1804, 2 vol. in-12.

Cette traduction n'a été publiée qu'après la mort de Legrand ; elle devait être accompagnée d'un volume de planches qui n'a pas paru.

811 Hystoire (l') merveilleuse, plaisante et récréative du grand empereur de Tartarie, seigneur des Tartares , nommé le Grand Can , contenant six livres ou parties , etc. (Traduit du latin d'Aycone , par Jehan de Longdit). *Paris , Jehan St.-Denys* , 1529 , 1 vol. petit in-fol.

Anonymes et pseudonymes étrangers.

812 Hypneromachia Poliphili , ubi humana omnia non nisi somnium esse docet atque obiter plurima scitu sanè quàm digna commemorat. (Autore Francisco Columna). *Venetiis, Aldus Manutius*, 1499 , 1 vol. in-fol.

Quoique le titre soit en latin , l'ouvrage n'en est pas moins écrit en italien. Ce livre est le premier sur lequel se voie *un privilége* accordé pour son impression. Il est ainsi conçu : « *Cautum est ne quis in dominio ill. S. V. impunè hunc librum queat imprimere* ».

Voyez, pour d'autres détails, le n° 809.

813 Hypotyposis orbium cœlestium , quas appellant theoricas planetarum : congruentes cum tabulis Alphonsinis et Copernici, seu etiàm tabulis Prutenicis (auctore Gasparo Peucero). *Argentorati, Theodosius Richelius*, 1568, 1 vol. in-8.

> M. Barbier attribue cet ouvrage à REINHOLD; nous avons suivi l'indication donnée par le catalogue de la bibiothèque du roi.

814 Hipnerotomachia (la) di Poliphilo ; cioè pugna d'amore in Sogno, dove egli mostra que tutte le cose humane non sono altro que sogno e dove narra molte altre cose (da Francisco Colonna). *in Venitia, figlivoli di Aldo*, 1545, 1 vol. in-fol.

815 Historia del famoso predicador Fray Gerundio de Campezas, alias Zotes; escrita por el licenciado don Francisco Lobon de Salazar, presbitero, etc. Quien la dedica al publico (por el Padre Juan Isla, jésuite espagnol et célèbre prédicateur). *Leon y Paris, Cormon y Blanc*, 1820 - 1824, 5 vol. in-18.

> L'édition originale a été publiée, pour la première fois, à Madrid, en 1758, et réimprimée en 1770, 1804 et 1813; mais cet ouvrage, mis à l'*index* en Espagne, ne fut traduit en français qu'en 1827, par un militaire nommé Fr. CARDINI. *Paris, Aimé André*, 2 vol. in-8.

816 Hindee (the) Story teller, or Entertaining expositor of the roman, persian and nagree characters simple and compound, in their application to the hindoostanee language as a writen and literary vehicle, by the author of *the Hindoostanee Dictionary, grammar*, etc. (John Gilchrist). *Calcutta, Hindoostanee press*, 1802, 2 vol. in-8.

817 History (the) of Hindoostan, its arts and its sciences, as connected with the history of the other great empires of Asia, during the most ancient periods of the world (by Thomas Maurice). *London, Bulmer, 1819—20*, 3 vol. in-4. avec figures.

818. History (the) of Jamaica, or The general Survey of the ancient and moderne state of the Island (by Edwards Long, qui en avait été gouverneur). *London*, 1774, 3 vol. in-4.

819 History (a) of New-York from the beginning of the world to the end of the dutch dinasty, containing, etc. By Diedrich Knickerbocker (Washington Irving). *Paris, Galignani*, 1824, 2 vol. in-12.

Une traduction française de cet ouvrage parut en 1827, chez *Sautelet*, en 2 vol. in-8.

820 Horæ biblicæ; being a connected series of notes on the text and literary history of the Bibles, or sacred books of the Jews and Christians; and on the Bibles or books accounted sacred by the Mahometans, Hindus, Parsees, Chinese and Scandinavians (by Ch. Buttler). *London*, *Withe*, 1807, 2 parties en 1 vol. in-8.

821 Horæ biblicæ, part the second : being a connected series of miscellaneous notes on the Koran, the Zendavesta, the Vedas, the Kings and the Edda (by the Same Ch. Buttler). *London*, *Luke Hansard*, 1802, 1 vol. in-8.

Ce volume est la première édition de la seconde partie. Il est très rare, et n'a été tiré qu'à petit nombre. M. A. M. H. BOULARD, l'a traduit en 1810.

822 Horse (the) hoing husbandry : or an Essay on the principles of tillage and vegetation. By J. T. (Tull). *London*, *G. Strahan*, 1733, 1 vol. in-fol.

I.

823 Ibrahim , ou le Trône et la fiancée, drame en trois actes, par M. Laurencin (Chapelle.) *Paris, Marchant*, 1833 , in-8.

824 Idée (l') fixe, par l'auteur des *Aventures de la fille d'un roi* (M. J. Vatout, bibliothécaire de S. A. R. le duc d'Orléans). *Paris*. P. *Dupont*, 1830, 2 vol. in-8.

825 Idées d'un citoyen sur les chemins (par le comte de Thélis). 1771 , in-12.

826 Iliade (l') travestie, par une société de gens de lettres, de savants, de magistrats, etc. (par MM. Louis Dumoulin, avoué, Abel Goujon, imprimeur, et Charles-Martin Rousselet, avocat). *Saint-Germain-en-Laye, Abel Goujon, et Paris, Ledoyen*, 1831, 1 vol. in-32.

Cette parodie avait d'abord été commencée par un Monsieur GROMELIN; elle fut continuée par les personnes ci-dessus nommées qui s'étaient ainsi partagé leur tâche: M. DUMOULIN parodiait en prose, M. ABEL GOUJON mettait en vers , et M. ROUSSELET était chargé des corrections et de donner l'ensemble à cet opuscule.

827 Illégalité (l') du remboursement, précédée
d'une supplique à la chambre (par M. le marquis de la Gervaisais). *Paris*, avril 1824, br.
in-8.

828 Il n'est pas mort! (par Vibaille). *Paris*,
Brasseur, 1821, br. in-8.

Cette brochure est relative à Bonaparte.

829 Illustres (les) victimes vengées des injus-
tices de leurs contemporains, et Réfutation des
paradoxes de M. Soulavie, auteur des *Mémoires historiques et politiques du règne de
Louis XVI*, etc. (par Gaspard-André-Jean-
Joseph Jauffret, évêque de Metz). *Paris*,
Perlet, 1802, in-8.

830 Imitateur (l') des Saints, contenant une sen-
tence pour chaque jour de l'année (par
l'abbé Jean-Baptiste La Sausse). *Paris*, 1797,
1 vol. in-32.

831 Imitation (l') de Jésus-Christ, traduite en
français (par Michel de Marillac). *Paris*,
1621, 1 vol. in-12.

Cette traduction antérieure à l'élévation de son
auteur à la dignité de garde-des-sceaux de France,
en 1626, et qui date de l'époque où il vivait retiré aux
Carmélites du faubourg St.-Jacques, dont il était
un des fondateurs, a été faite sur l'édition latine

publiée en 1616, sous le nom de JEAN GERSEN. Il la revit en 1630, et y ajouta une dissertation où il ne prend parti ni pour Kempis qu'il regarde comme un pur copiste de l'*Imitation*, ni pour Gersen, dont l'existence, supposée celle d'un personnage autre que Gerson, ne lui paraît point prouvée. Cette traduction fidèle à la phrase et à l'esprit du texte, obtint un succès qui s'est soutenu jusqu'à l'époque du renouvellement du langage sous Louis XIV. On l'imprima au Louvre, en 1752, in-8, avec une dédicace au roi, et le nom d'HÉRIBERT ROSWEYDE sur le frontispice. (C'est l'édition indiquée par M. Barbier, dans son *Diction. des an.* Voy. le nº 8541). Ce nom, par la méprise des bibliographes, a fait constamment attribuer cette traduction à ce jésuite qui n'était seulement que l'éditeur du texte latin, jusqu'à ce que M. GENCE, dans sa *Notice* sur le caractère des versions principales (insérée au *Journal des Curés*, en septembre 1810), et M. BARBIER dans sa *Dissertation* sur les traductions françaises de l'Imitation, qui parut en 1812, aient restitué à MARILLAC cette traduction qui a eu plus de cinquante éditions successives. La Dissertation citée indique et décrit les plus remarquables, entre autres celle qu'il donna peu de temps avant sa mort, pendant sa prison, et où dans l'une des figures qui expriment sa triste position, il paraît s'être représenté communiant avec le maréchal, son frère, et sa sœur Louise de Marillac. (Biog. univ.)

832 Immoralité (de l') du remboursement (par M. le marquis de la Gervaisais). *Paris, Palais-Royal,* mai 1824, br. in-8.

833 Impôt (de l') sur les sels dans l'intérêt de la production (par le même). *Paris, A. Pihan de la Forest*, 1828, br. in-8.

> Cette brochure a été publiée en trois parties distinctes, qui ont chacune leur pagination.

834 Impromptu. — Lettre à Mme la comtesse de***, dame du palais. — Vers faits dans le jardin de M. le duc de Montmorenci, près le bois de Boulogne, au moment que Mme la Dauphine passait. Par D. M. S. D. S. (du Mersan, seigneur de Surville). Sans date, in-8. de 7 pages.

835 Impromptu sur le rétablissement des Bourbons, ou Dialogue villageois, etc. (par Gabriel Peignot). *Paris*, avril 1814, in-8 de 8 pages.

> Cet opuscule a été imprimé à Dijon, chez Frantin.

836 Inconnu (l'), fragmens (par M. de Syon). *Paris, Sautelet*, 1829, 2 vol. in-12.

837 Indiana, par Jules Sand (Sandeau). *Paris, Roret*, 1832, 2 vol. in-8.

> Cet ouvrage, dont le succès a été des plus remarquables, passe pour être l'ouvrage d'une femme (Mme Eléonore Dudévant); M. G. Sandeau n'aurait été que le réviseur.

838 Indiscret (l') conteur des aventures de la garde nationale de Paris, par H...y G...t (Henry Guyot). *Paris, Delaunay*, 1816, in-12.

839 Industrie agricole et manufacturière. Mémoire sur la société royale anonyme de la Savonnerie, ses produits et les avantages qu'elle présente à l'agriculture et aux manufacturiers. (Par M. Rey, fabricant). br. in-8.

    Cette brochure est extraite des Annales mensuelles de l'industrie manufacturière et des beaux-arts.

840 Influence (de l') des mœurs sur les spectacles, par T. D. (Théophile Marion du Mersan). (Articles, au nombre de 2, insérés dans les *Petites Affiches* de Babié et réimprimés dans le *Journal des arts, des siences*, etc. Rédigé par Dusaulchoy, en novembre 1809, et tirés à part à 3 exemplaires seulement). 2 pages in-8.

    DES PIÈCES ANECDOTES, 2 articles du même, faisant suite aux deux précédens; le 1er signé des initiales T. D. et le 2e T. DUMERSAN. 2 pages in-8.

841 Inscriptions du nouveau et magnifique reliquaire de la Sainte-Ampoule dans le trésor de l'église métropolitaine de Reims, suivies d'inscriptions pour les médailles du sacre et du couronnement de Charles X, roi de France (par

l'abbé Pierre Hesmivy d'Auribeau). *Paris,*
Beaucé-Rusand, 1825, in-4. de 16 pages.

842. Inscriptions pour deux médailles gravées
par Cahier, en l'honneur de la naissance du
duc de Bordeaux (par le même). *Paris,*
1820, br. in-8.

843 Institutions pour améliorer le caractère
moral du peuple, ou Adresse aux habitans de
New-Lanark, en Ecosse, par Robert-Owen.
Traduit de l'anglais sur la 3e édition, par
M. le comte de L.... (Laborde), membre de
plusieurs sociétés savantes et philantropiques.
Paris, Louis Colas, 1819, br. in-8.

844 Instruction sociale de la jeunesse (par
M. Alexandre Olivier). *au Mans, Fleuriot,*
1818, 14 pages in-16

M. ALEX. OLIVIER, né à Alençon, le 6 janvier
1778, exerça la profession de docteur médecin au
Mans. Il est auteur du *Trépied étymologique,* dont
il a paru une seule livraison in-8 (la lettre A.), et
dont la suite est restée manuscrite dans le volume
in-4 intitulé : l'*Etymologique français-grec-latin,*
que l'auteur a donné à la bibliothèque du roi, le 26
octobre 1818, pour être déposé à côté du *Diction-*
naire de l'Académie; condition expresse.

845 Instructions relatives à la navigation sur

divers points des côtes du Bengale, tirées de la gazette de *Calcutta*, du 27 juillet 1826 (par M. Jules de Blosseville, lieutenant de vaisseau). *Paris, imprimerie royale*, 1827, br. in-8.

Extraites des *Annales maritimes et coloniales* et tirées à 50 exemplaires.

846 Intimes (les) par Michel Raymond, auteur du *Maçon* (MM. Louis Brucker et Léon Gozlan). *Paris, Eugène Renduel*, 1831, 2 vol. in-8.

847 Intolérance religieuse des Payens (par M. le baron de Rouvrou). *Paris, A. Pihan de la Forest*, 1829, br. in-8.

848 Intrigue (l') des carrosses à cinq sols, comédie (en trois actes et en vers) (par M. Chevalier). *Paris*, 1663, in-12.

Les carrosses à cinq sols par place furent établis à Paris en 1650, et durèrent jusqu'en 1657, époque où commença l'établissement des carrosses loués à l'heure.

849. Invocation aux autorités relativement au système diffamatoire signalé en deux énormes volumes, suivie du texte de la Dénonciation réduit et mis au net (par M. le marquis de la Gervaisais). *Paris, Hivert*, 1826, br. in-8.

850 Iolanda Fitz-Alton, ou les Malheurs d'une jeune Irlandaise. Par l'auteur de *Ladouski et Floriska* (M. J. L. Lacroix). *Paris, Nicolle,* 1810, 3 vol. in-12.

851 Isaure, drame en trois actes, mêlé de chants, par MM. Théodore N*** (Nezel), Benjamin (Antier) et Francis (Cornu). *Paris, Bréauté,* 1829, in-8.

852 Isaure, ou le Château de Montano, traduit du languedocien (par Louis-Pierre-Prudent Le Gay). *Paris, Chaumerot,* 1816, 3 vol. in-12.

853 Isographie des hommes célèbres, ou Collection de *Fac-Simile* de lettres autographes et de signatures (publiée par Jean Duchesne aîné, premier employé au cabinet des estampes de la bibliothèque du roi). *Paris, Al. Mesnier,* 1828-1830, 3 vol. in-4.

854 Itinéraire de l'artiste et de l'étranger dans les églises de Paris, ou Etat des objets commandés depuis 1816, jusqu'en 1830, par l'administration de cette ville (par M. Amable Grégoire, ancien sous-chef de bureau à la division des Beaux-Arts). *Paris,* 1833, br. in-8.

855 Itinéraire maritime d'Antonin, par M. T.

(Toulouzan, de Marseille). Sans date (1827), br. in-8.

Cet opuscule est formé de la réunion de huit articles extraits d'un journal périodique intitulé *l'Ami du bien*, qui parut à Marseille depuis 1826 jusqu'en 1828.

Anonymes et Pseudonymes étrangers.

856 Index plantarum succulentarum in horto Dyckensi cultæ. Anno 1822 (à J. P. de Salm). *Aquisgrani, Beaufort,* 1822, in-8.

857 Inscriptionem (in) propè scolacium effossam Januarii Partitari moderatoris regii collegii Tutiani brevis commentarius (à Stephano Pepe, equite Jerosolimitano). *Neapoli, Raymundi,* 1762, in-4.

858 Inscriptiones antiquæ in Etruriæ urbibus exstantes (cum notis Cl. V. Ant. M. Salvinii, curâ et studio Antonii-Francisci Gorii) *Florentiæ, Manni,* 1726-1734-1743, 3 vol. in-fol.

859 Isidori (sancti) hispalensis episcopi opera omnia emendata (à Joanne Grial). *Matriti,* 1778, 2 vol. in-fol.

860 Itinerarium Adriani VI, ab Hispaniâ undè summus accersitus fuit pontifex, Romam us- què; ac ipsius pontificatûs eventus (auctore Blasio Ortizio). *Toleti, Ayala,* 1546, 1 vol. in-8.

> L'abbé Nicolas de Lagua en a donné, en 1790, une traduction italienne.

861 Itinerarium portugallensium è Lusitaniâ in Indiam et indè in Occidentem et demùm ad Aquilonem ex Vernaculó Sermone (Mon- tabaldi Francani) in latinum traductum, in- terprete Achangelo Madrignano mediola- nense. *Mediolani,* 1508, 1 vol. in-fol.

862 Inni di Callimaco, cogli epigrammi (tra- dotti in versi italiani da Pagnini). *Parma co'tipi Bodoniani,* 1792, 1 vol. in-4.

863 Invito alla pace ed alla unità o sia vera idea della chiesa cattolica, romana, etc. (da signore Antonio Selvolii, parroco dello diocesi di Firenze). *Firenze, Pagani,* 1791, in-12.

864 Istoria del gran ducato di Toscana, sotto il governo della casa Medici (da Riguccio

Galuzzi). *Fiorenza*, 1781, 5 vol. in-4, ou
9 vol. in-8.

Il fut publié en 1782-83, une traduction française de l'ouvrage de GALUZZI, en 9 vol. in-8, par
LE FEBVRE DE VILLEBRUNE qui avait traduit les 6
premiers, et Mme L. F. GUINEMENT DE KÉRALIO,
traducteur des 3 derniers.

865 Italia travagliata novamente posta in luce,
nella quale si contengono tutte le guerre, sedi-
tioni, pestilentie ed altri travagli, etc., da diversi authori raccolti. Per il reverendissimo mon-
signor Viscovo di Bagnarea (Umberto Locato).
in Venetia, Dan. Zannetti, 1676, 1 vol. in-4.

866 Indian antiquities, or Dissertations relative to the ancient geographical divisions,
the pure system of primeval theology, the
grand code of civil laws of Hindostan, com-
pared throughout with the religion, laws,
government and literature of Persia, Egypt
and Greece (by Thomas Maurice). *London*,
1794, 7 vol. in-8. avec figures.

867 Inquiry in to the ancient Greek game, sup-
posed to have been invented by Palamedes
antecedent to the siege of Troy, etc., in two
dissertations (by James Christies). *London*,
Bulmer, 1801, in-4.

668 Inquiry (an) into several questions of political economy, applicable to the present state of great Britain (by Anthony Bertolacci, member of the royal institution, etc.) *London*, *Black*, 1817, in-8.

869 Ivanhoë, a romance, by the author of *Waverley* (sir Walter-Scott). Third edition. *Paris*, 1821, Mme *Richard*, 1 vol. in-8. The Same, *Paris, Galignani*, 3 vol. in-12.

———

J.

870 Jansénisme (le) démontré et condamné (attribué à l'abbé Augustin Hespelle).

871 Jacques Fignolet sortant de la représentation du *Vampire* de la Porte Saint-Martin; *pot-pourri*, par M. A. R... (Auguste Rousseau). *Paris, Martinet*, 1820, in-8 de 16 pages.

872 Jaquerie (la), scènes féodales, suivies de la famille de Carvajal, drame ; par l'auteur du théâtre de *Clara Gazul* (Prosper Mérimée). *Paris, Brissot Thivars*, 1828, 1 vol. in-8.

873 Jean-sans-peur, duc de Bourgogne, scènes historiques. *Première partie* : « la mort du duc d'Orléans. » *Novembre* 1407 (par M. Lavallée). *Paris, Lecointe*, 1829, 1 vol. in-8.

874 Jeanne d'Arc, poëme (en douze chants), par Mme de*** (la comtesse de Choiseuil-Gouffier, née princesse de Baufremont). *Paris, De la Forest* (*Morinval*), 1828, 1 vol. in-8.

875 Jérusalem délivrée, poëme héroïque du Tasse, traduit en français (par de Mirabaud). Nouvelle édition revue et corrigée. *Amsterdam, J. Kickoff*, 1755, 2 tomes en 1 vol. in-12.

Cette traduction, qui parut pour la première fois en 1724, eut un succès prodigieux et valut à son auteur des éloges des plus ampoulés et, pour le dire, assez peu mérités. Entre autres pièces de vers qui lui furent adressées à ce sujet, nous citerons des fragmens de la suivante (Elle est de MONTCRIF, et donnera un échantillon de l'engouement qu'excita la traduction de Mirabaud) :

> « Quelle Muse, dis-moi, t'a donné des leçons ?
> « Est-ce Le Tasse ou toi que nous applaudissons ?
> « Marchant d'un pas égal, lorsqu'il te sert de guide,
> « Tu sais nous égarer dans le palais d'Armide.
> « Ton style heureux, plus fort que ses enchantements,
> « De tes lecteurs charmés luy fait de vrais amants. »

. . . .
. . . .

« ..... Pour toi, dédaignant la science stérile,
« Tu parcours Épictète et médites Virgile;
« Voi, pour prix de la course où tu t'es engagé,
« Entre Le Tasse et toi le laurier partagé. »

et ainsi du reste. M. de Mirabaud attribua ces vers
à M. Coypel, qui lui fit connaître, par le quatrain
suivant, qu'il n'en était pas l'auteur.

« Amy, de ces beaux vers je ne suis point l'auteur.
« Ma plume est moins fidelle à seconder mon cœur;
« Et pour te dire plus, loin de vouloir écrire,
« Ayant ton livre en main, je n'ay songé qu'à lire. »

Cependant, du sein de ces éloges, il s'éleva quelques critiques, justes au fond, qui remirent les choses
à leur place. Ainsi, la lettre de Mlle Riccobini sur
cette nouvelle traduction, quoique peut-être trop
sévère par la forme, vint un peu dissiper les fumées
de l'encens qu'on prodiguait à M. de Mirabaud.
Voici le dernier passage de cette lettre : « Je vois
« avec peine les François si honteusement trompez,
« qu'ils prennent pour une bonne traduction un
« ouvrage qui peut être un bon livre françois, mais
« qui est *la plus mauvaise* traduction qui ait jamais
« paru au monde. »

876 Jessy Allan, nouvelle anglaise. Par l'auteur
de « Anna Ross, du Bon choix, des Deux
amis, etc. » (Miss Kannedy) (Traduit de
l'anglais, par Alfred Tellier). *Paris, Henri
Servier*, 1829, in-18.

877 Jésus parlant au cœur de ses disciples, et

Marie parlant au cœur des enfans (par l'abbé Jean-Baptiste Lasausse). Seconde édition. *Paris*, *Adrien Leclère*, 1818, 1 vol. in-18.

878 Jeune (le) Loys prince des Francs , ou les Malheurs d'une auguste famille , par Mme Augustine de Gottis, auteur de *François Ier et Mme de Châteaubriand*. *Paris*, *Alexis Eymery*, 1817, 4 vol. in-12.

M. QUÉRARD avance, dans sa *France littéraire* , qu'une personne digne de foi lui a assuré que ce roman, qui fait allusion aux malheurs de Louis XVI et des siens, ainsi que *Marie de Clèves*, autre production qui porte le nom de cette dame (voy. le n° 1074) n'étaient nullement d'elle, mais bien de JEAN-PIERRE BRÈS, ancien avocat et homme de lettres, avec qui elle avait été très liée, et qui mourut à Paris , au commencement de 1817, en la laissant héritière de tous ses manuscrits, au nombre desquels la personne de qui M. QUÉRARD tient ce fait, prétend avoir vu les deux ouvrages dont il vient d'être parlé.

879 Jeune (le) prince, ou la Constitution de*** comédie en trois actes et en prose, par M. Merville (Camus et Alexandre Martin). *Paris*, *Barba*, 1831, in-8.

880 Jour (le) de l'an, ou Chacun ses étrennes, proverbe en manière de vaudeville. Par Alphonse de B....(Boissieux). *Lyon*, *Barret*, in-8.

Ce vaudeville se trouve inséré dans la 24e livraison des *Nouvelles archives statistiques, historiques et littéraires du département du Rhône.*

881 Jour (le) des prières publiques en Néerlande ; vers de M. de Tollens, traduits par un ami de la Hollande (M. Charles Durand). *Rotterdam, Jacob,* sans date (20 décembre 1832), in-8.

> Tiré à 400 exemplaires, dont 50 sur papier vélin et 2 sur satin.

882 Jours (les) heureux, ou tablettes d'une grisette et d'un étourdi, par A. Delcour et Gustave de B***** (Bonnet). *Paris, Marlot,* 1830, 3 vol. in-12.

883 Journal anecdotique de la ville de Castelnaudary (par M. Auguste de Labouïsse), depuis le 5 août 1821, jusqu'au 24 mars 1824 inclusivement. *Castelnaudary, Labadie,* 1825, 3 vol. in-8.

884 Journal de ce qui s'est passé à la tour du Temple, pendant la captivité de Louis XVI, roi de France, par M. Cléry, valet de chambre du roi (rédigé par un nommé Mariala, avec *fac-simile* de deux billets, l'un de la main de la reine, et signé de M. le dauphin, de Madame Royale et de Mademoiselle Elisabeth ;

l'autre, aussi de la main de la reine et de
Madame Elisabeth). *Londres, Baylis,* 1798.
grand in-8.

M. Barbier a été induit en erreur, en attribuant
à Mme de Schomberg, la rédaction de ce journal.
Voici ce que j'ai lu dans une note manuscrite de
M. le baron Hue, insérée dans un exemplaire de son
ouvrage (*Dernières années du règne et de la vie de
Louis XVI*) imprimé à Londres, en 1806, que possède M. Brion, son oncle, et auquel sont ajoutées
des lettres autographes de Louis XVIII et de
Madame, duchesse d'Angoulême. « Il me coûte
« de dire qu'un sieur Mariala (homme d'affaires
« de M. le duc d'Aremberg, qui rédigea le *Jour-
« nal de Cléry*, abusa, lors de ce travail, de la con-
« fiance avec laquelle je lui avais prêté, à Vienne en
« Autriche, le manuscrit de mon ouvrage. »

885 Journal de ce qui s'est fait à Metz au passage de la reine (par M. Auburtin de Bion-
ville, maître échevin de Metz, mort vers le
mois de septembre 1738). Avec un recueil
de plusieurs pièces sur le même sujet (par
M. L. Gardien de la F., poète médiocre et
peu accommodé des biens de la fortune).
Metz, Jean Collignon, 1725, in-4.

886 Journal de Dijon et de la préfecture de la
Côte-d'Or, du 30 vendémiaire an IX, au 10
frimaire an X (rédigé par M. Guiraudet,
préfet). Sans date, in-4.

887 Journal de l'expédition anglaise en Egypte,
dans l'année 1800 ; traduit de l'anglais du
capitaine Th. Walls, par M. A. T******
(Thierry, capitaine d'artillerie). Avec 4
plans de bataille et 4 figures coloriées. *Paris,*
Collin de Plancy, 1823, 1 vol. in-8.

888 Journal d'un officier de l'armée d'Afrique
(par le lieutenant-général Desprez, chef
d'état - major - général). *Paris, Anselin,*
1831, in-8.

889 Journal d'un voyage en Italie et en Suisse,
pendant l'année 1828, par M. R. C. (Colon).
Paris, Verdière, 1833, 1 vol. in-8.

890 Journal du règne d'Henry III, composé
par M. S. A. G. A. P. D. P. (Louis Servin,
avocat-général au parlement de Paris).

Inséré dans le *Recueil de diverses pièces* servant à
l'histoire de Henri III, roi de France et de Pologne.
Cologne, Pierre Dumarteau, 1660, 1 vol. petit
in-12.

891 Journal historique du blocus de Thionville
en 1814, et de Thionville, Sierck et Rode-
mack en 1815, contenant quelques détails
sur le siège de Longwy, rédigé sur des rapports et mémoires communiqués par M. A.
An. Alm...., ancien officier d'état-major au

gouvernement de Madrid (par le comte Jo-
seph-Léopold-Sigisbert Hugo, lieutenant-
général). *Blois, Verdier*, 1819, in-8.

Ce journal a été reproduit à la suite des *mémoires*
de l'auteur, qui ont paru chez Ladvocat, 1823, en
3 vol. in-8.

892 Journal d'un voyage de Paris à Vienne,
par Francfort-sur-le-Mein, Leipzic, Berlin,
Thorn et Breslau, etc.

Inséré dans les *Nouvelles annales des voyages*,
2ᵉ série, tome VI, sous la condition de n'en pas
nommer l'auteur; mais l'incognito qu'il veut garder
ressemble fort au secret de la comédie; car d'après
la mention qu'il fait dans sa relation d'un *globe
terrestre*, ouvrage de son père, déposé au Musée
royal, il est facile de reconnaître M. DELESTRE-
POIRSON, ancien élève de l'école polytechnique,
aujourd'hui directeur du théâtre du Gymnase.

893 Journal des sièges entrepris par les alliés
en Espagne, pendant les années 1811 et
1812; suivi de deux discours sur l'organisation des armées anglaises et sur les moyens
de la perfectionner, avec notes, par M. John
T. Jones, lieutenant-colonel des Ingénieurs
royaux. Traduit de l'anglais par M. G. (Gosselin). *Paris, Anselin et Pochard*, 1821,
1 vol. in-8.

894 Journée (la) galante, ballet héroïque en trois actes (par Pierre Laujon). 1750, in-8.

895 Julie ou J'ai sauvé ma rose, avec cette épigraphe : « *La mère en défendra la lecture à sa fille.* » *Hambourg et Paris, Léopold Colin*, 1807, 2 vol. in-12.

Long-temps dans le public, ce roman fort licencieux fut attribué à madame la comtesse FÉL. DE CHOISEUL-MEUSE, et cette croyance prit d'autant plus de consistance, que cette dame ne réclama point contre une erreur qui aurait dû blesser sa délicatesse ; mais depuis, on a su positivement que madame de GUYOT est le véritable auteur de cet ouvrage qui a été revu par M. de ROUGEMONT, auteur dramatique connu par de nombreuses productions.

896 Julie ou le Pot de fleurs, comédie en un acte, en prose, mêlée de chants, de M. A. J*** (Jars), auteur des Confidences. *Paris, Masson*, 1805, in-8.

897 Juridiction (de la) épiscopale, à l'occasion d'un écrit de feu M. le comte Lanjuinais, pair de France, ayant pour titre : « *des Officialités anciennes et nouvelles.* » (Par le comte Jauffret, maître des requêtes). *Toulouse, Tislet*, 1821, br. in-8.

898 Justification de l'état de siège (par Bar-

thélemy). (en vers). *Paris*, *marchands de nouveautés*, 1832, br. in-8.

Cet argument poétique en faveur de l'état de siège est du même auteur qui naguères coryphée d'un autre parti, combattit avec tant de fiel et d'énergie le gouvernement actuel, dans un journal intitulé « LA NÉMÉSIS ».

Anonymes et Pseudonymes étrangers.

899 Joannis Meursii (Nicolas Chorier) elegantiæ latini sermonis (edente Moët). Lugduni-Batavorum, ex typis Elzevier (*Parisiis*, *Barbou*), 1757, 1 vol. in-8.

900 Juris civilis egloga quâ cum justinianeis institutionibus, novellisque 118 et 127 continentur, etc. (Auctore Athanasio-Joanne-Jourdan, docteur en droit). *Paris*, *Fanjat*, 1822, 1 vol. in-8.

901 Journey from India towards England in the year 1797, by a route commonly called overland, through countries not much fre-

quented, etc. (By John Jackson). *London*, 1799, 1 vol. in-8.

902 Journey (a) from London to Genna, through England, Portugal, Spain and France (by Baretti). *London*, 1770, 2 vol. in-4.

Il y a une traduction française de ce voyage. *Amsterdam*, 1778, 4 vol. in-12.

(Brunet, *Manuel du Libraire*).

903 Journey to the western of Scottland (by Samuel Johnson). *London*, 1775, 1 vol in-8.

L.

904 Laberinthe (le) d'amour, de M. Jean Boccace, autrement Invective contre une mauvaise femme. Mis nouvellement d'italien en françoys, (par François de Belleforest). *Paris, Jean Ruelle*, 1571, 1 vol. in-16.

905 Ladouski et Floriska, par L*** (J. L. Lacroix) *Paris, Dentu, an IX* (1801), 4 vol. in-12.

C'est de ce roman que fut tiré le mélodrame des *Mines de Pologne*, qui, en 1803, fit courir tout Paris.

906 La Fontaine (le) des enfants, ou Choix de fables de La Fontaine les plus simples et les plus morales, avec des explications à la portée de l'enfance (publié par Pierre Blanchard), 5ᵉ édition. *Paris, Pierre Blanchard*, 1823, 1 vol in-18.

La première édition avait paru en 1810.

907 Langage (le) de la raison, par l'auteur de « *la Jouissance de soi-même* » (Louis-Antoine de Caraccioli). *Paris, Nyon*, 1763, 1 vol. in-12.

Réimprimé l'année suivante à Liège.

908 Langage (le) de la religion, par l'auteur du *Langage de la raison* (par le même). *Paris, Nyon*, 1763, 1 vol. in-12.

909 Lassone, ou la Séance de la société royale de médecine. Comédie en trois actes et en vers (par M. le Vacher de la Feutrie). *Paris*, 1779, in-8.

910 Laure Montreville, ou l'Empire sur soi-même ; traduit de l'anglais de madame Brunton, par madame M**** (Molé), traducteur des « *Épreuves de Marguerite Lindsay*, etc. »

Précédé d'une préface par M. V*******n, de l'Académie française. *Paris, Mame et Delaunay-Vallée*, 1829, 5 vol. in-12.

On a attribué cette préface à M. VILLEMAIN qui a réclamé contre cette interprétation toute naturelle. Elle est de M. BRIFAUT, membre de l'académie française.

911 Lay (le) de paix (publié par M. Durand de Lançon, membre de la Société des bibliophiles français). *Paris, Jules Didot*, sans date, in-4 de 16 pages.

912 Leçons élémentaires sur la mythologie, suivies d'un traité sommaire sur l'apologue, (par M. Engrand). *Reims, Lebâtard*, 1798, 1 vol. in-12.

913 Leçons quotidiennes données par J.-C. et par le Saint jour. Par l'auteur de « *l'Ecole du Sauveur et de la Vie de M. de Cormeaux*» (l'abbé Jean - Baptiste Lasausse). *Paris, Adrien Leclère*, 1798, 2 vol. in-12.

914 Lectures du matin, ou Nouvelles historiques en prose (par Barthélemi Imbert). *Paris, Bastien*, 1782, 1 vol. in-8.

915 Légendes, Ballades et Fabliaux. Par M. Baour-Lormian. *Paris, Delangle*, 1829, 2 vol in-12.

Bien que le frontispice de cet ouvrage ne porte que le nom de M. Baour-Lormian, il a pour collaborateur M. le baron de Lamothe-Langon. Ainsi les pièces suivantes : « *la Sylphide , le Follet, la Jeune Fée , l'Oiseau vert, le Templier , et le Sorcier ,* » composent sa part dans ce recueil. Il en est deux autres , *la Nuit des morts* et *la Fiancée de la tombe ,* auxquelles il n'a coopéré que pour moitié.

(*France litt.* de Quérard).

916 Légitimité portugaise (par le comte de Bordigné). *Paris, De la Forest (Morinval),* 1829, 1 vol. in–8.

Il existe une autre édition in–4.

917 Léonce et Clémence, ou la Confession du crime. Par l'auteur des « *Lettres sur le Bosphore* » (madame la comtesse de La-Ferté-Meun). *Paris, Firmin Didot,* 1824, 2 vol. in-12.

918 Lettre à l'académie de Lisbonne, sur le texte des Lusiades (par M. Mablin , bibliothécaire à la Sorbonne). *Paris, Treüttel,* 1826, in-8.

Le but de M. Mablin , dans son excellente brochure , est de prouver la supériorité de l'édition de 1572 sur toutes les autres du Camoens.

919 Lettre à l'auteur des Observations sur le commerce des grains (par Linguet). *Amsterdam ,* 1775, in-8.

920 Lettre à M. C.-N. A****** (Amanton) sur un ouvrage intitulé : « *les Poëtes français depuis le XII*ᵉ *siècle jusqu'à Malherbe* ». (Signé G. P.) (Gabriel Peignot). Avec une notice historique sur chaque poëte. A cette lettre est ajoutée une notice sur la nouvelle édition des *Œvres de Lovise Labé Lionnoize*, par M. C.-N. A*** (Amanton). *Paris, A. A. Renouard*, 1824, br. in-8.

> Le tout, extrait du *Journal de la Côte-d'Or et de Dijon*, n'a été tiré qu'à cinquante exemplaires.

921 Lettre à M. A*** au sujet de la tragédie de *Mahomet II* (par l'abbé Guyot Desfontaines). Sans date, in-8.

922 Lettre à M*** sur le duc de Reichstadt, par un ami de ce prince (le chevalier de Prakesh). *Fribourg, Herder*, 1832, br. in-8 de 32 pages.

> Cette lettre écrite par un homme que sa position a mis, mieux que personne, à même de tracer un tableau fidèle de la vie du duc de REICHSTADT, dont il était l'ami le plus dévoué, renferme, quoique peu étendue, une quantité de faits intéressans et curieux.   (Bibliologue.)

923 Lettre (du père Germont, jésuite) à M. l'abbé *** (Le Blanc, qui est le père Serry,

jacobin), sur la nouvelle histoire des dis-
putes *de auxiliis* qu'il prépare. *Liège*, sans
date (1698), in-12 de 60 pages.

924 Lettre à M. de Lassone, fondateur et
président de la Société royale de médecine
(par M. Bacher). Suivie d'un canevas du discours à faire pour être prononcé par M. de
Lassone, dans la dernière séance de cette
société (par M. Le Preux). Sans date, in-8
de 8 pages.

925 Lettre à Mgr. l'évêque de Troyes (M. de
Boulogne), au sujet de *l'oraison funèbre
de Louis XVI*, (signée N. N.) (par l'abbé
Théophile Jarry, de Falaise, docteur en théologie, ancien chanoine-trésorier de Liège,
pendant l'émigration). *Paris, P. Gueffier*;
1817, in-8 de 16 pages.

926 Lettre à M. le baron d'Eckstein, sur l'existence d'une langue, d'une science et d'une
religion primitives, avec quelques observations sur quelques passages du premier numéro du *Catholique*. Par N. M...... (Massias).
Paris, Johanneau, 1826, br. in-8.

927 Lettre à M. le comte de *** sur les épitaphes de leurs E. E. les cardinaux de Bausset

et de la Luzerne ; suivie d'une notice sur la Sorbonne et sur le cardinal de Richelieu (par l'abbé Pierre Hesmivy-d'Auribeau). *Paris, A. Pihan de la Forest*, 1826 , in-4.

928 Lettre à M. le comte Lanjuinais, pair de France, sur son ouvrage intitulé : « *Appréciation du projet de loi relatif aux trois concordats*, » par un savant, membre de l'académie des inscriptions et belles-lettres, » d'un homme consommé dans la science de la législation , et surtout du droit canonique (par M. Joseph-Éléazar-Dominique Bernardi). *Paris , Ad. Leclère*, 1818 , br. in-8.

929 Lettre à M. le docteur Bard , sur Vienne en Dauphiné , par Joseph B... (Bard, membre de plusieurs académies). *Lyon*, 1832, in-8.

930 Lettre à M. Mille , auteur de : « l'*Abrégé chronologique de Bourgogne* » (par dom Claude Jourdain). *Paris*, 1771 , 1 vol. in-8.

931 Lettre à M. V*** (Voltaire) sur la tragédie de *Mahomet* (par M. Villaret). 1742 , br. in-12 de 37 pages.

932 Lettre à M. de Voltaire sur son écrit inti-

tulé : « *Réponse à toutes les objections principales qu'on a faites en France contre la
philosophie de Newton* » (par M. Le Ratz
de Lanthenée). (*Paris*), 1739 , in-8 de 30
pages.

933 Lettre à sa seigneurie le lord comte de
Moira, extraite d'un ouvrage en ce moment
sous presse, et dont sa seigneurie a agréé
l'hommage ; contenant la démonstration d'une
opération également utile aux pauvres et aux
riches, par un homme depuis 20 ans cosmopolite (M. La Rocque). *Londres, Schulz et
Dean*, 1813 , in-8.

934 Lettre au citoyen Creusé-Latouche, membre du conseil des Cinq-Cents, sur l'administration civile et financière de la république
française (par James-Edwards Hamilton).
Paris, le 1ᵉʳ prairial an 8 (1800), *Armand
Kœnig*, in-8 de 54 pages.

935 Lettre au roi (sur la situation présente).
(Par M. Chauvin-Belliard , avocat). *Paris,
Coniam*, 1829 , in-4 de 16 pages.

936 Lettre au sujet de l'arrest du conseil-d'état,
du 22 mai 1720 (par M. l'abbé de Tencin).
1720 , in-4.

937 Lettre aux critiques de mon ouvrage intitulé : « *des Femmes et de leurs différens ca-*
ractères. » Par A. Alexandre F... (   )
simple particulier. *Paris, Delaunay,* 1818,
br. in-8.

> Cette lettre ne se vend pas séparément; elle se
> joint à l'ouvrage dont elle est une défense.

938 Lettre aux prédicateurs de la doctrine dite
St.-Simonienne (mission de l'est), par M.
Ponsot). *Paris, Bricon; Dijon, Popelain,*
1831, br. in-8.

939 Lettre confidentielle écrite par un chasseur involontaire de la garde nationale parisienne, *à Louis – Philippe, roi des barri-*
cades (par L. de la Chassagne). *Paris,*
1833, br. in-8.

940 Lettre critique de M. l'abbé*** (Nadal) à
madame la comtesse de *** sur la tragédie de
Zaïre, sans date, in-8 de 7 pages.

941 Lettre critique sur Rossini (par M. A. H.
Papillon). *Paris, Trouvé,* in-8 de 8 pages.

942 Lettre de la logique à la puissance. Par
les membres d'une opposition (par M. Ma-
drolle). *Paris,* 14 décembre 1830, br. in-8
de 40 pages.

943 Lettre de M*** à M*** (sur le sacre de Louis XVI). (Par Gabriel-Henri de Riquetti, comte de Mirabeau). 1776, br. in-8 de 14 pages.

Une faute d'impression, qui s'était glissée dans les *Lettres écrites du donjon de Vincennes,* produisit une singulière erreur de la part d'un journaliste du temps qui crut que Mirabeau avait publié une *lettre sur le* sucre.

944 Lettre de M. Andry à M. Le Vacher de La Feutrie, doyen de la Faculté de médecine de Paris (par M. Le Roux des Tillets). Sans date (vers 1780), in-8 de 39 pages.

945 Lettre de M. d'Al*** (d'Alembert), à M. le marquis de C*** sur madame Geoffrin, sans date, in-8 de 16 pages.

946 Lettre de M. C** de L*** (le comte Louis-Léon-Félicité de Lauraguais), à M. Dupont, auteur éphémériste, sans date (1770), in-12 de 72 pages.

947 Lettre de Tutundju-Oglou-Moustafa-Aga (M. Senkousky), traduite du russe et publiée avec un savant commentaire, par Koutlouc-Fouladi. *St.-Pétersbourg, N. Gretsch,* 1828, in-8.

L'objet de cette lettre est de critiquer l'ouvrage de M. J. DE HAMMER, intitulé : « Sur les origines russes. Extraits de manuscrits orientaux. » St.-Pétersbourg, 1825, in-4.

M. CHARMOY, professeur, a pris, dans une lettre publiée en 1830, la défense du livre de M. DE HAMMER.

948 Lettre du signor Miracoloso Fiorentini à M. Paulet, docteur Vindébonien, membre de la Société royale de médecine, auteur de l'admirable et inimitable. *Gazette de santé* (par M. Le Preux). *Paris*, sans date, in-8 de 19 pages.

949 Lettre d'un amateur à un médecin de province, aspirant à l'honneur d'être correspondant de la Société royale de médecine (par le même). 8 pages in-8.

950 Lettre d'un Anglais à son retour en Angleterre d'un voyage en Italie, au mois d'août 1814, sur le roi *Joachim Murat*, traduction de l'anglais augmentée de notes pour servir à l'histoire du général Murat (par le comte Frédéric Dubourg Butler). *Londres*, (*Paris*), 1814, br. in-8.

951 Lettre d'un bibliothécaire de province à son ami G...., sur les suppressions à faire dans les établissemens de Paris (par M. Joly,

avocat). Première et dernière lettre. *Paris, Tillard*, 1833, br. in–8 de 64 pages.

952 Lettre d'un curé de Paris à un de ses amis sur les vertus de Jean Bessard, paysan de Stains près St.-Denis (par M. Jean Bruté, curé de St.-Benoist). *Paris, Guillaume Desprez*, 1753, in-12.

953 Lettre d'un curé franc-comtois à MM. les gallicans du Rouergue et de la nouvelle Sorbonne, sur les affaires présentes. Juillet 1826 (par l'abbé Pelier de la Croix, aumônier du prince de Bourbon). *Paris*, 1826, br. in-8.

954 Lettre d'un disciple de la science nouvelle aux religionnaires prétendus Saint-Simouniens, etc. Par P. C. R...x (Prosper-Charles Roux). *Paris*, 1831, br. in-8 de 134 pages.

955 Lettre d'un docteur en théologie (le père Le Tellier, jésuite), à un missionnaire de la Chine. *Paris, Estienne Michallet*, 1686, in-12.

956 Lettre d'un médecin de la faculté de Paris, à un de ses confrères au sujet de la Société

royale de médecine (par Barbeu-du-Bourg). Sans date, in-8 de 8 pages.

957 Lettre d'un médecin de province à un médecin de Paris (par Michel-Philippe Bouvart). *Châlons*, 1758, br. in-8. de 16 pages.

> Cet opuscule est une diatribe dirigée contre l'inoculation que TRONCHIN cherchait alors à répandre dans Paris, et que BOUVART, malgré tout son mérite, combattit de tous ses efforts.

958 Lettre d'un sociétaire non pensionné à un correspondant en province (sur la Société royale de médecine). (Par Pajon de Moncets). Sans indication de lieu ni de date, in-8 de 8 pages.

959 Lettre d'un sociétaire pensionné à un correspondant de province, écrite le même jour de l'installation de la Société royale de médecine (par M. Le Preux). 1778, in-8 de 16 pages.

960 Lettre d'un théologien en faveur des spectacles (par le père Caffaro, théatin). *Lille*, *Léleux*, 1826, in-8.

> Cette lettre fut imprimée, pour la première fois, en 1694. Elle était adressée à BOURSAULT, qui la fit imprimer en tête de son Théâtre. Les rigoristes s'élevèrent contre les principes qu'elle renfermait, prin-

cipes favorables aux spectacles. Bossuet écrivit au
père Caffaro une longue lettre pour lui démontrer
le danger de ses doctrines, qu'il ne tarda pas à désa-
vouer. Voy. l'art. Caffaro, de l'ex. des *Dict*res *hist.*
par Barbier. *(France littéraire.)*

961 Lettre écrite à madame la comtesse *Tation*,
par le sieur de Bois-*Flotté*, étudiant en *droit-*
fil (par M. le marquis de Bièvre). Nouvelle
édition augmentée de plusieurs notes d'*infa-*
mie. Amsterdam, aux dépends de la compagnie *de perdreaux.* (*Paris*), 1770, in-8 de
42 pages, y compris la réponse de madame
la comtesse *Tation.*

Ouvrage burlesque, où il n'y a pas une phrase
sans deux ou trois calembourgs.

962 Lettre écrite de Pékin sur le génie de la
langue chinoise, et la nature de son écriture
symbolique (publiée par Jean Turbervil Needham). *Bruxelles*, 1773, in-4., avec 28 pl.

Cette lettre curieuse, que l'on croit du père Martial Cibot, missionnaire français, avait déja paru
dans les *Transactions philosophiques*, et fut reproduite, en 1776, sous le nom du père Amiot, autre
savant missionnaire, avec de nouvelles planches et
une partie de l'*Avis préliminaire* de Needham, dans
le tome 1er des *Mémoires sur les Chinois.*

963 Lettre, signée le père François d'Oraison,

d'un très révérend père capucin du couvent de Liège, à M. Aubert de la Chesnaie, au sujet de la *Critique des songes philosophiques* (par Jean-Baptiste le Boyer, marquis d'Argens). *Liège, Pierre Broncard*, 1747, in-12 de 23 pages.

964 Lettre sur la musique moderne, à messieurs les rédacteurs du *Journal général d'annonces de musique*, etc. Par M. D......gs (Désétangs, sous-chef du bureau des gravures au ministère de l'intérieur). *Paris, Migneret*, 1832, in-8 de 8 pages.

965 Lettre sur l'Hortensia, contenant sa culture dans les villes, et sa propagation (par M. Antoine – Nicolas Duchesne, professeur d'histoire naturelle à l'école centrale de Versailles). *Paris, Mérigot*, in-12 de 24 pag.

966 Lettres, ou Dissertations où l'on fait voir que la profession d'avocat est la plus belle de toutes les professions (par François-Bernard Cocquard, avocat au parlement de Dijon). *Londres*, 1733, in-8.

Ces lettres, au nombre de deux, sont devenues très rares. Elles ont été attaquées dans un petit écrit, intitulé : « *Réponse d'un fils à son père*, » où l'on cherche à rabaisser la profession

d'avocat, sous le rapport des honoraires qu'on re-
çoit.

967 Lettres à MM. les députés composant la
commission du budget, sur la permanence du
système de crédit public, et sur la nécessité
de renoncer à toute espèce de remboursement
des créances de l'Etat, par M. G. D. C.
(Gustave d'Eichtal). *Paris, Locquin*, 1829,
br. in-8.

968 Lettres (au nombre de 3) à M. le curé
de... (sur la légitimité de ce qui s'est passé
en juillet 1830). Par J. L. (l'abbé Labouderie. (*Paris*), *Plassan* (1830), in-8 de
16 pages.

969 Lettres bordelaises, ou Lettres à un national de Bordeaux, concernant le parti libéral et
ses doctrines. Par M*** auteur de différens
écrits religieux et politiques (par M. l'abbé
Juin). *Paris, Dentu*, 1829, br. in-8.

970 Lettres critiques où l'on voit les sentimens
de M. Simon, sur plusieurs ouvrages nouveaux; publiées par un gentilhomme allemand. *Basle (Rouen), chez Wackerman*,
1699, in-12.

Les cinq lettres J. S. C. D. B., qui sont au bas de

quelques-unes de ces lettres critiques, doivent désigner Jacques Simon, curé de Belleville, qui paraît
écrire pour son oncle, ci-devant prêtre de l'Oratoire,
nommé Richard Simon. Des onze lettres dont se
compose ce petit volume, extrêmement rare, trois
avaient paru en 1694, sous le titre de *Critique du*
livre publié par les moines bénédictins de St.-Maur,
qui lui-même était intitulé : « *Bibliothèque divine de*
saint Jérôme, » et contenait environ 66 pages in-12.
On peut consulter, à ce sujet, dans le dictionnaire
de Bayle, l'article Gallonius (note *B*), qui a rapport à ces *Lettres critiques,* dont il est aussi question
dans l'article Fontevraud, à la fin de la note *P.*

Les huit autres lettres concernent le second volume de saint Jérôme, et elles ne se trouvent dans
aucune collection des autres écrits de Simon. Page
185, ligne 12, les mots *à un savant homme,* dési-
gnent le père Hardouin, jésuite.

971 Lettres de M. Desp. de B***** (Charles
Desprez de Boissy). Sur les spectacles, avec
une histoire des ouvrages pour et contre les
théâtres. 7ᵉ édition revue, corrigée et augmentée par l'auteur. *Paris*, 1781, 2 tomes
en 1 vol. in-12.

Cet ouvrage, peu exact et où les jugements de
l'auteur ne sont pas toujours dictés par l'impartia-
lité, obtint cependant, à son apparition, en 1759,
une espèce de vogue. Les éditions se succédèrent
assez rapidement pendant quelques années. Le deuxième volume, qui n'est qu'un catalogue raisonné

de tous les livres qui ont été publiés tant contre le
théâtre, qu'en sa faveur, avait paru séparément
et pour la première fois, en 1771, sous le titre de :
« *Histoire des ouvrages pour et contre les théâtres.* »

972 Lettres de Ninon de Lenclos au marquis
de Sévigné, avec sa vie (par Damours, avocat
aux conseils du roi). *Paris, Imbert,* 1798,
2 vol. in-16.

973 Lettres de Pline le Jeune, traduites en
français (par de Sacy). *La Haye,* 1702, 2
vol. petit in-12.

974 Lettres de Rocheville sur l'esprit du siècle
et ses conséquences (par M. Boistel d'Exauvillez). *Paris, Gaume frères,* 1832, 1 vol.
in-18.

975 Lettres de Sterne à ses amis, traduites sur
les originaux nouvellement publiés à Londres
(par M. Durand de St.-Georges). *La Haye,*
1789, 1 vol in-2.

976 Lettres du citoyen Zarillo au citoyen Millin
(par Auguis). *Paris,* 1802, br. in-8.

977 Lettres du docteur Assemani, Arménien,
sur divers sujets de géologie, de physique et
de médecine, à M. le docteur Usca, Armé-

nien, à Padoue (par Gabriel-Grégoire La-
font-Goury, docteur en médecine de la faculté
de Montpellier). *Toulouse*, *Bellegarrigue*,
1813, br. in-7.

978 Lettres d'un curé du diocèse de Rouen, à
M. Charrier de la Roche, élu évêque du département de la Seine-Inférieure (par l'abbé
Guillaume - André - René Baston). (*Paris*,
1791), in-8.

979 Lettres d'un frère à sa sœur sur l'histoire
ancienne (en prose mêlée de vers) (par
Charles Romagny). *Paris*, *Selligue*, 1829,
2 vol. in-18.

980 Lettres écrites de Suisse, d'Italie, de
Sicile, etc., de 1776 à 1778 (par Rolland).
Amsterdam, 1780, 3 vol. in-12.

981 Lettres inédites de madame de Sévigné (publiées par Claude-Xavier Girault, juriscon-
sulte). *Paris*, *Klosterman*, 1814, 1 vol. in-8.

982 Lettres inédites de Malherbe, ornées d'un
fac-simile de son écriture, dédiées à la ville
de Caen, avec une vue de cette ville (publiées
par J. J. Blaise). *Paris*, *J.-J. Blaise*, 1822,
1 vol. grand in-8.

983 Lettres iroquoises, nouvelle édition (par Jean-Henri Maubert de Gouvest). *A Iroco-polis, chez les Vénérables*, 1755, 2 vol. in-12.

984 Lettres lyonnaises, ou Correspondance sur divers points d'histoire et de littérature, par M. C. B. D. L. (Breghot du Lut), des académies de Lyon et de Dijon. *Lyon, J. M. Barret*, 1826, in-8.

> Ces lettres sont extraites des quatre premiers volumes des *Archives historiques et statistiques du département du Rhône.*

985 Lettres philosophiques sur la magie, édition corrigée et augmentée (par l'abbé Fiard, prêtre du diocèse de Dijon). *Paris, Grégoire*, 1803, 1 vol. in-8.

> La première édition avait paru en 1801.

986 Lettres saxonnes (par Chapuy). *Berlin, de la Compagnie*, 1738, 1 vol. in-12.

987 Lettres sur la pasigraphie (par M. Deshayes). *Paris*, 1806, br. in-8.

988 Lettres sur la ville de Rouen, ou Précis de son histoire topographique, civile, ecclésiastique et politique, depuis son origine jus-

15.

qu'en 1826. Par M. Al^re L*** (Alexandre Lesguillez). *Rouen, Frère*, 1826, 1 vol in-8.

989 Lettres sur le Bosphore, ou Relation d'un voyage à Constantinople et en différentes parties de l'Asie, pendant les années 1816, 1817, 1818 et 1819 (par madame la comtesse de la Ferté-Meun). Première édition. *Paris, Domère*, 1821, 1 vol. in-8.

990 Deuxième édition, revue, corrigée et augmentée de *Deux Lettres et de la Chapelle de là dernière heure*, histoire grecque (ainsi que d'une gravure représentant les Sept-Tours). *Paris, Locard et Davy*, 1822, 1 vol. in-8.

Cette édition n'est évidemment que le restant de la première, dont on a changé le frontispice, et à laquelle on a fait les additions indiquées ci-dessus. Il est facile d'y remarquer une quinzaine de *cartons*. On croit que M. le comte DE BEAUREPAIRE DE LOUVAGNY, 2e secrétaire de l'ambassade, n'est pas étranger à la rédaction de cet ouvrage.

991 Lettres sur le Caucase et la Géorgie, suivies d'une relation d'un ouvrage en Perse, en 1812 (par M. Guillaume de Freygang, de la société de Gœttingue, et son épouse Frédéricke de Kédyasfki). *Hambourg, Perthès*, 1816, 1 vol. in-8.

Une traduction allemande, qui parut à Hambourg, l'année suivante, porte les noms des auteurs.

992 Lettres sur les élections anglaises, et sur la situation de l'Irlande, par M. P. D. (Prosper Duvergier de Hauranne, fils). *Paris, Sautelet*, 1827, 1 vol. in-8.

Ces lettres, avant d'être réunies en un corps d'ouvrage, avaient été insérées successivement dans le *Globe*, journal qui paraissait encore à cette époque.

993 Lettres sur les premières livraisons de l'*Israélite français* adressées à M. Villenave, rédacteur des *Annales poëtiques*, Journal périodique. Par M. M. B*** (Michel-Berr). *Paris, Sétier*, 1818, br. in-8.

L'Israélite français est un journal dont il paraissait un cahier tous les mois.

994 Lettres sur l'histoire de la réforme en Angleterre et en Irlande. Par Williams Cobbett. Traduction nouvelle (par MM. Hivers et Douquet). 4ᵉ édition. *Paris, Gaume frères*, 1829, 1 vol. in-12.

La première édition avait paru en 1824, en quatre livraisons in-8; la seconde en 1825, en 2 vol. in-18; et la troisième en 1827, également en 2 vol. in-18. La quatrième et dernière, qui a subi de nombreuses corrections, est, sans contredit, la meilleure.

995 Lettres sur quelques cantons de la Suisse,

écrites en 1819 (par M. Raoul-Rochette, conservateur du cabinet des médailles de la bibliothèque du roi). *Paris*, *Nicole*, 1820, 1 vol. in-8.

996 Liaisons (les) dangereuses; lettres recueillies dans une société, et publiées pour l'instruction de quelques autres, par C*** de L*** (Choderlos de Laclos). *Londres*, 1796, 2 vol. in-8.

997 Liste alphabétique des auteurs morts jusqu'en 1805 (par Dujardin-Sailly). *Paris*, 1805, in-8.

998 Lit (le) de camp, scènes militaires. Par l'auteur de *la Prima donna et le garçon boucher* (par MM. Clément et Edmond Burat-Gurgy). *Paris, madame veuve Ch. Béchet*, 1831, 1 vol. in-8.

999 Litanies (les) de la littérature, dédiées aux auteurs du jour. Par un docteur en chirurgie, académicien de Montmartre (le baron Étienne-Léon de la Mothe-Langon). *Paris*, 1809, in-8.

1000 Littérature (de la) des offices divins, ou les Offices divins considérés sous le rapport des beautés littéraires. Par l'auteur de *la Lit-*

térature des Hébreux (M. Salgues), et pour faire suite à cet ouvrage. *Paris, Dentu,* 1829, 1 vol. in-8.

1001 Livre d'amour, ou Folastreries du vieux temps (publié par Charles Malo). *Paris, Louis Janet,* sans date, in-12 oblong.

1002 Livre de comptes nécessaire à chaque ménage, pour pouvoir compter, sans risque de perdre le linge, avec les personnes chargées de le blanchir (par L. J. Groizard). *Paris, Quillau,* sans date (1785), in-4.

1003 Livre Mignard, ou la Fleur des fabliaux (par Charles Malo). *Paris, Louis Janet,* sans date, in-12.

1004 Livres (les) académiques de Cicéron, traduits et éclaircis par de Castillon (avec commentaires de Pierre Valence). *Berlin, Decker,* 1779, 2 vol. in-8.

Ces commentaires ont disparu de la seconde édition, qui fut publiée à Paris, en 1796, 1 vol. in-12.

1005 Lælia, par G. Sand, auteur d'*Indiana* (Georges Sandeau). *Paris, Dupuy,* 1833, 2 vol. in-8.

Comme aux ouvrages qui ont déja paru sous le

pseudonyme de Sand, Mme Eléonore Dudévant n'est pas étrangère à la rédaction de celui-ci.

1006 Loi (la) de justice et d'amour jugée par ses pères (par MM. Meissonnier de Valcroissant et Ernest de Blosseville). *Paris, Trouvé,* 1827, br. in-8. de 26 pages.

1007 Loi (la) sans motifs, ou État de la discussion sur l'exploitation de là mine de Vic (par M. le marquis de la Gervaisais). *Paris, A. Égron et Ponthieu,* 1825, br. in-8.

1008 Lorgnon (le) (par mademoiselle Delphine Gay, aujourd'hui madame Émile de Girardin). *Paris, Charles Gosselin,* 1832, 1 vol. in-8.

1009 Louis-Philippe à Valenciennes ou les Trois séjours. Par un garde national à cheval. (attribué à M. Hécart, à qui l'on doit déja un grand nombre d'opuscules du même genre, tirés à peu d'exemplaires). *Valenciennes, Prignet,* 1833, br. in-8.
(*France littéraire,* par Quérard).

1010 Louis XVI dans sa prison, pièce de vers (par Léon de la Mote Houdancourt).
Il n'a été tiré de cette brochure, composée de huit pages in-8, qu'un seul exemplaire, suivant une lettre manuscrite de l'auteur, qui est à la tête du

volume que possède la bibliothèque du roi. Cette pièce paraît avoir été imprimée vers l'année 1806, peu après l'époque du couronnement de l'empereur.

1011 Louisa ou les Douleurs d'une fille de joie, par l'abbé Tiberge (Regnier Destourbets). *Paris, Delangle*, 1830, 2 vol. in-18.

1012 Louise, par madame la duchesse de G*** (de Gontaut). *Paris, Urbain Canel*, 1832, 1 vol. in-8.

1013 Loy (la) salique, livret de la première humaine vérité, là où sont en brief les origines et autorités de la loy gallique, nommée *Salique* (par Guillaume Postel). *Paris, Lamy*, 1780, 1 vol. in-18.

M. Brunet dit que cette édition est peu estimée. L'ouvrage de Postel parut, pour la première fois, en 1552, in-16. Il est devenu extrêmement rare.

1014 Lucien en bonne humeur, ou Choix de ses dialogues les plus gais en forme de scènes et de vers libres, par *Philarmos* (Lafresnée). *Paris, Lerouge jeune*, 1806, in-8.

1015 Lucinde ou la Vallée de Vic, par M. D*** de V*** (Denis de Villeron). *Paris, Lenormant*, 1810, 2 vol. in-12.

Anonymes et pseudonymes étrangers.

1016 Legenda SS. matronæ Annæ genitricis virginis Mariæ, matris et Hiesu-Christi aviæ (autore Joanne Trithemio). *Impressum Lypsik* (Lipsiæ), *per Melchiorem Lotter*, 1498, in-4.

1017 Libellus de epidemiâ, quam vulgò morbum gallicum vocant (à Nic. Leoniceno Vincentino). *Venetiis, in domo Aldi Manucii*, 1497, in-4 de 58 pages.

Cet opuscule est fort rare. (*Man. du lib.*)

1018 Libellus de quatuor virtutibus et omnibus ad benè beatèque vivendum ; et alia poëmata (auctore Dominico Mancinio). *Parisiis*, 1538, in-4.

1019 Libellus recollectorius de veritate conceptionis beatæ Virginis - Mariæ (auctore Vincentio de Bandelis de Castro Novo). *Mediolani, Valdafer*, 1475, in-4, gothique.

1020 Linguarum (de) artificio et doctrinâ (par l'abbé Noël - Antonin Pluche). *Parisiis, Estienne,* 1721 ou 1751, 1 vol. in-12.

Cet ouvrage est la traduction d'un ouvrage français du même auteur, intitulé : « *La Mécanique des
langues et l'art de les enseigner.* »

1021 Longi pastoralia, græcè (ex recensione
D. Coraï). *Parisiis, P. Didot natu major,*
an XI (1803), grand in-4, avec figures d'a-
près Prudhon, Gérard, etc.

Il y a eu des exemplaires tirés de format in-f°. Il
y a aussi deux exemplaires tirés sur vélin : l'un in-4
et l'autre in-f°. Les dessins se trouvent joints à ce
dernier. (*Man. du lib.*)

1022 Longi pastoralium de Daphnide et Chloe
libri, græcè, cum proloquio de eroticis libris
antiquorum (à P. M. Paciaudi). *Parmæ, ex
regio typographeio (Bodoni),* 1786, 1 vol.
grand in-4.

M. SCHOEFER a donné, en 1803, une nouvelle
édition du *Longus de Paciaudi,* auquel il a ajouté
des notes.

1023 Lucani (M. Ant.) Pharsalia, cum indice
(ex recensione Michaelis Maittaire) *Londini,
James Tonson,* 1719, 1 vol. in-12.

Ce volume fait partie d'une *Collection de classiques
latins* publiée par MAITTAIRE, de 1713 à 1722, et
qui forme en tout 27 volumes in-12. Cette collection
est estimée à juste titre.

1024 Lucretii Cari (Titi) libri sex, nuper emendati (à Hieronimo Avancio). *Venetiis , apud Aldum* , 1500 , 1 vol in 4.

Édition fort rare.

1025 Lucretius (Titus) (è recensione Andræi Naugerii). *Venetiis , in œdibus Aldi* , 1515, 1 vol. in-8.

Cette édition , moins rare que la précédente, lui est bien supérieure en mérite littéraire.

1026 Lucretii de rerum naturâ libri sex (edente Michaelo Maittaire). *Londini, James Tonson,* 1713, 1 vol. in-12.

Cette édition fait également partie de la *Collection classique* dont il est parlé plus haut.

1027 Lysiæ opera omnia , ad codicem Vindobonensem, græcè expressa (curante Francisco-Carolo Alter). *Viennæ* , 1785, 1 vol. in-8.

1028 Lettera critica sopra un manoscritto in cera (da il signore Antonio Cocchi). *Firenze,* 1746, in-4.

1029 Lettera d'un Padovano (l'abbate Melchiore Cesarotti) al celebre abate Denina academico di Berlino e socio dell' academia di Padova. *In Padova , li fratelli Penada,* 1766, in-8.

1030 Lettere Gualfondiane del Guiseppe Cle-
mente Bini, sacerdote fiorentino, sopra qual-
che parte dell' antichità etrusca. All' illus-
trissimo signor Drake, cavaliere inglese in
Firenze, nella stamperia della SS. nonziata
dirimpetto alla posta, 1744, 1 vol. in-12.

Sono *Gualfondiane* così appellate queste lettere,
perchè furono scritte nella casa del autore, nomi-
nata *Gualfondia*. Ed il vero inventore è GIOVANNI
LANCI, Fiorentino, nacosto sotto il nome di GIUS.
CLEM. BINI.

1031 Lettere volgari di diversi nobilissimi
huomini et eccellentissimi ingegni, scritte in
diverse materie, libri III (da Paulo ed Antonio Manuccio, per le due prime parti ed
Aldo *il giovane*, par la terza). *Venetia, fi-
gliccolo, Aldo* 1564 orvero 1567, 3 vol. in-8.

1032 Libro primo de' miracoli e gratie operate
dall' immagine del patriarca S. Domenico
portata dal cielo in Soriano. Descritta da Sil-
vestro Frangipane (P. M. F. Ignatio Ciantis).
Ristimpato in Milano, G. F. Cardi, 1640,
in-4.

1033 Letters from Barbary, France, Spain,
Portugal, etc. (by the major Jardine). *London*, 1790, 2 vol. in-8.

1034 Letters from Italy, describing the manners, customs, antiquities, paintings, etc., of that country, in the years 1770 and 1771, to a friend residing in France. By an english woman (Margaret Cochrane). *London, Edward*, 1777, 2 vol. in-8.

1035 Living (the) poets of England (par M. Amédée Pichot). *Paris, Baudry*, 1827, 2 vol in-8.

Chaque notice biographique est suivie de morceaux choisis dans les passages les plus remarquables des auteurs dont il est parlé dans ces deux volumes. L'éditeur a mis à la tête de son ouvrage une *introduction pour servir à l'étude de la poésie anglaise*.

M.

1036 Ma Bibliothèque, ou Le Cauchemar, chanson faite en 1795, à l'occasion de la chute des assignats (par Joseph-Étienne Despréaux). in-16.

1037 Macédoine (par le marquis d'Avaise). *Paris, Béthune*, 1832, br. in-8.

1038 Maçon (le), mœurs populaires, par Michel Raymond (par MM. Masson et Louis Brucker). *Paris, Ambroise Dupont*, 1828, 4 vol. in-12.

1039 Madame Billy, ou Les Bourgeois de Paris, par l'auteur d'*Irma*, etc. (Madame Guénard, baronne de Méré). *Paris, Lerouge*, 1808, 4 vol. in-12.

1040 Madame Bloc, où l'Intrigante, par l'auteur du « *Page de la reine Marguerite*, des *Forges mystérieuses*, » etc. (la même). *Paris, Locard et Davy*, 1817, 4 vol. in-12.

> Le roman intitulé : « *Les Forges mystérieuses*, » avait paru, en 1801, sous le pseudonyme de GUÉNARD DE FAVEROLLES, ancien capitaine de dragons. Il en est de même pour *le Page de la reine Marguerite*.

1041 Magasin pour la littérature ancienne et principalement la littérature ancienne et biblique (par Samuel-Frédéric Gunther Wahl). *Cassel, Cramer*, 1787 et 1789, et *Halle, chez la veuve de Curt*, 1790, 5 parties en 1 vol. in-8.

1042 Maison (la) de plaisance, vaudeville en 1 acte, par MM. Benjamin (Antié) et Tévoli (d'Epagny). *Paris, Barba*, 1823, in-8.

1043 Maison (la) de Polignac, précis historique, par le baron de*** (Roujoux, ex-préfet). *Paris, Hivert*, 1830, 1 vol. in-8.

1044 Maison d'Orléans. — Précis historique, généalogique et littéraire de la maison d'Orléans, etc. (Par Gabriel Peignot). Avec un beau portrait de Louis-Philippe Ier. *Paris, Crapelet*, 1830, 1 vol. in-8.

1045 Maison (la) du corrégidor, ou Ruse et malice. Comédie en 3 actes et en prose, par Victor (Henri - Joseph Brahin Ducange). *Paris, Barba*, 1819, in-8.

1046 Maison (la) du rempart, ou Une journée de la Fronde, comédie en 3 actes, mêlés de chants, par M. Mélesville (Duveyrier). *Paris, Bezou*, 1828, in-8.

1047 Maître Étienne, ou Les Fermiers et les Châtelains. Par le baron de L..... (Lamothe-Langon), auteur de « l'*Hermite de la tombe mystérieuse* » etc. *Paris, Hubert*, 1819, 4 vol. in-12.

1048 Malédiction (la) paternelle, ou l'Ombre
de mon père, traduit de l'anglais (de mistriss
Ellis Bennet) par madame P.... (Périn) *Paris.*
Dentu, 1809, 5 vol. in-12.

1049 Malice et bonté, ou La petite Léontine,
historiette amusante et morale, par B. Allent
(Eugène Balland). *Paris, Lecerf,* 1824, in-8.

1050 Mandarin (le) Kinchifun, histoire chi-
noise (conte), par M. de*** (le marquis de
Bonnac), gentilhomme de la chambre du
Preste-Jean. *Dieppe,* sans date, *veuve de
Lormois,* in-12 de 30 pages.

1051 Manière (la) de bien penser dans les ouvrages d'esprit (par le père Dominique Bouhours). *La Haye, Gosse,* 1739, 1 vol.
in-12.

Souvent réimprimé.

1052 Manoir (le) de Beaugency, ou La Vengeance (par mademoiselle Mame). *Paris,
Mame et Delaunay-Vallée,* 1832, 1 vol.
in-8.

1053 Manon Lescaut et le chevalier Desgrieux,
mélodrame en trois actes, de M *** (Étienne
Gosse). *Paris, Barba,* 1821, in-8.

1054 Manuel complet à l'usage des catéchismes de St.-Sulpice, et autres paroisses de Paris. Nouvelle édition augmentée des exercices de la première communion et de la confirmation (par M. Sambuci). *Paris*, *Mame frères*, 1810, 1 vol. in-12.

1055 Manuel de dévotion à la Sainte-Vierge, dédié à Marie-Louis Roger; à Marie-Berthe Eudocie, à Marie - Alexandre René de****** (Sémallé). Par madame la comtesse de Sémallé, leur mère). *Paris*, *Pochard*, 1826, grand in-16.

1056 Manuel de l'amateur du café, ou l'Art de prendre toujours de bon café. Ouvrage contenant plusieurs procédés nouveaux faciles et économiques, pour préparer le café et en rendre la boisson plus claire et plus agréable. Dédié aux amateurs, aux bonnes ménagères, etc., par M. H*** doyen des habitués du *Café de Foi* (par M. Alexandre Martin). *Paris*, *Audot*, 1828, 1 vol. in-18.

Ce volume fait partie d'un recueil publié sous le titre de « *Petite bibliothèque utile et amusante*, » qui a été interrompu après le cinquième volume.

1057 Manuel de l'histoire ancienne considérée sous le rapport des constitutions, du commerce et des colonies des divers états de l'antiquité. Traduit de l'allemand de A. H. L. Heeren, professeur d'histoire à l'université de Gœttingue (par M. Al. Thurot). *Paris, Firmin Didot* et *Bossange frères*, 1823, 1 vol. in-8.

Une seconde édition revue, corrigée et augmentée, a paru en 1827, et porte le nom du traducteur.

1058 Manuel de l'homme du bon ton, ou Cérémonial de la bonne société, suivi d'un choix de jolis jeux de société et de rondes à danser (par M. Abel Goujon, imprimeur). 4ᵉ édition. *Saint-Germain-en-Laye, Abel Goujon,* et *Paris, Philippe,* 1822, 1 vol. in-12.

Réimprimé plusieurs fois.

1059 Manuel des oisifs, contenant 700 folies et plus, avec des notes que plusieurs ont oubliées et que beaucoup ignorent, ou charades par le *doyen des sages* (par M. Sémillard-des-Ovilliers, curé de Tremblay). *Paris, Imprimerie des Quinze - Vingts,* 1786, 1 vol. in-8.

1060 Manuel du fashionable ou Guide de l'élégant, par Eugène R*****x (Ronteix). *Paris, Audot,* 1829, 1 vol. in-18.

1061 Manuel du pénitent, ou Motifs de contrition, etc. Par M. l'abbé de S*** (Sambucy). *Nîmes, Gaude*, 1827, 1 vol. in-18.

1062 Manuel du vrai sage, ou Recherches sur le bonheur de l'homme et sur ses devoirs, par M. C*** (Crussein). *Paris, Leclerc,* 1803, 1 vol. in-12.

1063 Manuel lexique ou Dictionnaire des mots français, dont la signification n'est pas familière (par l'abbé Antoine-François Prévost-d'Exiles). *Paris,* 1755, 2 vol. in-8.

La première édition est de 1750, et en deux vol. in-12.

1064 Manuel populaire de la *Méthode Jacotot,* ou Application simple et facile de cette Méthode à la lecture, l'écriture, l'orthographe, les langues, etc., dédié aux pères de famille, par le docteur Reter de Brigton (Regnier des Tourbets). *Paris, Delangle,* 1831, 1 vol. br. in-8.

1065 Manuel populaire, ou Résumé des principes et des connaissances utiles aux classes inférieures de la société, ouvrage qui a obtenu une médaille de la société pour l'instruction élémentaire. Par Alphonse C*** (Cerfberr), ancien élève de l'école polytechnique. *Paris, Lecointe*, 1828; 1 vol. in-18.

1066 Manuscrit (le) de 1905, ou Explications des salons de Curtius au vingtième siècle, par Gabriel Pictor (Jal). *Paris, Ambroise Dupont*, 1827, 2 vol. in-12.

1067 Marguillier (le) de Saint-Eustache, comédie en trois actes et en prose (par M. le comte Rœderer). *Paris, Firmin Didot*, 1819, in-8.

Une première édition (dont il y a eu peu d'exemplaires en circulation), a été publiée en 1818, chez Imbert, sous ce titre : « *Le Marguillier de Saint-Eustache, comédie en trois actes et en prose*, par M. le C. R., pour faire suite au *Nouveau théâtre français* du président HÉNAULT.

1068 Mari (le) de la veuve, comédie en 1 acte (en prose), par M. M*** (Alexandre Dumas). *Paris, Auffray*, 1832 , in-8.

1069 Mariage (le) dans le grand monde, ouvrage traduit de l'anglais par le traducteur d'*Élisa Rivers*, des *Épreuves de Marguerite Lindsay*, de *Laure de Montreville* (attribué à madame Molé). *Paris, Barbezat*, 1830, 4 vol. in-12.

1070 Mariage (le) extravagant, comédie-vaudeville, par MM. M. A. (Marc-Antoine) Désaugiers et V*** (le marquis de Valori) *Paris,*
Masson, 1812, in-8.

Cette comédie , dont tous les exemplaires étaient
épuisés, ne se trouvait plus dans le commerce depuis long-temps., lorsqu'en 1830 une réimpression
parut à la librairie de Barba.

1071 Marie. Roman (recueil de vers). (Par
M. Briseux). *Paris, Auffray ,* 1832, 1 vol.
in-16.

1072 Marie d'Angleterre, par mademoiselle de
Lussan (par l'abbé Claude-Joseph Chéron de
Boismorand). *Paris,* 1749, 1 vol in-12.

1073 Marie de Boulogne, ou l'Excommunica-
tion, nouvelle historique; suivie d'*Ide et*
Olivier ou *La Chapelle de St.-Léonard* (par
M. Pierre Hédouin, avocat). *Paris , Bau-*
douin, 1824, 1 vol. in-12.

1074 Marie de Clèves, princesse de Condé ; suivie de *Valentine de Milan, anecdote du XV*e
siècle. Par madame Augustine de Gottis (attribué à M. J. P. Brès). *Paris, Lecointe et*
Durey, 1820, 3 vol. in-12.

Voyez la note placée après le n° 878.

1075 Marie Menzicoff, ou La Fiancée de Pierre II; roman historique, par Auguste de Lafontaine; traduit de l'allemand, par J. J. M. D. (Duperche), traducteur du *Bal masqué*, du même auteur. *Paris, Lerouge,* 1817, 2 vol. in-12.

1076 Mâture (de la) des vaisseaux, pièce qui a remporté le prix de l'académie royale des sciences, proposé pour l'année 1727, selon la fondation faite par feu M. Rouillé de Meslay, ancien conseiller au parlement (par Pierre Bouguer). *Paris, Claude Jombert,* 1727, in-4.

1077 Maurice Pierret, épisode de 1793, par M. Mortonval (Alexandre Furcy-Guesdon). *Paris, Eugène Renduel,* 1829, 5 vol. in-12.

Le frontispice du tome II porte, sans doute par erreur, *Épisode de 1794.*

1078 Mauvais (les) garçons (par MM. Alphonse Royer et Auguste Barbier). *Paris, Eugène Renduel,* 1830, 2 vol. in-8.

1079 Méditations en prose. Par une dame indienne (madame Alina Deldir, femme Mercier). Ornées du portrait de l'auteur. Deuxième édition. *Paris, Pichard,* 1828, 1 vol, in-8.

Ces mots : *Deuxième édition* , ne sont qu'une du-perie. Il n'y a de changé que les faux-titre et titre qui sont sur papier différent du reste du volume. La seule date vraie de la publication de cet ouvrage est 1827.

1080 Mélanges biographiques et littéraires pour servir à l'histoire de Lyon. Par M*** de l'a-cadémie et du cercle littéraire de cette ville, etc. (M. Bréghot-du-Lut). *Lyon, J. M. Barret*, 1828, 1 vol. in-8.

Ce volume n'est formé que de *tirés à part* d'articles insérés dans les sept premiers tomes des *Archives historiques et statistiques du Rhône*.

1081 Mélanges d'économie sociale (par M. Au-guste Barbet). *Rouen, Brière*, 1832, 1 vol. in-8.

A la tête de ces essais se trouvent réimprimés deux mémoires qui avaient déja été publiés séparément. L'un est sur la *Suppression de la mendicité*, et l'autre sur l'*Organisation du régime des prisons*.

1082 Mélanges d'histoire, de littérature, de philosophie, de morale, etc. Par H. A. L. P. (le Pileur). *Leyde, Cyfacer*, 1808, 3 vol. in-8.

1083 Mélanges d'histoire et de littérature orien-tales, par M*** (M. Rousseau, consul-général de France à Alep). *Paris., Alexis Eymery*, 1817, 1 vol. in-8.

1084 Mélanges d'histoire et de littérature (par M. Quintin Craufurd, Écossais). *Paris, J. Gratiot*, 1817, 1 vol. in-8.

Cet ouvrage avait paru, pour là première fois, en 1809, sous le format in-4. Cette édition est augmentée de plusieurs articles. On y trouve le *Catalogue des abbesses du Paraclet*, la *Liste des abbesses de la Pommeraye*, une *Dissertation sur le prisonnier au masque de fer*, le *Récit sur la mort de Laurent Ricci*, dernier général des Jésuites ; un *Journal de madame du Hausset, femme-de-chambre de madame de Pompadour*, etc.

1085 Mélanges religieux, par madame Nathalie P*** (Pitois). *Paris, Blaise aîné*, 1827, 2 vol. in-12.

1086 Mélodrame (le) aux boulevards, facétie littéraire, historique et dramatique. Par Placide-le-Vieux, habitant de Gonesse, de l'Athénée du même endroit et des sociétés littéraires de Saint-Denis et d'Argenteuil, avec des notes plus longues que le texte, pour en faciliter l'intelligence (par Armand Charlemagne). *Paris*, 1809, in-8.

1087 Mémoire à consulter pour Jean-Baptiste.

Jeanret contre le nommé Bricard, employé des fermes (par le comte Gabriel-Henri de Riquetti, comte de Mirabeau). Délibéré à Pontarlier, le 16 décembre 1775, et signé Bricard, avocat. (Imprimé à *Neuchâtel*). In-12 de 20 pages.

1088 Mémoire adressé à la chambre des représentans, le 23 juin 1815 (par M. le marquis de Mannoury - Dectot, membre du collége électoral du département de l'Orne, etc.). *Paris*, 1815, br. in-8.

1089 Mémoire au roi sur l'imposture et le faux matériel de la conciergerie. Par l'auteur des « *Mémoires secrets et universels de la reine de France* » (Lafont d'Aussonne). *Paris*, *Dentu*, 1825, br. in-8.

1090 Mémoire contenant des explications théoriques et pratiques sur une carte trigonométrique, servant à réduire la distance apparente de la lune au soleil, ou une étoile en distance vraie, et à résoudre d'autres questions de pilotage (par M. Maingon). *Paris*, *Imprimerie de la république*, an VII (24 mars 1799), in-4.

1091 Mémoire et consultation pour Claude-

Xavier Girault, (ancien magistrat), contre
dame A. Cl. Petit, son épouse (par Claude-
Nicolas Amanton). *Dijon, Causse,* 1792,
in-8.

Ce mémoire roule sur une question de séparation
d'habitation soumise à un tribunal de famille.

1092 Mémoire explicatif sur la sphère cauca-
sienne et spécialement sur le zodiaque, par
C. G. S. (Swartz). *Paris, Migneret,* 1813,
in-4.

1093 Mémoire pour l'asne de Jacques Féron,
blanchisseur à Vanvres, demandeur et défen-
deur; contre l'asnesse de Pierre Leclerc, jardinier fleuriste, demanderesse et défende-
resse. Par. M. R*** de J*** (Rigoley de Juvigny), aujourd'hui conseiller au parlement
de M*** (*Metz*). 1751.

1094 Mémoire pour les élus - généraux des
états du duché de Bourgogne, contre le parlement de la cour des aides de Dijon, etc.
Par M. V*** S. E. C. D. E. D. B. (Varenne,
secrétaire en chef des états de Bourgogne).
Paris, 1762, in-8.

Ce mémoire, qui est curieux et qui a fait grand
bruit lors de son apparition, a été brûlé de la main
du bourreau, en exécution d'un arrêt du par-

lement de Dijon , du 7 juin 1762. Il est devenu extrêmement rare , et il est encore recherché comme
précieux sous le rapport historique.

1095 Mémoire pour servir à l'histoire de la
campagne de 1796 , contenant les opérations
de l'armée de *Sambre et Meuse*, sous les ordres du général en chef Jourdan (par le
comte Jean-Baptiste Jourdan , maréchal de
France). *Paris , Magimel*, 1818 , in-8.

1096 Mémoire pour servir d'instruction à la
navigation des côtes, depuis Dunkerque jusqu'à Port-Malo (Par M. Lecouldre-la-Bre-
tonnière, ancien capitaine de vaisseau, au-
teur des *Cartes de la Manche*, gravées l'an I\[er]
(1793) pour le service des vaisseaux de l'État).
Paris, Imprimerie de la république, an XI
(1803), 1 vol. in-4.

1097 Mémoire sur la carrière politique et mi-
litaire de M. le général comte de Boigne,
suivi de notes historiques et accompagné
d'une carte de l'Inde, divisée et coloriée
conformément aux possessions territoriales
relatives aux époques dont il s'agit. Imprimé
par ordre de la Société royale académique de
Savoie (par Raymond, auteur d'un *Éloge de*

Pascal, couronné par les jeux floraux)
Chambéry, *Rettil*, 1829, br. in-8. de 150 p.

1098 Mémoire sur la fabrication des eaux-de-
vie de sucre, et particulièrement sur celle de
la guildive et du tafia, avec un appendice sur
le vin de Camus, et des observations sur la
fabrication du sucre (par M. J. E. Charpentier-Cossigny). *A l'Ile de France, de l'imprimerie royale*, 1781, in-4.

1099 Mémoire sur la spiritualité de l'âme (par
M. Faure, professeur au collége de Gap).
Paris, *Adrien Leclère*, 1828, in-8.

1100 Mémoire sur la versification française,
adressé et dédié à l'académie française, par
le comte de St.-Leu (Louis Bonaparte, ex-
roi de Hollande). *Imprimé à Rome par de
Romanis*, 1819, 1 vol. in-4.

L'auteur reproduisit, quelques années plus tard,
ce même ouvrage sous un autre titre. Voy. le n° 548.

1101 Mémoire sur l'éducation classique des
jeunes médecins, considérée sous le seul point
de vue de la haute littérature et pratique médicale, pour servir de complément aux pré-
cédens mémoires, etc., par le docteur*** (le

chevalier de Mercy). *Paris, Cosson*, 1827, br. in-8 de 72 pages.

1102 Mémoire sur le figuré du terrain dans les cartes topographiques (par le baron François-Nicolas-Benoît Haxo, lieutenant-général du génie). *Paris, Didot l'aîné*, 1822, br. in-8.

Ce mémoire ne fut imprimé que pour être distribué aux amis de l'auteur.

1103 Mémoire sur le mariage des protestans, en 1785 (par M. Joly de Fleury, ancien procureur-général au parlement de Paris). *Paris,* sans date (1785), in-8.

1104 Mémoire sur le système à adopter par une nouvelle administration. Octobre 1827 (par le comte Hugues-Bernard Maret, duc de Bassano). *Paris, Fain*, 1830, br. in-8.

1105 Mémoire sur les avantages de la mouture économique et du commerce de France. Par M. B. (Béguillet) de la Société d'agriculture de Lyon. *Dijon, Frantin*, 1769, in-8.

1106 Mémoire sur les contributions indirectes relatives aux boissons, soumis à la chambre des pairs par des propriétaires et des délégués de propriétaires de vignes, de divers départemens, réunis à Paris (rédigé par M. le comte de Mosbourg). *Paris, Dondey-Dupré,* 1829, br. in-8.

1107 Mémoire sur les grandes routes, les chemins de fer et les canaux de navigation, traduit de l'allemand de M. F. de Gerstner (par M. O. Terquem) et précédé d'une introduction par M. P. S. Girard, membre de l'institut. *Paris, Bachelier,* 1827, 1 vol. in-8.

L'introduction forme, à elle seule, plus de la moitié du volume.

1108 Mémoires de Brissot - Warville sur ses contemporains, sur la fin du XVIIIe siècle et sur la révolution française (mis en ordre par M. de Montrol). *Paris, Ladvocat,* 1830, 4 vol. in-8.

Lorsque ces *Mémoires* parurent, on leur reprocha d'être apocryphes; mais la famille même de BRISSOT réclama publiquement contre cette allégation, en fournissant des preuves de leur authenticité. On n'a ajouté à ces Mémoires autographes que les lettres originales de personnages célèbres avec qui BRISSOT-WARVILLE avait été en correspondance.

1109 Mémoires (apocryphes) de Condorcet sur la révolution française, extraits de sa correspondance et de celle de ses amis (par M. Fré-

déric - Gaëtan de la Rochefoucauld - Liancourt). *Paris*, *Ponthieu*, 1824, 2 vol.
in-8.

1110 Mémoires (supposés) de Fouché, duc
d'Otrante, ministre de la police générale (par
Alphonse de Beauchamps). *Paris*, *Ladvocat*,
1824, 2 vol. in–8.

1111 Mémoires (supposés) de Gabrielle d'Es-
trées (par Paul Lacroix). *Paris*, *Mame et
Delaunay-Vallée*, 1829, 4 vol. in-8.

1112 Mémoires de l'académie de chirurgie (par
La Peyronnie). *Paris*, *Ch. Osmont fils*,
1743, 5 vol. in–4.

1113 Mémoires de l'académie des sciences,
inscriptions, belles-lettres, beaux-arts, etc.
Nouvellement établie à Troyes en Champagne (par M. le comte de Tressan) tom. 1er
Liège, *G. Barnabé*, 1744, 1 vol. in-8.

1114 Mémoires (supposés) de Louis XVIII,
par M. le duc de D*** (par le baron de Lamothe-Langon). *Paris*, *Thoisnier-Desplace*,
1831-32, 10 vol. in-8.

Ces Mémoires, qui doivent avoir quatorze volumes, offrent une lecture intéressante. L'auteur
y a su reproduire, d'une manière assez fidèle, le

style de Louis XVIII. Nous n'avons pu connaître les noms de ses collaborateurs.

1115 Mémoires (supposés) de madame la comtesse du Barry (par MM. de Lamothe-Langon, Damas-Hinard et Amédée Pichot). *Paris*, *Mame et Delaunay - Vallée*, 1829, 4 vol. in-8.

Dans cette publication dont le premier jet est dû à M. de Lamothe-Langon, comme dans presque toutes celles auxquelles il a pris part, M. Damas-Hinard a été le metteur en œuvre, et c'est M. A. Pichot qui s'est chargé de la révision générale.

1116 Mémoires (supposés) de madame la marquise de Montespan (par M. Lafont d'Aussonne). *Paris*, *Mame et Delaunay-Vallée*, 1829, 2 vol. in-8.

Voyez ses *Lettres anecdotiques sur les deux départs de la famille royale*, en 1815 et 1830, p. 202.

1117 Mémoires (supposés) de Maximilien Robespierre (par M. Moreau-Rosier) *Paris*, *Moreau-Rosier*, 1829, 2 vol. in-8.

1118 Mémoires de mes créanciers, mœurs parisiennes, par Maxime James, avec cette épigraphe : « *Paye ce que dois, advienne que pourra* ». (Par MM. de Villemarest et

Auguste Rousseau) *Paris*, *Dufey et Vézard*, 1832, 2 vol. in-8.

1119 Mémoires de Michel de Castelnau, seigneur de Mauvissière, augmentés par J. Le Laboureur et revus (par Jean Godefroy). *Bruxelles*, *Léonard*, 1731, 3 vol. in-fol.

Ces Mémoires parurent pour la première fois à Paris en 1621, in-4 ; une nouvelle édition fut publiée, en 1659, 2 vol. in-fol. avec des additions de Le Laboureur ; puis vint celle ci-dessus mentionnée, qui est la plus estimée.

1120 Mémoires du duc de Rovigo (Savary), pour servir à l'histoire de l'empereur Napoléon (rédigés par Saint-Germain). *Paris*, *A. Bossange*, 1828, 8 vol. in-8.

Il y a eu, dans la même année, une seconde édition.

1121 Mémoires du général Morillo, comte de Carthagène, marquis de la Puerta, relatifs aux principaux événemens de ses campagnes en Amérique de 1815 à 1821 ; suivis de deux précis de don Jose Domingo Diaz, secrétaire de la junte de Caracas et du général don Miguel de la Torre. Traduit de l'espagnol (par MM. Meissonnier de Valcroissant et

Ernest de Blosseville , conseiller de préfecture). *Paris, Dufart*, 1826 , 1 vol. in-8.

Les deux précis de don José Domingo Díaz sont
traduits par M. E. de Blosseville , ainsi que la notice préliminaire qui est signée de ses initiales.

Ces Mémoires ont été désavoués par le général
Morillo. La notice préliminaire expose sincère-
ment tous les faits de la publication ; elle a seulement omis de constater que les deux résumés historiques, véritables rapports officiels intercalés dans
le mémoire publié à Caracas et à Madrid, ont été
communiqués aux deux traducteurs par le général
Morillo *lui-même*, qui les avait fait venir exprès
de Madrid , ainsi que les deux précis. Cette réti-
cence avait été demandée par le général.

1122 Mémoires (supposés) du cardinal Dubois
(par Paul Lacroix). *Paris, Mame et Delaunay-Vallée*, 1829, 4 vol. in-8.

M. de Sévelinges avait déja fait paraître en 1814,
chez Pillet, 2 vol. in-8, intitulés : *Mémoires secrets
et Correspondance inédite du cardinal Dubois.*

1123 Mémoires (supposés) de madame de la
Vallière (par M. Briseux). *Paris, Mame et
Delaunay-Vallée*, 1829, 2 vol in-8.

1124 Mémoires du sieur (Louis) de Pontis,
contenant plusieurs circonstances des guerres
et du gouvernement, sous les règnes de
Henri IV, de Louis XIII et de Louis XIV

(publiés par Dufossé). *Amsterdam, Abraham Wolfgang,* 1678, 2 vol. in-12.

Ces Mémoires, qui parurent en 1676, ont été
réimprimés plusieurs fois ; mais l'édition que nous
indiquons est la plus recherchée. Louis de Pontis
était un gentilhomme provençal qui, au bout de
cinquante-quatre ans de services militaires, se retira
dans l'abbaye de Port-Royal-des-Champs où il se
plaisait à raconter ses campagnes et les actions dont
il avait été témoin. Ce fut d'après ses récits que
Thomas du Fossé rédigea son livre dont le succès,
quoique très grand, rencontra cependant des dé-
tracteurs. Il est un peu diffus, mais rempli d'anecdotes curieuses.

1125 Mémoires d'un apothicaire sur la guerre
d'Espagne pendant les années 1808 à 1814
(par M. Sébastien Castil-Blaze, frère du musicien de ce nom). *Paris, Ladvocat,* 1828,
2 vol. in-8.

1126 Mémoires d'un caporal de grenadiers, ou
le Prisonnier de l'île de Cubrera (par M. Delafontaine). *Paris, Mongie aîné,* 1826, 2
vol. in-12.

1127 Mémoires d'un claqueur ; contenant la
théorie et la pratique de l'*art des succès,* etc.
Par Robert, ancien chef de compagnie des
assurances dramatiques, etc. (Par Castel,

ancien rédacteur de *la Pandore*). *Paris*, *Levavasseur*, 1829 , 1 vol. in-8.

1128 Mémoires d'un émigré (par M. le baron de Lamothe-Langon). *Paris, veuve Lepetit*, 1830 , 2 vol. in-8.

1129 Mémoires d'un forçat, ou Vidocq dévoilé (par MM. Raban et Saint-Hilaire) *Paris*, *Rapilly*, 1828 et 1829, 2 vol. in-8.

1130 Mémoires d'un jeune Grec sur la prise de Tripolizza , et pour servir à l'histoire de la régénération de la Grèce (par madame Castel de Courval). *Paris, Corbet*, 1825 , br. in-8.

1131 Mémoires d'un médecin , par le docteur Harrison , membre de plusieurs sociétés savantes ; traduits de l'anglais sur la 3e édition (par M. Philarète Chasles). *Paris , Dumont*, 1833, 2 vol. in-8.

Avant d'être réunis en un corps d'ouvrage , ces *Mémoires* avaient paru par fragmens , et à divers intervalles , dans la *Revue britannique*, recueil qui compte déjà plusieurs années d'existence.

1132 Mémoires d'un pauvre hère (par MM. Delcour et Gustave de Bonnet). *Paris , Combal* 1829, 4 vol in-12.

Ce roman a donné lieu à un procès en police

correctionnelle , intenté aux auteurs par le général DESFOURNEAUX , qui crut y découvrir des passages attentatoires à son honneur. Les auteurs, convaincus de diffamation , furent condamnés à remplacer, par des cartons , tous les passages incriminés.

1133 Mémoires d'un prêtre régicide (par Alexandre Martin) *Paris , Charles Mary*, 1829, 2 vol. in-8.

1134 Mémoires d'une contemporaine, ou Souvenirs d'une femme sur les principaux personnages de la république, du consulat, de l'empire, etc. (Par madame Elzélina Van-Aylde-Jonghe, connue dans le monde sous le nom de madame Ida de St.-Elme.)3ᵉ édition , *Paris , Ladvocat*, 1828 , 8 vol. in–8.

Les matériaux de ces Mémoires ont été fournis par la CONTEMPORAINE ; mais ils ont été rédigés par M. MALITOURNE.

1135 Mémoires d'une femme de qualité sur Louis XVIII, sa cour et son règne (par MM. Damas - Hinard, Malitourne et Maxime de Villemarest). *Paris , Mame et Delaunay-Vallée* , 1829-1830, 6 vol. in-8.

Les deux derniers n'ont paru qu'en 1830.

1136 Mémoires d'une mouche , mis en ordre

et rédigés par Bono Ilhury (de Brouilhony).
Paris, Dondey-Dupré fils, 1828, br. in-8.

1137 Mémoires et rapports de la commission
chargée par M. le maire de Marseille de sur-
veiller les fouilles du bassin de carérage, et
de recueillir les objets d'antiquité. *Marseille*,
Feissat, 1831, br. in-8 de 52 pages.

> Cette brochure est signée : *le Secrétaire de la com-
> mission*, JOULOUZAN. C'est le véritable et seul auteur
> de ces mémoires.

1138 Mémoires et révélations d'un page de la
cour impériale, de 1802 à 1815 (par Emile
Marco de St.-Hilaire). *Paris, Charles Malo*,
1830, 2 vol. in-8.

1139 Mémoires et Souvenirs d'un pair de
France, ex-membre *du Sénat-conservateur*
(par le baron de Lamothe-Langon). *Paris*,
Tenon, 1829, 2 vol. in-8.

1140 Mémoires (supposés) historiques et
anecdotiques du duc de Richelieu (attribués
au même). *Paris, Mame et Delaunay-*
Vallée, 1829, 6 vol. in-8.

> Ces Mémoires, qui ne sont rien moins qu'authen-
> tiques, se composent de la compilation d'anecdotes
> et de faits controuvés pour la plupart. On avait pu-
> blié, en 1793, les *Mémoires du maréchal de Richelieu*,

en 9 vol. in-8 , qui , ainsi qu'un autre ouvrage
sous le titre de : « *Vie privée du maréchal de Richelieu* », en 3 vol. in-8, qui avait paru trois ans
auparavant, renferme beaucoup de pièces originales.

1141 Mémoires (supposés) historiques et diplo-
matiques de Barthélemy. Depuis le 14 juillet
jusqu'au 30 prairial an VII (1799) (par J. S.
Soulavie, son collègue en Suisse). Sans indication de lieu, ni date, 1 vol. in-8.

Ces Mémoires, que Soulavie fit annoncer comme
le propre ouvrage de Barthélemy, furent publiés
pendant la déportation de cet *ex-directeur*, et, dit
une note manuscrite placée au frontispice de l'exemplaire que possède la bibliothèque du roi, parurent
trois jours avant l'arrivée de Bonaparte de l'Égypte.

1142 Mémoires posthumes, lettres et pièces
authentiques touchant la vie et la mort de
Charles-François duc de Rivière (par Alissan
de Chazet). *Paris, Ladvocat*, 1829, 1 vol.
in-8.

1143 Mémoires pour la France , ou Système de
négociation générale, conforme à l'état actuel
de la civilisation, etc. 1er mémoire : « *Où som-
mes-nous? où allons-nous? que faut-il faire?* »
(par M. Barthe). *Paris , Delaunay* , février
1833 , br. in-8.

1144 Mémoires pour servir à l'histoire de Port-Royal (Par Pierre-Thomas Dufossé). *Utrecht,* 1742, 3 vol. in-12.

Ces Mémoires parurent, pour la première fois , en 1736, en un vol. in-8. Quelques éditions portent le nom de l'auteur.

1145 Mémoires pour servir à l'histoire des égaremens de l'esprit humain , par rapport à la religion chrétienne , ou Dictionnaire des hérésies , des erreurs et des schismes , etc. (Par l'abbé François Pluquet). *Paris, Nyon,* 1762, 2 vol. in-8.

1146 Mémoires (faux) secrets sur Napoléon Buonaparte, écrits par un homme qui ne l'a pas quitté depuis quinze ans (par Charles Doris, de Bourges). Faisant suite au *Précis historique* publié par le même auteur. *Paris, Germain Mathiot* , 1814, 2 vol. in-12.

Réimprimés plusieurs fois, ces Mémoires ont, à chaque nouvelle édition , subi de légers changemens dans le titre. Les dernières éditions portent : Par *M. le baron de B****. Voyez à ce sujet la note du n° 447.

1147 Mémoires sur l'abbaye de Faverny , qui contiennent en abrégé l'histoire de la ville. Par un bénédictin de la congrégation de St.-

Vanne, etc. (le père B. Pétremant). *Besan-*
çon, Cl. Jos. Daclin, 1771, 1 vol. in-8.

1148 Mémoires sur la cour de Louis Napoléon
et sur la Hollande (par M. Louis Garnier,
chef du garde-meuble de Louis Bonaparte).
Paris, Ladvocat, 1828, 1 vol. in-8.

1149 Mémoires sur la fortification perpendicu-
laire, par plusieurs officiers du génie (MM. de
Fourcroy, Frescheville et Grenier). *Paris,*
Nyon aîné, 1786, 1 vol. in-4.

1150 Mémoires sur la Grèce et l'Albanie, pendant le gouvernement d'Ali-Pacha. Par Ibrahim - Manzour - Effendi (Cerfberr). *Paris,*
Lequien, 1827, in-8.

1151 Mémoires sur la vie du philosophe Hé-
raclite (extrait des *OEuvres posthumes* de
M. Gabriel de Glatigny, avocat-général en la
cour des monnaies de Lyon). *Paris*, sans
date (1759), in-8.

1152 Mémoires sur la vie et les ouvrages de
M. Turgot, ministre d'état. *Première partie*
(par Pierre-Samuel Dupont de Nemours).
Nouvelle édition revue et corrigée avec soin.
Philadelphie (Paris), 1788, 1 vol. in-8.

1153 Mémoires sur la vie et le siècle de Salvator Rosa. Par lady Morgan, traduits par le traducteur de l'*Italie*, du même auteur (mademoiselle A. Sobry), et par M***. *Paris, Eymery*, 1824, 2 vol. in-8.

La seconde édition, publiée quelques mois après, est en 2 vol. in-12.

1154 Mémoires sur l'impératrice Joséphine, ses contemporains, la cour de Navarre et de la Malmaison (par madame ~~Durand,~~ veuve  ~~du général de ce nom, attachée pendant long-temps au service de Joséphine~~). *Paris, Ladvocat*, 1828, 2 vol. in-8.

1155 Mémoires tirés des papiers d'un homme d'état (M. le baron Charles-Auguste de Hardenberg, ministre de Prusse). (Publiés par M. Alphonse de Beauchamps). *Paris, Michaud*, 1831, 4 vol. in-8.

1156 Mémoires sur la révolution de la Pologne, trouvés à Berlin (par M. Beauvernet, employé au Sénat-conservateur). *Paris, Galland*, 1807, 1 vol. in-8.

1157 Mémorial de sir Hudson-Lowe relatif à la captivité de Napoléon (par MM. Léon Vidal et Alphonse Signol). Avec le portrait de

l'auteur et une vue de Long-Wood. *Paris,
Dureuil*, 1830, 1 vol. in-8.

1158 Mémorial portatif de chronologie, de
biographie, d'économie politique , etc., contenant les dates des principaux événemens de
l'histoire générale, politique et littéraire;
celle des sciences, des arts et de l'industrie , etc. (Par M. Emmanuel de l'Aubepin).
Nouvelle édition corrigée , revue et considérablement augmentée. Premier volume. *Paris,
Verdière* , 1828-1831 , 2 vol. in-12.

Chaque volume est en deux parties. La première
édition, publiée en 1821 , n'avait qu'un volume.

1159 Mémorial religieux et biblique , ou Choix
de pensées sur la religion et l'Écriture Sainte;
par G. P. (Gabriel Peignot) *Dijon , Lagier*,
1824 , 1 vol. in-18.

1160 Ménagerie (la) du muséum national d'histoire naturelle , ou Description et histoire
des animaux qui y vivent et qui y ont vécu,
par MM. de Lacépède , Cuvier (et Geoffroi
St.-Hilaire). Avec des figures peintes d'après
nature par Maréchal , et gravées par Miger.
Paris , Miger , an X (1802), 1 vol. grand
in-fol.

1161 Mensonges et calomnies pour la baronne de Feuchères, par les avocats du Suicide. 2ᵉ partie *de l'assassinat du dernier des Condé* (par l'abbé Pelier de la Croix, ancien aumônier du prince). *Paris, Levavasseur,* 1832, br. in-8.

1162 Mère (la) mariée par ses enfans, roman historique, par D*** (J. B. Dognon). *Paris, madame Masson,* 1808, 1 vol. in-12.

1163 Mesdemoiselles Duguesclin, ou Tiphaine et Laurence, roman historique. Par l'auteur des *Lettres sur le Bosphore* (madame la comtesse de La Ferté-Meun). *Paris, Locard et Davy,* 1821, 3 vol. in-12.

1164 Mes douzes premières années (par madame la comtesse Merlin, femme du général de ce nom). *Paris, Gauthier-la-Guionie,* 1831, 1 vol. grand in-16.

Cet ouvrage n'a pas été mis en vente ; l'auteur l'a destiné à ses amis et à ses connaissances.

1165 Mes enfans, ou Moins que rien (poésies fugitives). (Par M. Lombart de la Neuville, ancien officier attaché au service des États-Unis d'Amérique). *Paris, A. G. Debray,* an XII (1804), 1 vol. in-8.

1166 Mes loisirs, opuscules en vers par M. Hilaire L. S. (Le Sorbier). *Paris , Pélicier,* 1823 , 1 vol. in-8.

1167 Mes rêveries (en vers), 1ᵉʳ janvier 1832 (par M. Ernest Juglet). *Paris, Fournier,* 1832 , br. in-8.

1168 Mes souhaits du jour de l'an 1823, poëme fugitif en un chant (par M. Clogenson, juge et bibliothécaire à Alençon, et depuis préfet du département de l'Orne). *Paris, chez les marchands de nouveautés,* 1823 , in-18 de 32 pages.

1169 Métamorphoses (les), poëme héroï-comique, traduit de l'allemand de M. Zacharie, par M*** (de Muller , secrétaire des commandemens de M. le prince de Lambesc). *Paris, Fournier,* 1764 , 1 vol. in-16.

1170 Métamorphoses (les) d'Ovide en rondeaux, imprimées et enrichies de figures, par ordre de Sa Majesté, et dédiez à monseigneur le Dauphin (par Isaac Benserade). *Paris, Imprimerie royale,* 1676 , 1 vol. in-4.

1171 Métamorphoses (les) d'Ovide, traduites en prose française, avec quinze discours con-

tenant l'explication morale des fables (par
A. Robinot). *Paris*, *de Quay*, 1640, 1 vol.
in-4.

1172 Métamorphoses (les) d'Ovide traduites en
prose française et de nouveau soigneusement
revues, corrigées en infinis endroits et enrichies de figures, etc., augmentées de *la Métamorphose des abeilles*, traduite de Virgile,
de quelques épîtres d'Ovide et autres divers
traités (par N. Renouard). *Paris*, *Augustin
Courbé*, 1651, 1 vol. in-fol.

1173 Méthode de Carstairs, faussement ap-
pelée *Méthode américaine*, ou l'Art d'apprendre à écrire en peu de temps, traduite
de l'anglais sous la direction de l'auteur (par
M. Stanislas Julien), et accompagnée d'un
atlas in-4 de 48 planches. Troisième édition
augmentée de divers morceaux inédits, de 22
planches, etc. Ouvrage adopté par le conseil
royal de l'instruction publique. *Paris*, *Théophile Barrois père*, 1828, br. in-8 de 120 p.

Les deux premières éditions avaient paru au
commencement de la même année, et la quatrième,
revue par M. Carstairs lui-même, et augmentée
d'une *Notice historique sur son système*, suivit ses
aînées de près.

1174 Méthode d'élimination par le plus grand commun diviseur (par M. Labbatie, de Douai). *Paris*, *Bachelier*, 1832, br. in-8.

1175 Méthode pour se former, en peu de temps et sans étude, à une prononciation facile et correcte des langues étrangères, extraite d'un ouvrage inédit sur l'étude des langues. Par le comte d'H. (Alexandre-Maurice Blanc d'Hauterive). *Paris*, *Filleul*, 1827, in-8 de 24 pages.

1176 Meurtre (le) de la vieille rue du Temple (par M. Cassagnaux, d'Amiens). *Paris*, *Audin*, 1832, 1 vol. in-8.

1177 Midi, ou Un Coup-d'œil sur l'an VIII, vaudeville épisodique en 1 acte, par Frédéric-Gaëtan (de La Rochefoucauld-Liancourt) et Georges Duval. *Paris*, an XI (1803), in-8.

1178 Mimili, ou Souvenirs d'un officier français dans une vallée suisse, en 1814 et 1815, imité de Clauren (par Edouard Monnais). *Paris*, *Corby*, 1827, 1 vol. in-12.

1179 Ministre (le) (par M. le marquis de la Gervaisais). *Paris*, *Hivert*, 1826, br. in-8 de 64 pages.

1180 Ministres (des) depuis le ministère Villèle (par Charles Robert). *Paris, Marchands de nouveautés*, 1829 ; br. in-8 de
44 pages.

1181 Ministres (les) anciens et ceux de l'épo-
que actuelle, jugés d'après leurs œuvres. Par
H. A. K. S. (Henri-Alexis Cahaisse). *Paris,
Lebègue*, 1826, br. in-8. de 48 pages.

1182 Miracle (le) du père Véron sur la
messe, etc. (Par Lucas Jansse). *Londres*,
1699, in-12.

C'est une réimpression, avec un changement
dans le titre , de *la Messe trouvée dans l'Ecriture* ,
ouvrage du même , qui avait été imprimé à Rouen
en 1647, et dont l'auteur , averti que le parlement
allait informer contre lui, fit retirer tous les exemplaires.

1183 Miroir (le) de l'art et de la nature qui re-
présente par des planches en taille-douce
presque tous les ouvrages de l'art et de la nature, des sciences et des métiers. En trois
langues , français , latin et allemand, par N.
L. J. (Nicolas Le Jeune), seigneur de Fran-
queville. *Paris*, 1691, 1 vol. in-8.

1184 Miroir (le) de la tante Marguerite et la
chambre tapissée; contes par sir Walter-Scott;

précédés d'*un Essai sur l'emploi du merveil-
leux dans le roman*, et suivis de *Clorinda* ou
le Collier de perles. Traduit de l'anglais par
l'auteur d'*Olésia* ou *la Pologne* (madame
Lattimore-Clarke). *Paris, Charles Gosselin*,
1829, 1 vol. in-12.

1185 Missionide (la), suivie d'une épître aux
amis des missionnaires, par un Rouennais,
témoin oculaire des événemens (par M. Cahaigne). *Rouen* (*Paris, Béraud*), 1826,
in-32 de 27 pages.

1186 Mœurs (les) (par F. V. Toussaint, curé
de Meudon). *Amsterdam*, 1748, 1 vol. in-8.
　Souvent réimprimé, cet ouvrage fut suivi, quelques années après, d'un autre du même auteur,
intitulé : « Éclaircissement sur les mœurs. » *Am-
terdam (Paris)*, 1762, qui sert, pour ainsi dire, de
corollaire au premier.

1187 Momus le nouvelliste, ouvrage mêlé
d'histoires, de fables, de bons mots des anciens et des nouvelles du temps, réduits par
lettres en madrigaux, sonnets, etc. (Par Ro-
binet). *Paris, Legras*, 1685, 1 vol. petit
in-12.

1188 Mon appel, par *la Contemporaine* (madame Elzélina Van-Aylde Jonghe, connue

sous le nom d'Ida de St.-Elme). *Paris, chez l'auteur*, 1832, br. in-8.

1189 Modification du *statu quo*, etc. (par le comte Charles-Léopold de Belderbusch). 1795, in-8.

1190 Mon opinion sur l'organisation des manufactures, etc. , par un commerçant (M. Ménard). *Paris*, *Morisset*, 1809, br. in-8 de 52 pages.

1191 Monastère (le) abandonné, ou La Malédiction paternelle, mélodrame en 3 actes, par M. Charles (René-Charles Guilbert de Pixéricourt). *Paris*, *Barba*, 1816, in-8.

Réimprimé depuis cette époque avec les noms de l'auteur.

1192 Monde (le) maritime, ou Tableau géographique et historique de l'archipel d'Orient, de la Polynésie et de l'Australie. Par M. W......r (C. A. Walkenaër, membre de l'académie des belles-lettres). *Paris*, *Nepveu*, 1813, 3 vol. in-18.

Le tome 1ᵉʳ renferme l'*Introduction*. — l'*Archipel d'Orient*. — *Sumatra*. Les tomes 2ᵉ et 3ᵉ donnent la description de l'île de *Java*. Un grand nombre de planches coloriées sont jointes au texte.

1193 Monsieur Bonassin , ou Les Espérances trompées. Dédié à MM. les gardes nationaux de toute la France, par un chasseur de la garde nationale de Paris , avec cette épigraphe : « *Que faire, quand on n'a rien à faire?* » (par M. Boistel d'Exauvillez). *Paris , Gaume frères* , 1832, 1 vol. in-18.

1194 Monsieur Canning (par M. le baron de Rouvrou , lieutenant-général). *Paris , A. Pihan de la Forest* , sans date (1827), br. in-8.

1195 Monsieur Dorguemont, drame en cinq actes et en prose, par P. P. C. M. C. (Pierre-Prosper-Constant Maillé-Cochaise). *Paris, Chaignieau jeune* , 1815, 1 vol. in-4.

1196 Monsieur Gratien invité à revoir ses assertions sur le mariage (par l'abbé Guillaume-André-René Baston). (*Rouen,* 1792) In-8.

1197 Monsieur Turgot à M. N*** (Necker). Avril 1780, in-12 de 34 pages.

1198 Monsieur T..... (Thomas) d'O..... (d'Onglée) à M. le Doyen et à ses respectables confrères (par M. Le Roux des Tillets, de la société de médecine de Paris.) Sans date, in-8 de 7 pages.

Cette pièce est un persiflage dirigé contre la société royale de médecine.

1199 Monsieur Botte, ou le Négociant anglais, comédie en trois actes et en prose, imitée du roman de Pigault-Lebrun (par MM. Joseph Servières et Ernest de Clonard). *Paris, Barba,* an XI (1803), in-8.

1200 Monstre (le). Par l'auteur du *Damné* (M. Eugène Lamerlière). *Paris, Urbain Canel,* 1824, 2 vol. in-8.

1201 Montaigne aux Champs-Élysées, dialogues en vers, et les Soirées de campagne, contes en vers (par M. le baron de Ballainvilliers, ancien intendant du Languedoc). *Paris, Delaunay,* 1822, in-8.

1202 Mon théâtre (par le baron Boissel de Monville, pair de France). *Paris, Firmin Didot,* 1828, 1 vol. in-8.

L'édition entière venait à peine d'être livrée à l'auteur, qu'il s'est hâté d'en brûler tous les exemplaires. Les exemplaires du dépôt légal sont peut-être les seuls qui existent; la bibliothèque du roi possède l'un d'eux. Il contient trois pièces : 1° *Les Exilés du Kamchatka;* 2° *Abradata* et *Panthée;*

3° *Une femme en est deux ;* et·le *Projet d'un drame nouveau.*

1203 Mont (le) Valérien, ou Histoire de la croix, des lieux saints et du calvaire établi au Mont-Valérien, etc. Suivi du manuel du pélerin (par M. Lebert). *Paris, Dentu*, 1826, 1 vol. in-18.

1204 Montmolin, ministre genevois, à M. le C.... (Chanoine) M. (Montlinot). 2ᵉ lettre. *Genève*, 1765 et 1766, in-12.

1205 Montmorency. Voyages, anecdotes (par M. Henri de la Touche). *Paris, Audot*, 1823. 1 vol. in-18.

1206 Monumens antiques. Description d'une tombe trouvée dans les décombres de l'église des ci-devant religieuses de Ste.-Claire, rue St.-Leu, à Amiens, en avril 1812 (par M. Lévrier, correspondant de l'institut). Pièce in-4 de 2 pages, sans date.

1207 Monumens (les) de Rome, ou Description des plus beaux ouvrages de peinture qui se voient à Rome et dans les environs (par François Raguenet). *Paris, chez la veuve Barbin*, 1700, 1 vol in-12.

Cet ouvrage valut à l'abbé RAGUENET, par lettres-patentes du mois de février 1701 , le titre de *citoyen romain* , que dès ce moment il ajouta à son nom. Depuis Montaigne, qui en 1581, fut décoré du même titre , aucun français n'avait reçu cet honneur.

1208 Monumens (les) des arts existants à Dijon; par C. X. G**** (Claude - Xavier Girault). *Dijon, Bernard Defay* , 1818, in-16.

1209 Morale (la) de l'enfance, ou Collection de quatrains moraux, mis à la portée des en- fans, et rangés par ordre méthodique, par Ch. G. Morel (de Vindé, pair de France). Nouvelle édition, corrigée et augmentée. *Paris, Nîmes, Gaude,* 1815, 1 vol. in-16.

Cet ouvrage avait paru pour la première fois en 1790. Il a été traduit en latin par M. Leclerc, pro- fesseur de l'Université.

1210 Morale (la) en action, ou Elite des faits mémorables et d'anecdotes instructives , etc. (par Laurent-Pierre Bérenger, ancien pro- fesseur de rhétorique au collége d'Orléans). *Paris, Garnier,* 1829, 1 vol. in-12.

L'époque première de la publication de cet ou- vrage qui a eu de nombreuses éditions , est l'année 1785. Nous lisons dans la *Biog. univ.* qu'Eustache Guibaud, prêtre de l'Oratoire, fit paraître, en 1787, sous le même titre , un vol. in-12 , qu'il destinait à faire suite à celui de M. Bérenger.

1211 Moraliste (le) mesmérien , ou Lettres philosophiques sur l'influence du magnétisme (par M. Salaville). *Londres (Paris), Belin,* 1784, in-8.

1212 Mort (la) de Coligny , ou La Nuit de la St.-Barthélemy, 1572. *Scènes historiques* (par M. St.-Esteben). *Paris, Fournier,* 1830, 1 vol. in-8.

1213 Mort (la) de Louis XVI , scènes historiques, de juin 1792 à janvier 1793 (par M. Duchâtellier). *Paris, Moutardier,* 1828, 1 vol. in-8.

1214 Mosaïque. Par l'auteur du *Théâtre de Clara Gazul* (M. Prosper Mérimée). *Paris, Fournier,* 1833, 1 vol. in-8.

1215 Mots (des) à la mode et des nouvelles façons de parler (par François de Callières). *Lyon, Amaubry,* 1690, 1 vol. in-12.

1216 Motifs de la réclamation de la faculté de médecine de Paris, contre l'établissement de la société royale de médecine (par M. le Vacher de la Feutrie). Sans date, 8 pages in-8.

1217 Mouchoir (le), ou l'Odalisque volontaire, comédie en un acte, par MM. Louis (le baron Louis - François de Bilderbeck, conseiller intime de légation) et D*** (Duperche). *Paris, Barba*, 1817, in-8.

1218 Moulin (le) des étangs , mélodrame en quatre actes. Par MM. Frédéric (Du Petit Méré) et Lacqueyrie (Pélissier , employé au ministère de l'intérieur). *Paris, Duvernois*, 1826, in-8.

1219 Mousse (le), par Augusta Kernoc (Romieu, préfet du département de la Dordogne). *Paris, Perrotin*, 1833, 1 vol. in-8.

1220 Moyen infaillible d'assurer le sort des actionnaires des pompes-à-feu de Chaillot, quelle que soit leur situation actuelle (par M. de Forges, chevalier, ancien écuyer de main du roi). (Avril 1786). in-8 de 44 pages.

1221 Moyens (des) de réprimer la colère, par Plutarque. (Texte grec). Avec sommaire français et notes explicatives (par M. Eberhart, ancien professeur). *Paris, Maire-Nyon*, 1833, in-12.

1222 Mulâtre (le) et l'Africaine, drame en trois actes ; par MM. Frédéric (Du Petit Méré) et Lacqueyrie (Pélissier). *Paris, Pollet*, 1824, in-8.

1223 Multiplions les hôpitaux et les secours; par un homme depuis vingt ans cosmopolite (M. La Rocque). *Londres*, 1813. Avec un supplément de 4 pages. *Imprimé à Londres, Schulze et Dean*, 1816, in-8.

1224 Musarion, ou la Philosophie des grâces, poëme en 3 chants (traduit de l'allemand de Wieland) (par Jean-Charles–Thiébault Laveaux). *Londres*, 1802, 1 vol. in-18.

La première édition avait paru en 1780 ; elle porte le nom du traducteur.

1225 Musée moral, ou Préceptes, conseils et exemples recueillis chez les anciens moralistes et divers autres personnages célèbres de l'antiquité. Par M. Ch. S.... de L.... (Charles Sambucy de L.....). Première livraison comprenant les neuf derniers siècles avant J.-C. *Paris, Carilian-Gœury*, 1828, 1 vol. in-8.

Cet ouvrage n'a pas été continué.

1226 Mystères (les) de la création et la destinée de l'homme suivant J.-C. et les philosophes de l'antiquité. Par un ami de la vérité (Poncet, de Mâcon, décédé au Hâvre, où il s'est suicidé). *Paris*, juin 1830, br. in-8 de 85 pages.

1227 Mystères (les) de l'agiotage dévoilés, ou Lettres à M. Jacques Laffitte (par M. Coubé, ancien député). *Paris, chez l'auteur*, 1829, br. in-8.

1228 Mystificateurs (les) mystifiés, ou Rira bien qui rira le dernier. Proverbe, par M. V. L. V. (Valade, ancien imprimeur du roi). *Paris*, 1827, in-8 de 37 pages.

1229 Mystère (le), ou Il y a 40 ans, par l'auteur de *Calthorpe* (Francis Lathom). Traduit de l'anglais par le traducteur des romans historiques de sir Walter-Scott (M. de Faucompret). *Paris*, 1821, 4 vol. in-12.

1230 Mythologie (la) des demoiselles, d'après les objets de la nature, par madame de N.... (Lory de Narp). *Paris, Louis*, 1809, 1 vol. in-12.

La première édition fut publiée en 1805.

Anonymes et pseudonymes étrangers.

1231 Macaronicorum poema. Baldus. Zanitonella. Moschæa. Epigrammata (par Théo-

phile Folengo, plus connu sous le nom Merlin Coccaie). *Venetiis, apud Petrum Bosel-
lum*, 1555, 1 vol. in-16.

Cette édition passe pour être une des meilleures.

1232 Medicorum Silesiacorum satyræ, quæ
varias observationes, casus, experimenta,
tentamina ex omni medicinæ ambitu petita
exhibent (auctore Burgharto). *Wratislaviæ
et Lipsiæ, impensis Joh. - Jacobi Kornü*,
1736, 1 vol. in-8.

1233 Methodus curandorum morborum mathematica : quâ morborum depellendorum
ex astrorum concordanti influxu ratio certa
et evidens ostenditur (à D. Wolfio Greuffs,
medico, mathe. et astro). *Francofurti,
Wolfgang Richter*, 1613, 1 vol. in-4.

1234 Miscellaneæ observationes criticæ novæ in
auctores veteres et recentiores, in Belgio
collectæ et proditæ. In annum 1740 (à Jac.-
Philippo d'Orville). *Amstelodami, Jansso-
nio-Waesbergii*, 1740, 7 tomes en 3 vol. in-8.

1235 Musœi Capitolini. Tomus primus, Philoso-
phorum, poëtarum, oratorum, virorumque
illustrium hermas continens cum animadver-
sionibus italicè primùm, nunc latinè editis.

—Tomus secundus, Augustorum Augusta-
rumque, etc. — Tomus tertius , Deorum si-
mulacra, aliaque signa , etc. — Tomus quar-
tus, Marmora anaglypha , etc. (Studio ac
curâ Joannis-Gaetani Bottarii et Nic. Foggini).
Romæ ; 1740—1782, 4 vol. in-folio.

Le premier volume de cet ouvrage est écrit en
italien , il est intitulé : *Del Museo Capitolino tomo
primo contenente imagini di uomi illustri.* Bottari
est l'auteur des trois premiers tomes , et la mort le
surprit lorsqu'il s'occupait du 4ᵉ et dernier. Ce ne
fut que plus de dix années après , que Pierre-
François Foggini, cédant à l'inspiration du cardinal
Corsini, entreprit de terminer ce travail , qui sans
lui fût resté incomplet.

1236 Musœum veronensè, hoc est , antiquarum
inscriptionum atque anaglyphorum collectio
(edente Scipione Maffeio). *Veronæ ,* 1749,
1. vol. in-folio.

1237 Malignità (della) istorica, discorsi tre di
A*** B*** (le père Appio Buonafede, religieux
Célestin). Contra S.-Pietro-Francesco de Cou-
rayer (chanoine de Ste.-Geneviève de Paris).
In Bologna, Lelio dalla volpe, 1757, 1 vol.
in-8.

1238 Meditazioni Sulla economia politica (par
M. le comte Pierre Verri, Milanais). *Livorno,*

nella Stamperia dell' encyclopedia, 1771,
1 vol. in-8.

Réimprimé à Turin, en 1801. Cet ouvrage obtint
un succès qui s'est constamment soutenu. Il a été
traduit en allemand et en français par M. Mingard.

1239 Memoria intorno il codice di Teofilo e
l'origine della pittura a olio estratta dalle note
della *Storia della Scoltura* (da il conte Leo-
poldo Cicognara). *Nella tipographia Pi-
cotti*, sans date (vers 1826), br. in-8.

Le premier volume de l'ouvrage intitulé : *Storia
della Scoltura, del sua risorgimento in Italia.*, etc. ,
dont est extrait ce mémoire, parut en 1813 ; le dernier porte le millésime de 1824.

1240 Memorie concernanti la citta di Urbino
(da Bernardo Baldi). *Romá, Maria Salvioni*,
1724, 1 vol. in-folio.

1241 Memorie de gli intagliatori moderni in
pietre dure cammei, e gioje dal secolo XV,
fino al secolo XVIII (da Andrea Pietro Giu-
lianelli). *Livorno* , 1753, 1 vol. in-4.

1242 Misteri (J) di Flora, opuscolo (di J.
Germain de Gordes, francese). *In Milano* ,
Francesco Pirola, sans date (1802), 1 vol.
in-12.

Réimprimé en 1806.

1243 Maximas Sobre a arte oratoria. Por Candido Lusitano (François-Joseph Freire, père de l'oratoire de St.-Néri). *Lisboa*, 1759, 1 vol. in-12.

1244 Memorias para la historia de la revolucion española, con documentos justificativos recogidas y compiladas, por D. Juan Nellerto (Don Juan-Antonio LLorente). *Paris, Plassan* (1814), 2 vol. in-8.

1245 Materia medica of Hindostan and artisan's and agriculturist's nomenclature (by Ainslie). *Madras , government press*, 1813, 1 vol. in-4.

1246 Memoirs of capitain Rock, the celebrated irish Chieftain, with some account of his ancestors, written by himself (by Thomas Moore). *Paris, Galignani,* 1824, 4 vol.in-12.

1247 Memoirs of Henriette Wilson, written by herself. Edition corrected and perused by the author (Thomas Little). *Paris , Lhuillier,* 1825, 7 vol. in-12.

Il a été fait, dans la même année, une traduction française en 6 vol. in-8 , qui a eu une seconde édition en 1826.

N.

1248 Napoléon et son époque (par M. Adrien Jarry de Mancy). Troisième édition. *Paris, Fain*, sans date (1831), gr. in-plano.

1249 Napoléontine. Par madame Jenny D*** (Bastide). *Paris*, 1821, br. in-8.

1250 Natalie, par madame de ***. Publié par M. de Salvandy. *Paris, Barba*, 1832, 1 vol. in-8.

> Cet ouvrage, qui a eu plusieurs éditions, est géné-ralement attribué à M. de Salvandy lui-même, bien qu'il ne s'en soit déclaré publiquement que l'éditeur.

1251 Natalie reconnue, ou Voyage aux eaux de Charbonnière près Lyon (par M. le marquis d'Avaise). Troisième édition. *Paris, Béthune*, 1833, br. in-8.

1252 Naufrage (le), ou La Pompe funèbre de Crispin ; comédie, par M. D. L. F. (Joseph de Lafont). *Paris, Ribou*, 1710, in-12.

> Cette pièce, en un acte et en vers, fut jouée pour la première fois, dans le mois de juin de l'année 1710, au Théâtre français.

1253 Naufragé sauvé par son chien (fait historique): rédigé par Edmond de M****(Manne),
élève au collége royal de Henri IV. (*Paris*)
Sans date (1820), br. in-8.

> Cette brochure est extraite du *Journal des Voyages*.

1254 Navigation (de la) intérieure de la Hollande, Pays-Bas ou Flandre(par Rœdelyckeid).

1255 Nécrologie de 1832, ou Notices historiques sur les hommes les plus marquants,
tant en France que dans l'étranger, morts pendant l'année 1832 (par P. C. Desrochers).
Paris, *chez l'auteur*, 1 vol. in-8.

1256 Nelly, ou la Fille bannie, mélodrame en
trois actes , par M. Lacqueyrie (Pélissier, du
ministère de l'intérieur). *Paris*, *Duvernois*,
1827, in-8.

1257 Nelly, ou l'Orpheline américaine , par
M. Dumersan (Théophile Marion). Seconde
édition. *Paris*, *Barba*, 1828, 4 vol. in-12.

> Cette nouvelle édition supposée, n'est que le res-
tant des exemplaires de la première , dont on a seulement remplacé , par des cartons , les titres et faux-
titres.

1258 N'en parlons plus et parlons-en toujours.

Par l'auteur de la *Lanterne magique de la rue impériale* (par Antoine Caillot). (*Paris*) *Cellot* (1814), 18 pages.

1259 Neuvaines sur les mystères de Jésus-Christ (par l'abbé Jean-Baptiste Lasausse). *Paris*, 1793, 2 vol. in–12.

Cet ouvrage sert de supplément à l'*Ecole du Sauveur*, du même; voyez le n° 446.

1260 Neveu (le) du chanoine , ou les Confessions de l'abbé Guignard (par M. Servan de Sugny). *Paris, Werdet*, 1831, 4 vol. in-12.

1261 Nice et ses environs , ou Vingt vues dessinées d'après nature, en 1812, dans les Alpes maritimes. Par A. de L... (Auguste de Louvois). *Paris , Remoissenet* , 1814, 1 vol. in-folio oblong.

1262 Nombre (du) des délits criminels, comparé à l'état de l'instruction primaire. Par un membre de la société formée à Paris pour l'amélioration de l'enseignement élémentaire (par M. Éloi Jomard, membre de l'Institut). *Paris , Colas* , 1827, br. in-8 de 36 pages.

1263 Noms féodaux, ou Noms de ceux qui ont tenu fiefs en France , depuis le XII° siècle jusque vers le milieu du XVIIIe, extraits des archives du royaume. *Première partie.* Par un membre de l'académie des inscriptions et belles-lettres (l'abbé de Bétencourt , académicien libre , ex-Bénédictin). *Paris, Beaucé-Rusand,* 1826, 2 vol. in-8.

Ce travail n'a pas été continué.

1264 Nopces (les) de Bellone, ou la Campagne de 1693 (par M. l'abbé de Lubert, aug. disc. par.). Sans date, in-8.

1265 Notaire (le) de Moulins , comédie en un acte , mêlée de couplets. Par MM. Eugène de P*** (Planard) et Paulin (Paul Duport). *Paris, Duvernois,* 1828, in-8.

1266 Note sur l'établissement formé à Paris , sous le nom de *Dépôt des laines ;* par M. C. M. D. V. P. D. F. (M. Charles Morel de Vindé, pair de France). *Paris , madame Huzard,* 1816, br. in-8 de 28 pages.

1267 Notes d'un voyage fait dans le Levant en 1816 et 1817 (par M. Ambroise-Firmin Didot, fils aîné du célèbre typographe). *Paris, Firmin Didot,* 1 vol. in-8.

Ces notes, que l'auteur n'a fait imprimer que pour ses amis, ont été recueillies pendant qu'il était attaché a l'ambassade de France à Constantinople. Elles comprennent *Constantinople*, *l'Egypte*, *la Terre-Sainte*, *la Syrie et l'Asie-Mineure*. La seconde partie, qui devait avoir rapport à la Grèce, n'a point été publiée ; Mais M. Pouqueville en a intercalé quelques fragmens dans les deux éditions de son *Voyage en Grèce.*

1268 Notes sur l'ancien imprimeur de la liste civile de Louis XVI (par M. Valade, imprimeur de S. M. Louis XVIII). *Paris*, sans date (1822), br. in-8.

1269 Notice des estampes exposées à la bibliothèque du roi, contenant des recherches historiques et critiques sur ces estampes et leurs auteurs ; précédée d'un essai sur l'origine, l'accroissement et la disposition méthodique du cabinet des estampes (par Jean Duchesne aîné, employé au cabinet des estampes). *Paris, Debure*, 1823, in-12.

1270 Notice des ouvrages de bibliologie, d'histoire, de philologie, d'antiquités et de littérature, tant imprimés que manuscrits, de Gabriel P****** (Peignot). Avec cette épigraphe : « *Opusculum amicorum gratiâ tantùm, amici prælo Subjectum* ». *Paris, Crapelet*, 1830, br. in-8.

1271. Notice des ouvrages de d'Anville, premier géographe du roi, membre de l'académie des inscriptions et belles-lettres, etc.
(par MM. Louis-Charles–Joseph de Manne
et Barbié-du-Bocage), précédée de son éloge
(par M. Dacier). *Paris, Fuchs,* an X (1802),
br. in-8 de 130 pages.

1272 Notice géographique sur le pays de Nedjd,
ou Arabie centrale, accompagnée d'une
carte; suivie de notes sur l'histoire d'Egypte
sous Mohammed - Aly. Par M. E. J. D. L.
(Eloi Jomard, de l'institut). *Paris,* 1824,
br. in-8 de 68 pages.

   Cette notice est extraite de l'*Histoire d'Egypte, sous
   Mohammed-Aly* , par M. FÉLIX MENGIN, qui a
   paru en 1823. Elle a été tirée à part au nombre de
   cent exemplaires, et n'est point destinée au commerce.

1273 Notice historique et critique sur la couronne d'épines de N. S. Jésus-Christ et sur
les instrumens de sa passion qui se conservent
dans l'église métropolitaine de Paris (par
l'abbé Gosselin, supérieur du séminaire
d'Issy). *Paris, Adrien Leclère ,* 1828, 1 vol.
in-8.

1274 Notice historique sur Falaise. Par l'auteur

de la « *Nouvelle histoire de Normandie* »
(M. de la Frenaye, de Caen). *Falaise, Brée
l'aîné*, 1816, br. in-8.

Cette histoire a paru en 1814. Voyez le n° 1313.

1275 Notice historique sur le monument érigé
par la commune d'Oysonville, à son bienfai-
teur M. le marquis de la Roussière (par Mar-
cel Dramard). *Paris, J. Didot*, 1829, br.
in-8 de 92 pages.

1276 Notice historique sur Son Altesse Royale
le prince Eugène, vice-roi d'Italie, duc de
Leuchtenberg, prince d'Eichstadt (par le
baron d'Arnay, secrétaire intime du cabinet
du vice-roi, conseiller-d'état, etc.). *Paris,
David*, 1830, 1 vol. in-8.

1277 Notice sur Colard Mansion, libraire et
imprimeur de la ville de Bruges en Flandre,
dans le XVe siècle (par M. Van-Praët, l'un
des conservateurs-administrateurs de la bibliothèque du roi). *Paris, Crapelet*, 1829,
grand in-8.

1278 Notice sur J. B. F. (Jean-Baptiste-Fran-
çois) Bayard, avocat, par M. A. L. M. (Aubin-
Louis Millin). Sans date (1800), br. in-8.

Cette notice a été insérée dans le tome trois de la 6e année du *Magazin encyclopédique*, an VIII.

1279 Notice sur la bibliothèque de la ville de Lyon, extraite des *Archives historiques et-sta-tistiques du département du Rhône* (tome VI), (par M. C. Breghot du Lut, membre des académies de Lyon et de Dijon). Nouvelle édition revue et corrigée. *Lyon Barret*, 1828, br. in-8.

> Cette notice a eu deux tirages. Le premier en 16 pages seulement est exactement conforme au texte des *Archives*, etc. Le 2e en 24 pages (qui est celui mentionné ci-dessus), contient des corrections et additions qu'on trouve rapportées dans le tome VII du même ouvrage.　　　(Journal de la librairie.)

1280 Notice sur la rue *Belle-Cordière* à Lyon , contenant quelques renseignemens sur Louise Labé et Charles Bordes (par le même). *Lyon, Barret*, 1828, in-8.

1281 Notice sur la ville de Dijon, ses environs et quelques autres villes de l'ancienne Bour-gogne, à l'usage des voyageurs qui visitent ces contrées ; avec 32 planches représentant des sites et des monumens (par M. Fyot de Mimûre). *Dijon, Gaulard-Marin*, 1817, br. in-8 de 112 pages.

1282 Notice sur le palais de la chambre des pairs de France, anciennement appelé palais de Luxembourg ou d'Orléans. Par M. G. de la V. (Claude - Madeleine Grivaud de la Vincelle, sous - chef à la comptabilité de la chambre des pairs). *Paris, Nepveu*, 1818, in-12.

1283 Notice sur l'état des israélites en France, en réponse à des questions proposées par un savant étranger. Par M. E. C. M. (Eugène Coquebert-Montbret fils, attaché au ministère des affaires étrangères). *Paris, Pillet aîné*, 1821, br. in-8 de 108 pages.

Une note placée à la suite de l'annonce de cette brochure, dans le *Journal de la librairie*, nous apprend que l'auteur avait déja distribué vingt-cinq exemplaires de son opuscule, lorsque de nouveaux renseignemens lui étant parvenus, l'ont porté à supprimer les pages 81 à 92, qu'il remplaça par les pages 81 à 108.

1284 Notice sur les poids, mesures et monnaies de Tunis, et sur leurs rapports avec ceux de France et d'Angleterre (par R. Dugaste). *Paris, Barrois l'aîné*, 1832, in-8.

1285 Notice sur les traductions françaises du *Manuel d'Epictète* (suivi d'un fragment d'un *Epictectana*). Par G. A. J. H. (Gabriel-Antoine-Joseph Hécart, de la société royale des antiquaires de France). *Valenciennes*, *Prignet*, 1826, in-18.

Tirée à 62 exemplaires, dont 12 sur papier vélin.

1286 Notice sur M. d'Anthoine, baron de St.-Joseph, ancien maire de Marseille. Par un des membres du conseil-général du département des Bouches—du-Rhône, son ancien adjoint à la mairie (M. Dessoliers). *Paris*, *madame veuve Agasse*, 1826, br. in-8.

1287 Notice sur M. Houdon (attribuée à M. Raoul-Rochette, son gendre). in-8.

1288 Notice sur Rivarol, par H. L. (Hippolythe Laporte). *Paris*, *J. Fournier*, 1829, br. in-8 de 52 pages.

1289 Notices généalogiques. 1 vol. in-8.

L'exemplaire de cet ouvrage que possède la bibliothèque du Roi n'offre ni faux-titre, ni titre, ni indication de lieu et de date. On y lit seulement la note manuscrite qui suit : « Par la circonstance où « j'ai acquis ce volume de 320 feuilles, qui étaient « divisées en deux parties, je suis porté à croire « qu'il vient de la vente de M. le duc de St.-Aignan ; « que ce seigneur qui était grand généalogiste, en est « lui-même l'auteur, et qu'il a été imprimé par

« demi-feuilles, peut-être en un très petit nombre
« d'exemplaires, car elles étaient toutes séparées.
« Personne, que je sache, ne connaît cet ouvrage et
« n'en a vu d'annonce nulle part dans les journaux.
« Le nom de LABOULLAYE, qu'on trouve fol. 67 et
« 121, est peut-être celui d'un de ses secrétaires, ou
« il a été mis là pour dérouter les curieux ».

1290 Notions élémentaires d'économie politique à l'usage des jeunes gens qui se destinent
au service des administrations (par M. le comte
Alexandre-Maurice-Blanc d'Hauterive, conseiller-d'état). *Paris, Thoisnier-Desplaces,*
1825, in-8.

Cet opuscule est le même que celui que l'auteur
avait publié en 1817, sous le titre de : « *Elémens
d'économie politique, suivis de quelques vues sur l'application des principes de cette science aux règles ad-
ministratives.* » Cette nouvelle réimpression est augmentée de *Considérations générales sur la théorie de
l'impôt et des dettes,* qui lui sert d'introduction.

1291 Nouveau dictionnaire de poche, rédigé
d'après le dictionnaire de l'académie et ceux
de Vailly, de Laveaux et de Boiste. Par un
homme de lettres (M. Emmanuel Antoine),
et revu et corrigé par M. Jannet, professeur
de rhétorique de l'université. Cinquième édition. *Paris, Thiériot,* 1831, 1 vol. in-18.

Cette cinquième édition est augmentée d'un grand

nombre de mots nouveaux ; et, de plus que les précédentes, elle offre en regard la prononciation de
ceux qui présentent de l'incertitude. La première
édition de ce dictionnaire a paru en 1828.

1292 Nouveau dictionnaire des mots, ou Critique de la comédie intitulée *Lassone* ou *La
Séance de la société royale de médecine* (par
M. Philip). 1779 (écrit des *Champs-Élysées*,
le 21 décembre). br. in–8 de 8 pages.

1293 Nouveau recueil de poësies, contenant :
« *La suite du Lutrin* » en 5 chants (par Louis
Bonaparte, ex-roi de Hollande). *Florence*,
1827, 1 vol. in-12.

1294 Nouveau voyage d'Italie, avec un mémoire
contenant des avis utiles à ceux qui voudront
faire le même voyage (par Maximilien Misson).
Cinquième édition plus ample et plus correcte
que les précédentes, et enrichie de nouvelles
figures. *La Haye, Henri Van-Balderen*,
1731, 4 vol. in-12.

1295 Nouveau (le) cri de la vérité, ou Il était
temps ! Par M. C. de St. E. (Colmet de St.-
Elne). *Paris, Dondey - Dupré*, 1829, br.
in-8.

1296 Nouveau (le) farçadin, ou Aventures

comiques et plaisantes, etc. Par C... d'Aval...
(Cousin d'Avalon). *Paris*, *Chassaignon*,
1826, 1 vol. in-18.

1297 Nouveau (le) Testament arabe, caractères syriaques (publié par M. Sylvestre de
Sacy). *Paris*, *Imprimerie royale*, 1828, 1
vol. grand in-4.

1298 Nouveau Testament en syriaque et en
arabe, caractères syriaques (publié par le
même). *Paris*, *Imprimerie royale*, 1828, 1
vol. grand in-4.

Ces deux volumes ont été publiés pour le compte
de la société biblique de Londres.

1299 Nouveau traité d'arithmétique décimale,
contenant toutes les opérations ordinaires du
calcul, etc. Cinquième édition enrichie de
1316 problèmes à résoudre, pour servir
d'exercice aux élèves. Par P. F. et L. C.
(Pierre Fournier et Léon Constantin, frères
de la doctrine chrétienne). *Lille*, *Lefort*,
1832, 1 vol. in-12.

1300 Nouveau (le) théâtre de Séraphin, ou
Entretiens instructifs, amusans et moraux
d'une mère de famille avec ses enfans, par
P. B. (André Grétry, neveu du célèbre musi-

cien de ce nom). *Paris*, *Philippe*, 1810,
2 vol. in-18.

1301 Nouveaux contes orientaux (par le comte
de Caylus). *Paris*, 1780, 2 vol. in-12.

(Manuel du libraire).

1302 Nouveaux loisirs d'un curé. Par M. l'abbé
H*** (Hunckler). *Paris*, *Béthune*, 1832,
1 vol. in-12.

La première partie de cet ouvrage qui est publié
par la *Société des bons livres*, avait paru en 1831.

1303 Nouveaux mélanges historiques (par P.
L. Baudot). *Dijon*, *Frantin*, 1810, 2 vol.
in-8.

Ces volumes sont formés de la réunion de divers
opuscules publiés successivement pendant plusieurs
années par M. BAUDOT. Le 1er volume renferme une
adresse à ses amis, une table des pièces contenues
dans le volume et une table des matières. Pareille
chose reste à faire pour le second, et le fils de l'auteur se propose de s'en occuper.

(Note de M. Amanton.)

1304 Nouveaux mélanges philosophiques, historiques et critiques, etc. (par Voltaire).
1765, 3 vol. in-8.

1305 Nouveaux mémoires, ou Observations

sur l'Italie et sur les Italiens, par deux gen-
tilshommes suédois ; traduits du suédois
(composés par Pierre-Jean Grosley). *Londres,
Jean Nourse (Paris)*, 1764, 3 vol. in-12.

Une nouvelle édition, en 4 vol. in-12, parut en
1770, également sous la rubrique de Londres.
L'éditeur, pour former ce 4ᵉ volume, a réuni *la
Discussion sur la conjuration de Venise*, par le
même, qui avait été publiée quelques années aupa-
vant, à un *Parallèle de l'Italie et de la France*. Cette
nouvelle édition est intitulée: *Observations sur l'Italie
et sur les Italiens*. THOMAS NUGENT avait traduit cet
ouvrage en anglais, en 1769. *Londres*, 2 vol. in-8.

1306 Nouveaux (les) oracles divertissants... ensemble l'explication des songes et visions
nocturnes ; traduit de l'italien, par W. (Vul-
son) de la Colombière. *Paris, Quinet, et
Bruxelles, de Grieck*, 1696, 1 vol. petit
in-12.

1307 Nouveaux souvenirs d'Holy-rood (par le
baron de Sèze). *Paris, Dentu*, 1832, 1 vol.
in-16.

1308 Nouveaux trappistes de la Suisse et de
l'Angleterre, où Établissement des monas-
tères de la Trappe, établis depuis le commencement de la révolution. On y trouve un

discours très frappant sur l'*amour de Dieu*, par un excellent ecclésiastique qui est mort religieux de la Trappe (par l'abbé Jean-Baptiste Lasausse). *Paris*, juillet 1797, br. in-8.

1309 Nouvel examen de l'inscription grecque déposée dans le temple de Talmis en Nubie, par le roi Silco (par M. Letronne, membre de l'institut). *Paris, Imprimerie royale*, 1825, in-4.

1310 Nouvelle (la) Arcadie, ou l'Intérieur de deux familles. Par Auguste Lafontaine ; traduit de l'allemand par L. F*** (Louis Fuchs). Nouvelle édition. *Paris, Dentu*, 1829, 4 vol. in-12.

1311 Nouvelle cacographie dont les exemples sont tirés tant de l'Ecriture Sainte, que des SS. pères et autres bons auteurs ; suivie d'un grand nombre de modèles d'actes. Par P. F. et L. C. (Pierre Fournier et Louis Constantin, frères de la doctrine chrétienne). Nouvelle édition revue, corrigée et rendue plus méthodique. *Lille, Lefort*, 1832, 1 vol. in-12.

La première édition est de 1827.

1312 Nouvelle chimie du goût et de l'odorat, contenant les procédés pour préparer soi-même toute espèce de liqueur, etc., ou l'Art du distillateur, du confiseur, du parfumeur, mis à la portée de tout le monde, etc. Par M. G*** (Gauthier), professeur de chimie. *Paris, Dentu*, 1819, 2 vol. in-8.

1313 Nouvelle histoire de Normandie, enrichie de notes prises au muséum de Londres, et nouveaux détails sur Guillaume-le-Conqué-rant, duc de Normandie et roi d'Angleterre, tirés des plus anciens historiens, etc., ter-minés par *les Amours d'Arlette*, extraits à Londres d'un poëme du 12e siècle, par Be-neois de Sainte-More (par M. de la Frenaye, de Caen). *Paris, Lenormant*, 1814, 1 vol. in-8.

1314 Nouvelle hérésie dans la morale dénoncée au pape et aux évêques, aux princes et aux magistrats (par M. Arnauld, docteur en théo-logie). *Cologne, Nicolas Schouten*, 1689, in-12 de 84 pages.

1315 Nouvelle méthode pour apprendre facile-ment la langue latine, avec un traité de la poësie latine et des règles pour la poësie

française. (Par dom Claude Lancelot.) Huitième édition revue, corrigée et augmentée
de nouveau. *Paris, Thierry*, 1681, 1 vol.
in-8.

La 1ère édition date de 1644, la 2e de 1650. La 3e
parut en 1656, avec des augmentations considérables ; une autre, avec un *index* général des mots
latins, en 1761 ; enfin, en 1819, le libraire Delalain en a donné une nouvelle édition avec de courtes
notes (par Joseph-Victor Leclère , professeur de
rhétorique).

1316 Nouvelle (de la) révolution ministérielle
en Angleterre (par M. Prosper Duvergier de
Hauranne, fils). *Paris, Guiraudet*, 1827,
br. in-8 de 27 pages.

1317 Nouvelle traduction de l'Iliade (par M.
Louis-Guillaume-René Cordier de Launay de
Valery). *Paris, Théophile Barrois*, 1782,
2 vol. in-12.

Une réimpression est intitulée : *Traduction de
l'Iliade.* Paris, 1785, 2 vol. in-8. Des exemplaires
en furent tirés dans le format in-4 ; sur le premier
volume on lit seulement : *Traduction de l'Iliade,*
tandis que sur le second volume , à la suite du titre
de l'ouvrage, on lit, *par M. de Launay de Valery,*
M. D. R. (maître des requêtes). *Nouvelle édition
revue, corrigée et augmentée de plusieurs notes par
l'auteur, et précédée de recherches historiques.* Paris,

Laurent. Une autre singularité qu'on remarque, c'est que le 1ᵉʳ volume porte la date de 1785, et que le second indique celle de 1784; enfin, il existe aussi des exemplaires in-4 sans millésime. M. Barbier, dans son Dictionnaire, attribue à tort la traduction de 1782, à M. de Marcadé. Ce qui a pu l'induire en erreur, c'est qu'en effet le libraire chargé de la vente de ce livre, en recevait les exemplaires par l'intermédiaire de M. de Marcadé.

(Bibl. de la France.)

1318 Nouvelles considérations philosophiques et critiques sur la société des jésuites, sur les causes et les suites de sa destruction (par J. Tharin, évêque de Strasbourg). *Paris, Lenormant*, 1818, 1 vol. in-8.

1319 Nouvelles leçons de grammaire française et d'orthographe, par demandes et réponses, pour les enfans des petites villes et des campagnes; classées suivant la méthode adoptée par MM. Restaut et Lhomond (par M. d'Auphigny-Beauvais). *Chaulnes*, 1809, 1 vol. in-8.

1320 Nouvelles lettres provinciales, ou Lettres écrites par un provincial à un de ses amis, par l'auteur de la *Revue politique de l'Europe en* 1825 (M. Xavier d'Herbigny). *Paris, Bossange*, 1825, br. in-8.

1321 Nouvelles pour le jeune âge, par madame de S*** (de Senilhes, auteur d'*Amour et devoir*, de *Georges*, nouvelle). *Paris, Charles Gosselin et Hector Bossange*, 1831, 1 vol. in-12.

1322 Nouvelles remarques sur tous les ouvrages du sieur de D**** (Despréaux). Par P**** (Pradon). *La Haye, Jean Strick*, 1685, 1 vol. in-16 de 107 pages.

Ces remarques sont suivies d'une *Epître à Alcandre* (sur le même sujet), qu'il donna comme d'un autre auteur que lui. Cette épître a 5 pages.

1323 Nouvelles (les) pensées de Galilée, etc. Traduit d'italien en français (par le père Marin Mersenne). *Paris, Henri Gamon*, 1639, 1 vol. in-8 de 256 pages.

M. Barbier, dans une note ajoutée à la suite de ce titre (Dict. des an. n° 12839), dit : « Cet ou-« vrage est probablement le même que les *Méchani-ques de Galilée* ». Il a été induit en erreur. L'ou-vrage de GALILÉE, dont ces *pensées* sont une traduc-tion, a pour titre : *Discorsi e dimostrazioni mathe-matiche*, etc. Leyde, appresso gli Elsevirii, 1638, in-4.

On trouve des détails très curieux sur le père MERSENNE, dans la vie de DESCARTES, par BAILLET. Paris, 1690, 1 vol. in-4. Le père HILARION DE

CosTE a aussi publié une vie de Mersenne , mais elle offre peu d'intérêt. Voyez ces mots.

1324 Nouvelliste (le) des campagnes, ou Entretiens villageois sur les bruits qui courent les champs; par Jacques Rambler (Gabriel Peignot). A la campagne (*Dijon , Frantin*), 1816 , br. in-8 de 24 pages.

Il y a eu, dans la même année, une réimpression à Beauvais, au nombre de 4000 exemplaires.

Anonymes et Pseudonymes étrangers.

1325 Narratio fidelis et succincta de nuperâ illâ proditione longè immanissimâ , à Jesuitis et conjuratis in magnum magnæ Britanniæ regem intentatâ (authore anglicano hæretico) (liber prohibitus). *Lugduni Batavorum, Joan. Orlers,* 1607, in-4.

1326 Naturæ et scripturæ concordia. Commentario de literis ac numeris primævis aliisque rebus memorabilibus cum ortu literarum conjunctis illustrata et tabulis æneis depicta (à J. G. Wachtero). *Lipsiæ et Hafniæ,* *Vidua Gabrielis - Christiani Rothe*, 1752, 1 vol. in-4.

1327 Notæ salubres ad monita nec Salutaria, nec necessaria à quodam incognito probè cognito ad beatæ virginis Mariæ cultores per theologum (cet ouvrage est de Volusius, autrefois ministre d'Hanaw, et depuis grand prédicateur à Mayence). *Moguntiæ*, 1974, in-18 de 48 pages.

1328 Nova, utilis ac curiosa apoplexiam seu morbum attonitum curandi methodus, unâ cum observationibus lectu dignis; autore J. C. M. D. (Justo Cortunmnio, medicinæ doctore). *Hildesiæ, Christianus Denhardus*, 1685, 1 vol. in-4.

Cet ouvrage est exactement le même que Cortumnius avait fait paraître en 1677, sous un titre différent.

1329 Novitius, seu dictionarium latino-gallicum, schrevelianâ methodo digestum (auctore Ludovico Magnez de Woumont). *Lutetiæ-Parisiorum, Huguier*, 1721, 2 vol. in-4.

1330 Novus orbis regionum ac insularum veteribus incognitarum (collegit J. Huttich,

edidit Sim. Grinæus). *Basileæ*, 1555, 1 vol.
in-fol.

Cet ouvrage a eu plusieurs éditions; dont celle-ci
passe pour la plus complète.　　(Manuel du lib.)

1331 Nummorum antiquorum scriniis Bodleia-
nis reconditorum catalogus, cum commentario tabulis æneis et appendice (Francisci
Wise). *Oxonii, è theatro Scheldoniano*,
1750, vol. in-fol.

1332 Notti (le) romane al sepolcro di Scipione (da il conte Pietro Verri). *In Milano*,
1816, 1 vol. in-8.

Les *Nuits romaines* ont été traduites pour la première fois en 1796. Une nouvelle traduction, par
M. F. L. Lestrade, a paru en 1812. Paris, 2 vol.
in-12.

1333 Novelliero italiano contenente novelle
settanta otto (raccolte da Girolamo Zanetti).
Venezia, Pasquali, 1754, 4 vol in-8.

1334 Nascimiento (el) y primeras empressas
del *conde Orlando* (por Lodovico Dolce),
traduzidas de lengua italiana a verso castellano, por Pero Lopez Henriquez de Cala-
tayud. *Valladolid, Cordova y Oviedo* (1594),
in-4.

4335 Noticia de los principales sucesos occu-
ridos en el gobierno de España, desde el
momento de la insurreccion en 1808, hasta
la disolucion de las cortes ordinarias en 1814.
Por un español residente en Paris (le comte
de Torreño). *Paris, Rougeron*, 1820, br.
in-8 de 80 feuilles.

Cette notice a été traduite en français.

1336 Narrative of the insurrection which hap-
pened in the Zemeendary of Benaris in the
month of august 1781 , and of the transactions of the governor general in that dis-
trict, etc. (by Waren Hastings , gouverneur-
général du Bengale). *Calcutta*, 1782 , in-4.

1337 Natural (the) history and antiquities of
Selborne (by Gilbert White). *London*, 1789,
1 vol. in-4.

Réimprimé à Londres en 1793, avec de nombreuses additions.

O.

1338 Observations adressées au conseil de la
société royale asiatique, sur un vocabulaire

géorgien, et sur une grammaire géorgienne (publiée par M. J. Klaproth); (par M. Brosset). *Paris*, novembre 1829, br. in-8.

1339 Observations critiques sur la tragédie d'*Hérode et Marianne*, de M. de V... (Voltaire) (par l'abbé Nadal). *Paris*, *veuve de Pierre Ribou*, 1725, in-8 de 38 pages.

1340 Observations de quelques théologiens sur un écrit intitulé : « *Adresse de la société des amis de la constitution à Rouen*, *à tous les citoyens du département de la Seine - Inférieure*, *sur le serment que doivent prêter les ecclésiastiques fonctionnaires publics* » (par l'abbé Guillaume - André - René Baston). (*Rouen*, 1791). br. in-8.

1341 Observations et expériences sur la théorie et la pratique de l'artillerie (par M. le chevalier d'Arcy). *Aléthopolis* (*Paris*), *Isaac Neumann*, 1751, in-8.

On y a joint les réponses que fit à ce mémoire M. de Saint-Auban, inspecteur-général d'artillerie. Ces observations ont été publiées dans le *Mercure de France* des années 1751 et 1752.

1342 Observations générales sur la Guyanne française, et projets d'amélioration de cette

importante colonie, par M. B. R. (Rivière).
Bordeaux, 1827, br. in-8 de 88 pages.

1343 Observations modestes d'un citoyen sur
les opérations de finance de M. Necker, et
sur son compte - rendu (par M. de Saint-
Vincent). Sans date, br. in-8 de 86 pages.

1344 Observations sur la ressemblance frap-
pante que l'on découvre entre la langue des
Russes et celle des Romains (par M. Joseph
Hager). *Milan*, 1817, in-4.

1345 Observations sur la traduction en vers de
la Jérusalem délivrée, par M. Baour - Lormian. (Signées) G. G. (Grangeret de Lagrange). 8 pages in-8.

 Ces observations ont été insérées dans le n° 13 du
Mercure de France. L'auteur les a fait aussi imprimer séparément.

1346 Observations sur le projet de loi relatif à
la liberté de la presse, par M. C.... (Antoine-
Siméon-Gabriel Coffinières, avocat). *Paris*,
Mongie aîné, 1817, br. in-8.

1347 Observations sur les effets et l'application avantageuse du bélier hydraulique. Ouvrage traduit de l'allemand de M. J. A. Eytel-

wein (par Charles Daclin). Publié par P. S. G. (Pierre-Simon Girard, membre de l'académie des sciences). *Paris, Firmin Didot*, 1822, in-4.

1348 Observations sur les routes qui conduisent du Danube à Constantinople à travers le Balkan ou Mont-Hœmus. Par le lieutenant-général comte de T*** (Tromelin). *Paris, Pélicier et Chatet*, 1828, br. in-8 de 36 pages.

1349 Observations sur un coup de tonnerre, adressées aux habitans de *Pagny-Château* (canton de la Seurre, département de la Côte-d'Or), par un propriétaire demeurant dans cette commune (M. Pierre-Louis Baudot aîné). *Dijon, Frantin*, 1807, br. in-8.

1350 Observations sur un passage du troisième rapport fait par M. Bottin à la société royale des antiquaires de France. Par un habitant de Valenciennes (M. Gabriel-Antoine-Joseph Hécart). *Valenciennes, Henry*, 1823, in-8.

Cette brochure n'a été tirée qu'à 25 exemplaires.

1351 Ode sur le passage des Alpes par l'armée de réserve, en 1800, par M. Antoine-Charles, membre de la société des bonnes-lettres, et auteur des odes intitulées : *Laocoon, Apollon vengeur*, *la Religion* (le baron de Perrin-Brichambault, colonel du génie). *Paris, C. Trouvé*, 1822, in-8.

1352 Ode sur les conquêtes du roi (par mademoiselle Anne de La Vigne). *Paris, Sébas.—Mabre Cramoisy*, 1773, br. in-8 de 21 pag.

1353 Ode sur l'expédition d'Alger par les Français. Par Philarmos (M. Lafresnée). *Paris*, 1830, br. in-8.

1354 Odes d'Horace traduites en vers français, avec le texte en regard et des notes, par un ancien général de division de la *grande armée* (le baron Delort). *Paris, Lecointe et Pougin, et à Arbois, chez Auguste Javel*, 1831, 1 vol. in-8.

1355 Odes (les) pénitentes du moins que rien (par Nicole Bargède). *Paris, Vincent Santenas*, 1550, in-8.

1356 OEdipe, ou Les Trois fils de Jocaste, tragédie (par M. de la Tournelle, commissaire des guerres). *Paris, Le Breton*, 1730, in-12.

1357 OEuvres choisies de Grécourt, précédées de considérations historiques et critiques sur le genre de poésie auquel elles appartiennent

(par M. L'Héritier de l'Ain). Avec des gravures (obscènes), (par Champion). *Paris*,
Paulin (Renault), 1833, 1 vol. in-8.

> M. Paulin, annoncé comme éditeur, au bas de
> cette coupable publication, non-seulement réclama
> dans tous les journaux contre cette espèce de diffa-
> mation, mais encore poursuivit devant les tribunaux
> les vrais éditeurs qui n'avaient pas craint d'abuser
> de son nom.

1358 OEuvres choisies de Quinault, précédées
d'une nouvelle notice sur sa vie et ses ouvrages (par G. A. Crapelet). *Paris, Crapelet*,
1824, 2 vol. in-8.

1359 OEuvres complètes de Bertin, avec des
notes et variantes, précédées d'une notice
historique sur sa vie (par Jean - François
Boissonnade). *Paris, Roux - Dufort aîné*,
1824, 1 vol. in-8.

1360 OEuvres complètes de lord Byron, traduites de l'anglais, par M. A. P. (Amédée Pichot). Troisième édition, entièrement revue
et corrigée. *Paris, Ladvocat*, 1821-22, 10
vol. in-18.

> Une quatrième édition entièrement revue et cor-
> rigée par le même, précédée d'une notice historique
> sur lord Byron, par M. CHARLES NODIER, parut

l'année suivante, en 5 vol. in-8, à la librairie de Ladvocat.

1361 OEuvres complètes de Crébillon, augmentées de la vie de l'auteur (par l'abbé de la Porte). *Paris, chez les libraires associés,* 1785, 3 vol. in-8.

1362 OEuvres complètes de Josue Reynolds, traduites de l'anglais (par Henri Jansen). *Paris,* 1806, 2 vol. in-8.

> JANSEN avait précédemment traduit, en 1788, la collection des discours du célèbre peintre anglais ; il les reproduisit avec ses œuvres traduites d'après l'édition publiée en 1797 (3 vol. in-8), qui contient une notice biographique par MALONE.

1363 OEuvres complètes de Shakespeare, traduites de l'anglais par Letourneur, et revues par F. Guizot et A. P. (Amédée Pichot). *Paris, Rapilly,* 1829-30, 13 vol. in-8.

1364 OEuvres de Cochin (publiées par de Nully). *Paris, Cellot,* 1760-66, 6 vol. in-4.

1365 OEuvres de J.-J. Rousseau (publiées par M. Musset-Pathay). *Paris, Firmin Didot,* 1823, 21 vol. in-8.

> Dans le tome 2 de *la Correspondance,* on trouve, sous le n° 379, une lettre du 17 mars 1763, adres-

sée à M. K.... M. Musset Pathay a supposé par erreur que cette initiale désignait le nom de M. Keit, tandis qu'il s'agit ici de M. Kirch-Berger (Nicolas Antoine), né à Berne en 1739, et dont Rousseau parle dans ses *Confessions*. C'est ce qu'a prouvé d'une manière incontestable le savant M. Gence, dans l'article sur Kirch-Berger, de la Biog. univ.

Le tome XXI et dernier de cette édition renferme, entre autres choses, quinze lettres nouvelles, dont quelques-unes, adressées à madame la baronne d'Houdetot, ont été communiquées à l'éditeur par M. Barbier.

1366 Œuvres de Jean Racine (publiées par Coste). *Londres*, *J. Tonson*, 1723, 2 vol. in-4.

1367 Œuvres de Louis XIV, contenant ses mémoires politiques et littéraires, etc. (publiées par MM. Philippe-Antoine Grouvelle et le comte Philippe-Henri de Grimoard). *Paris*, 1806, 6 vol. in-8.

1368 Œuvres de Louise Charly, Lyonnaise, dite Labé, surnommée la *Belle cordière*. Nouvelle édition, précédée de recherches sur sa vie (par M. Ruolz). *Lyon*, *Duplain*, 1762, 1 vol. in-8.

1369 Œuvres de Mathurin Regnier, avec les commentaires revus, corrigés et augmentés;

précédées de l'histoire de la satire en France,
pour servir de discours préliminaire (par
M. Viollet-Leduc). *Paris, Desoer*, 1823, 1
vol. in-8.

Une édition in-18 avait paru en 1822.

1370 OEuvres de Rabelais, avec des remarques
historiques et critiques (par Le Duchat et
Bernard de La Monnoye). *Amsterdam, Bor-*
desuis, 1711, 6 vol. in-8.

LES MÊMES, suivies des remarques, publiées en
anglais par Le Motteux et Thomas Urchard et traduites en français (en 1708) par C. D. M. (César
de Missy). *Paris*, an VI (1798), 3 vol. in-8.

1371 OEuvres de Théophile (Viaud). *Paris,*
Pépingué, 1662, 1 vol. in-12 en 3 parties.

Edition recherchée.

1372 OEuvres diverses du sieur D*** (Despréaux) avec *le Traité du Sublime,* traduit
du grec de Longin. *Paris, Thiéry,* 1674,
1 vol. in-4.

LES MÊMES, *Paris*, 1697, 2 vol. in-12.

1373 OEuvres diverses du S. R. (sieur Jean-
Baptiste Rousseau). *Soleure, Heuberger,*
1712, 1 vol. in-12.

1374 OEuvres dramatiques de M. A. F*** (le

comte Antoine Ferrand, pair de France, au‑
teur de l'*Esprit de l'histoire*, de *la Théorie
des révolutions*, etc., etc.). *Paris*, *Imprimerie
royale*, 1818, 1 vol. in-8.

Ce recueil n'a été tiré qu'à 200 exemplaires, dont
25 sur papier vélin, et tous ont été donnés en pré‑
sent aux amis de l'auteur.

1375 OEuvres philosophiques de Locke, tra‑
duites de l'anglais (par de Coste), revues
par M. Thurot, professeur de philosophie au
collége de France. *Paris*, *Firmin Didot*,
1822-1825, 7 vol. in-8.

1376 OEuvres (les) de Schaftesbury, traduites
de l'anglais (par Van-effen, Samson, Coste
et Diderot) *Genève*, 1769, 3 vol. in-8.

1377 Offrande à la liberté et à la paix, ou Idées
de conciliation adressées à M. J. A. de Luc,
en réfutation du mémoire qu'il remit le 21
août, à M. de Vergennes (par sir Francis
Ivernois). *Genève*, 1781, in-8.

1378 Olivier (attribué à M. Germeau). *Paris*,
Urbain Canel, 1826, 1 vol. in-12.

Ce roman a été attribué à M. De la Touche, qui
a réclamé dans le Moniteur du 27 janvier 1826. On
a aussi cru long‑temps qu'il était de madame de
Duras.

1379 Ombre (l') de Colardeau aux Champs-Élysées, et autres choses venant de l'autre monde, mises au jour. Par l'auteur du *Théâtre de famille* (le chevalier du Coudray). *Paris, Lejay*, 1776, in-8 de 18 pages.

1380 Ombre (l') du baron de Batz à M. P.... de... M.... (Prousteau de Montlouis), au sujet d'une brochure intitulée : « *Quelques souvenirs du fils de Louis XVI* ». *Paris, Dentu*, 1832, br. in-8.

1381 Omnibus (les) du langage (par Lévi). Quatrième édition revue, corrigée et augmentée d'un grand nombre de locutions, etc. *Paris, Garnier*, 1832, 1 vol. in-18.

1382 Opéra (l'), le trésor et la bibliothèque du roi (par Jean Duchesne, employé à la bibliothèque royale). *Paris, Delaunay*, 1819, br. in-8.

1383 Opinion impartiale d'un capitaliste sur le projet de la réduction des rentes, etc. (par M. Vaysse de Villiers, ancien inspecteur des postes-relais). (*Paris*) *Lenormant fils*, sans date (1826), br. in-8.

1384 Opinion sur le nouveau mode d'appellation de nos consonnes, considéré dans son application à l'enseignement de la lecture, par M. D. de V. (Dutertre). *Paris, Delaunay,* 1816, br. in-8.

1385 Opinion (l') publique sur le procès du général Moreau, par un citoyen (Charles-Joseph La Folie). Dédiée à Napoléon-Bonaparte. *Paris,* 1804, br. in-8.

1386 Opinions de Napoléon sur divers sujets de politique et d'administration, recueillies par un membre de son conseil-d'état (le comte Pelet de la Lozère, député), et récit de quelques événemens de l'époque. *Paris, Firmin Didot,* 1833, 1 vol. in-8.

1387 Opuscules divers, en prose et en vers, par D***** L**** (Darrodes-Lillebonne). *Paris, Pillot jeune,* 1805, in-8.

1388 Oracles de Flore, par C. F. P. Del...... (Charles-François-Paul Delanglard, employé au contentieux de la direction des droits-réunis). *Paris, Janet,* sans date (1816), in-18.

1389 Oraison funèbre de Buonaparte, par une société de gens de lettres, prononcée au

Luxembourg, au Palais-Bourbon, au Palais-Royal, aux Tuileries et ailleurs (par M. Adrien-Jean-Quentin Beuchot). Cinquième édition, revue, corrigée, diminuée et augmentée, avec préfaces, variantes et index. *Paris, Dentu*, 1814, br. in-8.

Cette brochure est un cadre qui renferme toutes les adulations prodiguées à BONAPARTE, par les hommes les plus connus. Son succès fut très grand.

1390 Oraison funèbre du cardinal, duc de Joyeuse, archevesque de Rouen (par Jean de Montereul, avocat au parlement). *Paris, Cramoisy*, 1616, in-8.

1391 Oraison funèbre de Claude Bouhier, second évêque de Dijon, par un bénédictin (Dom Claude Jourdain). *Dijon*, 1755, in-4.

Cette oraison funèbre n'a point été prononcée.

1392 Oraison funèbre de très-hauts et très puissants seigneurs, en leur vivant, les gens tenant les conseils supérieurs de France, prononcée dans la grande salle de l'hôtel-de-ville de Caen, le 28 novembre 1774 (par M. Desmares, avocat au siége présidial de Caen). *En Normandie*, 1776, in-8 de 37 pages.

1393 Orateur (l') du genre humain (par Jean-
Baptiste Cloots. *Paris*, 1791, in-8.

A l'époque de la révolution dont il embrassa avec
ardeur tous les pricipes, CLOOTS changea son nom
patronymique de Jean-Baptiste, contre celui d'A-
NACHARSIS.

1394 Ordre (de l') de la noblesse et de son antiquité chez les Francs (par M. Joly de Bévy).
Dijon, Coquet, 1817, br. in-8.

1395 Oreste, ou Les Cœphores, tragédie
d'Æschyle, traduction nouvelle avec des notes
(par M. de la Porte du Theil). *Paris, Desaint,*
1770, in-8.

1396 Origine des dignitez, magistrats, offices
et estats du royaume de France (par Vincent
de la Loupe). *Paris, Nicolas Bonfons,* 1573,
in-24.

1397 Origine (de l') des puces (par Pierre-
Sylvain Maréchal). *Londres (Paris)*, 1761,
in-12.

1398 Origines (les) de quelques coutumes anciennes et de plusieurs façons de parler tri-
viales, avec un vieux manuscrit en vers touchant l'origine des chevaliers Bannerets (par

Jacques Brieux de Moisant). *Caen*, 1672, in-12.

1399 Orphelin (l') de la Westphalie, par Auguste de Lafontaine, traduit de l'allemand, par le traducteur du *Bal masqué*, etc. (J. J. M. Duperche). *Paris, Lerouge*, 1820, 2 vol. in-12.

1400 Orpheline (l') du presbytère, ou Fiction et vérité, traduit de l'anglais (de mistriss Ellis Bennett) (par M. A. J. B. de Fauconpret). *Paris, H. Nicolle (Charles Gosselin)*, 1816, 5 vol. in-12.

1401 Osmond. Par l'auteur d'*Elisa Rivers*; traduit de l'anglais (de miss Kelly), sur la deuxième édition, par madame S*** P*** (Sophie Panier). *Paris, Trouvé*, 1824, 4 vol. in-12.

Une erreur typographique a fait substituer le nom de madame MOLÉ à celui de madame SOPHIE PANIER, comme traductrice du roman d'ÉLISA RIVERS. Voyez le n° 460.

1402 Où allons-nous? et que voulons-nous ? ou la Vérité à tous les partis. Par un ancien membre de la chambre des députés (M. le baron Silvestre de Sacy). *Paris, Petit*, 1827, br. in-8 de 84 pages.

1403 Oubli (l'), ou La Chambre nuptiale. Vaudeville en un acte, par M. Paulin (Paul Duport). *Paris, Barba*, 1831, in-8.

1404 Ourika (par madame la duchesse de Duras). *Paris, Ladvocat*, 1824, in-12 de 84 pages.

1405 Ouslad ou Le Bois de Marie, imitée de B. Joukousky. Par Charles H*** (Héguin). *Paris, Dalibon*, 1824, 1 vol. in-12.

1406 Ovide. Toutes les pièces qui nous restent de ce poëte, lesquelles il composa pendant son exil, contenues dans les deux grands ouvrages que nous avons de lui sur ce sujet sous les deux titres différens de *Tristes* et de *Pont*, distribués en 9 livres. Traduction en vers, par M. D. M. A. D. V. (Michel de Marolles, abbé de Villeloin). *Paris, Jacques Langlois*, 1678, in-4.

Anonymes et pseudonymes étrangers.

1407 Obstetrix animorum, hoc est brevis et expedita ratio docendi, studendi, conversandi, imitandi, judicandi, componendi (auctore, vel potiùs editore Edmundo Bicherio). *Parisiis , Ambros. Drouart*, 1600, 1 vol. in-12.

1408 Opus Merlini Cocaii (Theophili Folengo) poetæ Mantuani macaronicorum totum in pristinam formam , per me magistrum Aquarium Lodolam redactum, etc. *Amstelodami, Abr. à Someren (Neapoli)*, 1692 , in-8.

C'est le même ouvrage que celui qui est cité au n° 1231.

1409 Origine (de), usu et ratione vulgarium vocum linguæ gallicæ, italicæ et hispanicæ , libri primi sive A, Centuria una. Auctore J. B. (Jacobo Bourgoing), parisiensi consiliario regio. *Paris, Stéphane Prévosteau*, 1583 , in-4.

1410 Origines Livoniæ, Seu Chronicon livonicum vetus , etc., à pio quodam Sacerdote. *Francofurti et Lipsiæ*, 1740 , 1 vol. in-fol.

Cet ouvrage a été publié par JEAN-DANIEL GRUBER, qui y a joint des notes. Le *Chronicon vetus* qui va jusqu'à l'an 1226, a été écrit par un prêtre pieux dont le nom n'est indiqué nulle part; mais GRUBER , dans sa préface , par des conjectures assez vraisem-

blables, pense que ce prêtre s'appelait HENRI DE
LETTIS ou LETTUS.

1411 Otia Witebergensia (publiés par Georges-
Mathias Bosc). *Wittenberg*, 1793, in-4.

1412 Ovidii Nasonis opera (edente ac curante
Michaelo Maittaire). *Londres, Jac. Tonson*,
1715, 3 vol. in-12.

> Cette édition fait partie de la collection en 27
> vol. in-12, des auteurs latins revus par MAITTAIRE,
> et imprimés à Londres.

1413 Origine (dell') dei Barbari, che distrus-
sero per tutto il mondo l'Imperio di Roma,
ondè hebbe principio la città di Venetia, libri undici, con un cronico che serve a saper
le cose fatte da i Veneti dalla prima origine
della città, fin l'anno 800 (di Nicolo Zeno).
Venetia, 1557, 1 vol. in-4.

1414 Origine (dell') dei progressi e dello stato
attuale d'ogni litteratura (da l'abbate Juan
Andres). *Parma, Stamperia reale (Bodoni)*,
1793-97, 7 vol. in-4.

1415 Orlandino di Limerno Pittoco (Theophilo
Folengo). Nuovamente stampato, diligente-
mente corretto ed arrichito di annotazioni.

Londra (*Parigi, Molini*), 1773, 1 vol. in-12.

Ce poème parut pour la première fois en 1526 ; il a été souvent réimprimé, mais l'édition donnée par BINDONI, en 1550, passe pour la meilleure. L'idée de ce poème fut suggérée à THÉOPHILE FO- LENGO par les critiques amères auxquelles furent en butte ses *Macaroniques*, dont le style et la licence qui s'y faisaient remarquer, trouvèrent de nombreux adversaires. Le nouveau nom de LIMERNO qu'il prit dans cette occasion, n'est que l'anagramme de son premier pseudonyme MERLINO, et le mot de PITTOCO exprime fort bien l'état de dénuement où il était souvent réduit. Lorsque plus tard il se fut con- verti, il donna une nouvelle édition de l'*Orlandino*, en sept chants, au lieu de huit qu'il avait dans le principe, et avec des corrections et des suppres- sions considérables, surtout dans le dernier chant.

1416 Osservazioni storiche naturali e politiche intorno la Valachia e Moldavia (par M. Rai- cevich, de Raguse, consul d'Autriche en Moldavie). *Napoli, G. Raimondi*, 1788, in-8.

P.

1417 Panégyrique de la mère de Dieu. Par messire J. P. C. nommé par sa majesté à l'évêché de B. (par monseigneur de Bellay). *Paris, Claude Chappelet,* 1608, in-12.

Première production imprimée de l'auteur, qui l'a insérée depuis au 10ᵉ tome de ses *Diversitez,* p. 390.

1418 Panégyrique (le) du trois (par M. le marquis de la Gervaisais). *Paris, Hivert,* 1826, in-8.

1419 Pantagruel roi des Dipsodes, restitué à à son naturel, avec ses faictz et prouesses espouvantables, composé par feu M. Alcofribas, abstracteur de quintessence (par maître François Rabelais). *Lyon, François Juste,* 1542, in-16.

1420 Papillons d'Europe, peints d'après naturé par Ernst, gravés et coloriés sous sa direction (et sous celle de M. Girot d'Orcy); décrits par Engramelle. *Paris, Ernst,* 1779-1792, 8 vol. in-4.

1421 Papillottes (les). Scènes de cœur, de tête et d'épigastre, par Jean-Louis (Audibert). *Paris, Hippolyte Souverain*, 1831, 1 vol. in-8.

1422 Par ma faute. Par l'auteur de la *Famille d'Almer* (M. Fleury). *Paris, Bousquet et Vimont*, 1832, 2 vol. in-8.

1423 Parabole de l'efon proudigue, en patois de Nahrte ouvergna, par M. J. L. (Labouderie). *Paris, Firmin Didot*, 1823, in-8.

Le texte hébreu est en regard de la traduction en patois auvergnat.

1424 Paradoxes, autrement propos contraires à l'opinion de la plupart des hommes (par Charles Estienne). Livre non moins profitable que facétieux. *Paris, Nicolas Lesauger*, 1583, 1 vol. in-18.

La première édition remonte à l'année 1554 et est in-8.

1425 Parallèle de Bonaparte et de Charlemagne (par le citoyen Chas). An X (1802), in-8 de 16 pages.

1426 Parallèle de Talma et de Joanny (par

Edmond de Manne). *Paris,* sans date (1822), in-8.

1427 Parallèle (le) du soleil, en faveur de monseigneur le prince à sa bienvenue dans la ville de Bourges (par Nicolas Faret). *Bourges, Maurice Levez* , 1620, pièce in-8.

C'est de ce poète que Boileau a parlé dans ces vers :

> Ainsi , tel autrefois qu'on vit avec FARET
> Charbonner de ses vers les murs d'un cabaret....

1428 Parfumeuse (la) de la cour , comédie-vaudeville en un acte, par MM. Dupin et.... (d'Epagny). *Paris, Barba* , 1832 , in-8.

1429 Paris ancien, Paris moderne ; religion, mœurs , caractères , usages des habitans de cette ville ; anecdote curieuse et faits intéressans (par M. de Mauperché, ancien conseiller au parlement de Paris).Première livraison. *Paris, Barrois l'aîne,* 1813 , in-4.

1430 Paris (de) à Varsovie par Francfort-sur-le-Mein, Leipsick, Berlin et Thorn, etc. Journal (par M. Delestre-Poirson). *Paris, Dondey-Dupré* , 1827 , in-8.

Cette relation , tirée seulement à 30 exemplaires, n'a été donnée qu'aux amis de l'auteur.

1431 Parnasse (le) satyrique du sieur Théophile (Viaud). 1668, 1 vol. in-12.

1432 Paroles de justice et de raison (par M. le marquis de la Gervaisais). *Paris*, 18 mai 1824, br. in-8.

1433 Partages (des) par souche et par représentation, etc. (par Normand, avocat). *Dijon, J. Sirot,* 1730, 1 vol. in-8.

1434 Passage du grand St.-Bernard, par l'armée française, au mois de mai de l'année 1800. Ode (par Antoine-Charles de Périn-Brichambault). Sans date (1801), in-8.

1435 Pastorale (la) héroïque chantée à la fête donnée par les ambassadeurs d'Espagne, au nom de Sa Majesté Catholique en l'hôtel de Bouillon, en réjouissance de la naissance de monseigneur le Dauphin, et représentée sur le théâtre de l'Opéra, le lundi et le mardi-gras de l'année 1730 (par Jean-Ignace de La Serre). *Paris, Ballard,* 1730, in-4.

1436 Patrie (de la) (par M. le baron de Rouvrou, lieutenant-général). *Paris, A. Pihan de la Forest,* 1829, br. in-8.

1437 Paul Briolat, par Merville (Camus).
Paris, Renault, 1831, 1 vol. in-8.

Il y a une autre édition en 3 vol. in-12.

1438 Paulin, ou Les Aventures du comte de
Walter (par Grandville, comédien). *Paris,
Desenne*, 1779, 2 vol. in-12.

1439 Pauline et Valmont, comédie en deux
actes et en prose (par Nicolas-Marie-Félicité
Bodard de Tezay). *Paris, Cailleau,* 1787,
in-8.

1440 Paysan (le) et le gentilhomme, anecdote
récente. Troisième édition (par Edouard
Lemontey, de l'académie française). *Paris,
Lhuillier,* 1816, br. in-8.

1441 Peau (la) de chagrin, ou Le Roman en
action, extravagance romantique. Comédie-
vaudeville en 3 actes, par MM. Simonnin et
Théodore N**** (Nezel). *Paris, Quoy,* 1832,
in-8.

Le sujet de cette pièce est tiré du roman de même
nom, par M. DE BALZAC.

1442 Pélerinage (le) de Childe-Harold, poème
romantique de lord Byron, traduit en vers
français par l'auteur des *Helléniennes* et des

Mélodies poëtiques (publiées en 1825) (par M. G. Pauthier, de Besançon). *Paris*, *Dupont*, 1828, 1 vol. in-18.

1443 Pélerinage (le) de St .Charles-Borrhomée, à Rosny (par M. Amable Grégoire, sous-chef retraité de l'ancien bureau des cultes et beaux-arts, à la préfecture du département.) *Paris*, 13 février 1832, br. in-8.

1444 Pélerinage (le) de Ste. Julienne à Colombes, par Neuilly, près Paris (par le même). *Paris*, *Adrien Leclère*, 1830, in-18.

1445 Pélerinage (le) d'Holy-rood, où Le Récit et le rêve. Par M. B. D. P. (Pourrat des Gauds.) *Paris*, *Dentu*, 1832, br. in-8 de 70 pages, avec un portrait et un *fac-simile*.

Cette petite relation est un récit simple et touchant de ce que l'auteur a vu lui-même, et que les témoignages les plus authentiques ont confirmé. Une seconde édition, augmentée du compte-rendu du procès intenté à l'auteur, a été publiée quelques mois après et porte son nom.

1446 Pensées d'un Français en 1814 (par le marquis Frédéric - Gaëtan de la Rochefoucauld-Liancourt). *Paris*, *Delaunay*, 1814, br. in-8.

1447 Pensées et considérations morales et religieuses, avec cette épigraphe : « *Soyons sans
dol* » (par M. Prunelle de Lierre). *Paris,
Migneret*, 1826, 1 vol. in-8.

Une première édition avait été publiée en 1824,
celle-ci est augmentée du double.

1448 Pensées ingénieuses des anciens et des
modernes (par le père Dominique Bouhours).
Paris, Desprez, 1758, 1 vol. in-12.

La première édition a paru en 1689.

1449 Pensées sur la philosophie de l'incrédu-
lité, ou Réflexions sur l'esprit et le dessein
des philosophes irréligieux de ce siècle (par
l'abbé Adrien Lamourette). *Paris, Berton*,
1786, in-8.

1450 Pensées sur la philosophie de la foi, ou
Le système du christianisme considéré dans
son analogie, avec les idées naturelles de
l'entendement humain (par le même). *Paris,*
1789, 1 vol. in-8.

1451 Pensées théologiques relatives aux erreurs
du temps, par Dom Nicolas Jamin, bénédictin de la congrégation de St.-Maur. Précédées d'une notice sur sa vie et ses ouvrages

(par Gabriel Peignot). *Paris, Dijon, Lagier,* 1825, 1 vol. in-12.

1452 Percy-Mallory, ou Orgueil, honneur, infamie. Par l'auteur de Pen-owen (Théodore Hook). Traduit de l'anglais, par M. Dusaulchoy. *Paris, Bouquien de la Souche,* 1824, 4 vol. in-12.

1453 Père (le) Clément, ou le Jésuite confesseur, par l'auteur de *Décision*; traduit de l'anglais sur la quatrième édition (par mademoiselle Saladin). *Paris, Smith,* 1825, 1 vol. in-12.

1454 Père (le) et la fille (par MM. Félix Bodin et Philarète Chasles). *Paris, Lecointe et Durey,* 1824, 1 vol. in-12.

1455 Périls (les) de la loi, ou Dernier terme de la discussion sur l'exploitation de la mine de Vic (par M. le marquis de la Gervaisais). *Paris, A. Égron et Ponthieu,* 1825, br. in-8.

1456 Perle (la), ou les Femmes littéraires; choix de morceaux en vers et en prose, composés par des femmes, précédés d'un aperçu historique sur les femmes littéraires de la

France, par P. L. Jacob, bibliophile (Paul Lacroix). *Paris, L. Janet*, sans date, 1 vol. in-18.

1457 Perspective (la) practique, nécessaire à tous peintres, graveurs, sculpteurs, architectes, orfèvres, brodeurs, etc., et autres se servant du dessin. Par un Parisien, religieux de la compagnie de Jésus (par le père Dubreüil). *Paris, Melchior Tavernier*, 1642-1647-1649, 3 vol. in-4.

On lit, dans la *Biographie universelle* que le libraire Langlois publia, en 1751, une nouvelle édition, augmentée par l'auteur en plusieurs endroits, notamment d'un traité de la perspective militaire, ou méthode pour élever sur des plans géométraux. 3 vol. in-4.; et dans une note, que quelques bibliographes ont prétendu que ce n'est que l'édition de 1642, dont on a renouvelé le frontispice. Le *Manuel du libraire* parle de cette *perspective* comme d'un ouvrage estimé, et dont il n'y a qu'une seule édition, quoique plusieurs exemplaires portent une date différente.

1458 Peste (la) de Barcelone, poëme élégiaque (par le chevalier Alphonse Péronneau, membre de plusieurs sociétés savantes). *Paris, Hubert*, 1821, in-8.

1459 Petit atlas maritime (par Jacques-Nicolas Bellin). *Paris*, 1764, 5 vol. in-4.

Ce recueil est le troisième des cartes qui furent dressées au ministère de la marine, sous sa direction ; le premier s'appelle le *Neptune français*, et le second, l'*Hydrographie française*.

1460 Petit Berquin en miniature, théâtre d'éducation du premier âge, par MM. A. I*** (Auguste Imbert) et J.-B. Fléché. *Paris, Imbert*, 1825, 1 vol. in-18.

1461 Petit catéchisme avec les prières du matin et du soir, que les missionnaires font et enseignent aux néophytes et catéchumènes de l'île de Madagascar, le tout en français et en cette langue (par Etienne de Flacourt). *Paris, Josse*, 1657, 1 vol. in-8.

1462 Petit (le) Jacques, opéra en un acte (et en prose), par Alexandre (Furcy-Guesdon). *Paris, madame Masson*, an IX (1801), in-8.

1463 Petit (le) neveu de Boccace, ou Contes nouveaux en vers; par Pl. D. V. (Plancher de Valcour, plus connu sous le nom d'Aristide Valcour). *Amsterdam*, 1787, 3 vol. in-8.

1464 Petit (le) neveu du compère Matthieu, par Dulory (Bidard-Hayère, professeur au collége de Nemours). *Paris, Lecointe et Pougin (Renaud)*, 1832 , 5 vol. in-12.

1465 Petit (le) roman d'une grande histoire, ou Vingt ans d'une plume (par Guillaume Lallement). *Paris, Alexis Émery*, 1818, br. in-8.

1466 Petits almanachs des spectacles des années 1800 à 1810, par Anagramme d'Auneur (Armand Ragueneau). *Paris, madame Huet-Masson*, 1800-1811 , 10 vol. in-18.

1467 Petits (les) appartements des Tuileries, de Saint-Cloud et de la Malmaison. Mémorial, tablettes et chroniques pour servir à l'histoire de l'intérieur des cours de France, de Naples, de Madrid, etc. , sous le consulat, l'empire et la restauration, avec des *fac-simile* de tous les membres de la famille impériale; publié par l'auteur des *Mémoires d'un page* (Emile Marco de St.-Hilaire). *Paris, Urbain Canel*, 1831, 2 vol. in-8.

1468 Petites (les) Danaïdes, ou 99 victimes, imitation burlesque de l'opéra des *Danaïdes*, par M. Gentil (et Marc-Antoine Désaugiers). *Paris, Fages*, 1819, in-8.

Cette parodie, dont le succès fut immense, a été souvent réimprimée.

1469 Pétrarque (le) français, poësies diverses, par P. C. A... (Pierre-Cyprien Aubry). Deuxième édition. *Tours, Mame,* sans date (1799), 1 vol. in-12.

1470 Pharamond, opéra en trois actes (par MM. J. F. A. Ancelot, Alexandre Guiraud et Alexandre Soumet). *Paris, Urbain Canel,* 1827, in-8.

1471 Pharamond, ou l'Entrée des Francs dans les Gaules, drame en trois actes, par Victor (Henri - Joseph Brahin Ducange). *Paris, Barba,* 1813, in-8.

1472 Philosophe (le) soi-disant, comédie en trois actes et en prose; tirée des contes de M. Marmontel. Par mademoiselle A. C. de K. (Amélie-Caroline de Kinchot). *Maestricht, Jacques Lekens,* 1767, in-8.

1473 Philosophie de l'exil (par le baron d'Haussez, ex-ministre). *Paris,* 1833, 1 vol. in-12.

1474 Philosophie (la) divine, appliquée aux lumières, magique, naturelle, astrale, etc.

Par Keleph Ben Nathan (M. Dutors, de l'é-
glise réformée). 1793, 3 vol. in-8.

1475 Physiologie de la poire, par Louis Benoît, jardinier (par M. Pestel). *Paris*, 1832,
in-8.

1476 Physiologie du goût, ou Méditations de
gastronomie transcendante. Par un professeur,
membre de plusieurs sociétés littéraires (M.
Brillat-Savarin , conseiller à la cour de cassation). *Paris, Sautelet*, 1826, 2 vol. in-8.

1477 Physiologie du mariage, ou Méditations
de philosophie éclectique sur le bonheur et le
malheur conjugal, publiées par un jeune cé-
libataire (M. Honoré Balzac.) *Paris, Levavasseur*, 1830, 2 vol. in-8.

1478 Physiologie du ridicule, ou Suite d'observations. Par une société de gens ridicules
(par madame Sophie Gay). *Paris, Vimont,*
1833, 2 vol. in-8.

1479 Pierres antiques gravées sur lesquelles les
graveurs ont mis leurs noms, dessinées et
gravées par B. (Bernard) Picart, expliquées
par Stosch et traduites (par de Limiers).
Amsterdam, 1724, 1 vol. in-fol. avec 70 pl.

C'est la traduction peu estimée de l'ouvrage du baron de Stosch célèbre numismate, intitulé : « Gemmæ antiquæ cœlatæ sculptorum imaginibus insignitæ », etc. , in-fol.

1480 Pigmalion ou La Statue animée (par Deslandes). *Londres*, *Harding*, 1742, in-12.

La première édition a été publiée en 1741.

1481 Pile (la) de Volta, recueil d'anecdotes violentes (rédigé par M. Amédée Pommier). *Paris*, *Abel Ledoux*, 1831, 1 vol. in-16.

1482 Plaisant (le) du Dodechedron de fortune, non moins récréatif que subtil et ingénieux (par Jean de Meung, revu par François Gruget). *Paris*, *Le Magnier*, 1560, in-4.

Voici ce qu'on lit à ce sujet dans la *Biographie universelle* : « Outre que ce livre qui traite de la « bonne aventure, paraît peu digne de l'auteur du « *Roman de la rose*, on peut douter qu'il l'ait com- « posé, et surtout qu'il l'ait dédié à Charles V, dit « *le Sage* ; car il aurait eu alors près de cent-vingt « ans. Cependant, si l'on veut que ce soit le der- « nier fruit de la vieillesse de JEAN DE MEHUN, il « faut supposer avec M. MÉON, qu'il le dédia à « Charles-*le-Quart*, qui monta sur le trône en 1322, « et que l'éditeur par méprise aura lu , Charles-*le*- « *Quint* ».

1483 Plaisirs (les) de Mars et de l'Amour, recueil de chansons. Par M. B... (Bogé). *Lille, Blocquet*, 1813, in-18.

1484 Plan de l'établissement d'un répertoire général des notaires de France, pour l'annonce des ventes, acquisitions, etc. Par M. B. A. H. D. (Houard-Dallier). *Paris*, sans date (1804), in-8 de 8 pages avec plan, carte et tableau.

1485 Plan sur la manière et les moyens d'augmenter les forces militaires et les revenus de l'état (par M. le marquis du Hallay). Sans date (1787), in-4 de 16 pages.

1486 Plantation de l'arbre de la liberté, par les élèves du prytanée français, à la maison de Vanvres, le 16 ventôse an 7, de la république française. Par.... (Champagne), directeur du prytanée. *Paris, Bertrand-Quinquet*, br. in-8 de 39 pages.

1487 Poëme séculaire d'Horace (traduit en vers français, par le chevalier de Langeac). Sans date (1780), in-8 de 7 pages.

1488 Poëme sur la grâce (par Louis Racine). *Paris, J.-B. Coignard*, 1720, 1 vol. in-8.

1489 Poëme sur l'assemblée des notables (par Marie-Joseph Chénier). Nouvelle édition, 1787, in-8.

1490 Poësies (les) de Guillaume Crétin (publiées par Antoine-Urbain Coustelier, libraire). *Paris, Coustelier*, 1723, 1 vol. in-12.

GUILLAUME CRÉTIN, dont le vrai nom était DUBOIS, ainsi qu'il prend soin d'en avertir le public dans un quatrain adressé à son ami JEHAN MARTIN, vivait dans le XVᵉ siècle, et est mort au commencement du XVIᶜ. Il était chantre de la Ste.-Chapelle de Paris, trésorier de Vincennes et de plus, chroniqueur du roi. Ses poësies ont été plusieurs fois réimprimées. L'édition originale porte le titre de *Chants royaux, oraisons et autres petits traités* etc. Elle est sans date et en caractères gothiques.

1491 Poësies de Malherbe, ornées de son portrait et d'un *fac-simile* de son écriture. Nouvelle édition (publiée par J.-J. Blaise) et dédiées à la ville de Caen, patrie de l'éditeur. *Paris, Blaise*, 1822, 1 vol. gr. in-8.

Cette édition, ainsi que celle des *Lettres inédites de Malherbe*, publiées par le même, est exécutée avec soin et luxe.

1492 Poësies de Pernette du Guillet, Lyonnaise (publiées par M. Breghot-du-Lut). *Lyon, Louis Perrin*, 1830, in-8.

1493 Poësies diverses, par M. l'abbé de B*****
(Bernis). Nouvelle édition. *Amsterdam*, 1764,
1 vol. in-12.

1494 Poësies et pièces fugitives, par le chevalier de B***** (Bertin). *Paris*, 1782, in-8.
(Ersch.)

Souvent réimprimées.

1495 Poètes (les) en voyage, ou Le Bouquet
impromptu. Vaudeville en un acte (par MM.
M. A. Désaugiers et Alissan de Chazet). Représenté à Rouen, le 3 septembre 1813, à
l'occasion du passage de S. M. l'Impératrice,
Reine et Régente, et en sa présence. *Rouen*,
1813, in-8.

Cette pièce ne se trouve pas dans le commerce.

On lit sur une note manuscrite d'un exemplaire
que M. QUÉRARD a eu entre les mains, que MARIE-
LOUISE qui assistait à la première représentation de
cet ouvrage, fut si mécontente de ce ramassis des
plus fades éloges, qu'elle annonça qu'elle allait se
retirer immédiatement, s'il y avait un couplet de
plus. « Je suis très content de tout ce qui a été fait,
dit le ministre de la marine aux auteurs, excepté
de votre pièce ». Ces messieurs n'en obtinrent pas
moins une gratification de 1,500 francs.

1496 Poètes (les) français depuis le XIIᵉ siècle,
jusqu'à Malherbe, avec une notice historique

et littéraire sur chaque poète, etc. Par P. R. Auguis. *Paris, Renouard,* 1824, 6 vol. in-8.

On a ajouté à la fin du 6ᵉ volume: « Lettre à M. C. N. A*** (Amanton) à Dijon (par Gabriel Peignot), sur un ouvrage intitulé : *Les poètes français depuis le XIIᵉ siècle,* etc. , avec une notice sur la nouvelle édition des *Ewres de Lovize Labé* (Lyon, 1824), par C. N. A. (Amanton) ». *Dijon, Frantin,* 1824, in-8.

1497 Poïata , ou La Lithuanie au XIVᵉ siècle (par Bernatowicz). *Paris, Ambroise Dupont,* 1833, 2 vol. in-8.

Ce roman a été traduit en français par deux Polonais. Le p seudonyme de Letourneur, cache les noms de MM. Ajasson de Grandsagne et Eugène Pirolle, qui ont été les réviseurs de l'ouvrage.

1498 Point de croix, point de couronne, ou Traité sur la nature et la discipline de la Ste.-Croix de Christ, etc. Par Guillaume Penn. Traduit de l'anglais (par Cl. Gay). 1746, in-8.

1499 Point de réplique au solitaire (par l'abbé Guillaume-André-René Baston). Sans indication de lieu , ni de date. (*Rouen,* 1791), in-8.

1500 Police (la) dévoilée depuis la restauration, et notamment sous MM. Franchet et Delavau. Par M. Froment, ex-chef de brigade du cabinet particulier du préfet. *Paris, Lecointe,* 1829, 3 vol. in-8.

Le véritable auteur de ce livre se nomme GUYON.

1501 Politico-manie (la), chanson. Par le chevalier Agis de St. D. (de St.-Denis), garde de Monsieur. (1822), in-8.

1502 Politique du médecin de Machiavel ou Le Chemin de la fortune ouvert aux médecins (par Julien Offray de la Mettrie). Première partie. *Amsterdam (Lyon), Bernard,* sans date (1746), 1 vol. in-12.

A ce livre, est joint l'arrêt du parlement, en date du 9 juillet, qui le condamne à être brûlé. Les matériaux de cet ouvrage furent, dit-on, fournis à son auteur, par un homme qui aspirait à la place de premier médecin du roi, et LA METTRIE ne fit que lui prêter la *volubilité* de sa plume et la fécondité de son imagination. (Biog. univ.)

1503 Polixène et Pirrhus, tragédie (lyrique), en cinq actes (par M. Jean-Ignace de la Serre). *Paris, Ballard,* 1706, in-4.

C'est le premier ouvrage dramatique de ce poëte médiocre, et son début dans la carrière fut loin d'être heureux.

1504 Pologne (la) (par M. le marquis de la Gervaisais). *Paris, A. Pihan de la Forest*, br. in-8.

1505 Polygonométrie (par M. François Quesnay, médecin du Roi). Sans indication de lieu et sans date (décembre 1770). in-4.

> L'auteur publia en février 1771, un second mémoire sur la polygonométrie.

1506 Pomona austriaca, ou Arbres fruitiers d'Autriche, représentés en figures, dessinés et peints d'après nature (par J. Ch. Krafft). *Vienne, Blumauer*, 1797, 2 vol. in-fol.

1507 Ponce de Léon, opéra-bouffon en trois actes (paroles et musique de M. Henri-Montan Berton). *Paris, Migneret*, 1798.

1508 Pont (le) d'Arcole et la police Gisquet, ou Deux ans après la révolution de 1830 (par Prosper Barthélemy). *Paris, Guillemin fils*, 1833. br. in-8.

1509 Porte-feuille d'un inconnu qui a été trouvé par une jolie femme à la promenade *Bonaparte*; précédé d'un précis historique de la ville de Marseille. Rédigé par A. B...., chef de la société universelle des *Gobe-Mouches*

(par Joseph Chardon , libraire à Marseille). *Marseille* , 1809 , 1 vol. in-18.

1510 Porte–feuille (le) lyonnais, ou Bigarrures provinciales, trouvées par un Q......... ni cuirassé , ni mitré , mais botté (par M. Bruyset de Ménevieux). N°s 1 et 2. *Minorque* , 1779, in-8.

1511 Portrait (le), nouvelle traduite de l'allemand d'Auguste Lafontaine, par l'éditeur d'*Ida* et du *Missionnaire* (M. Dubuc). *Paris, Nicolle*, 1812, 1 vol. in-12.

1512 Postillon (le) et la diligence, fable (par M. Edme Héreau). *Paris* , *Tastu* , 1825, in-8 de 4 pages.

1513 Pour (le) et le Contre sur cette question proposée par l'académie de Besançon , pour le prix de 1761 : « *Le désir de perpétuer son* « *nom et ses actions dans la mémoire des* « *hommes, est-il conforme à la nature et à* « *la raison* » (par le père Jacquet, jésuite). *Lyon* , *Périsse frères* , 1761 , in-8 de 83 pages.

1514 Préambule de la discussion sur le projet de loi relatif à la mine de sel gemme (par le marquis de la Gervaisais). *Paris*, *Pon-thieu*, 1825, br. in-8.

1515 Précis analytique et raisonné du système analytique du docteur Gall, etc. Rédigé sur les indications fournies par le docteur Gall, lui-même, à l'auteur (par M. Hottin). Quatrième édition, considérablement augmentée et améliorée. *Paris*, *Roam frères*, 1829, 1 vol. in-18.

Les trois premières éditions sont in-plano, avec figures.

1516 Précis d'arithmétique par demandes et réponses, à l'usage des écoles primaires (par M. Lhuilier, professeur de mathématiques). *Genève*, *J. Manget*, 1797, 1 vol. in-12.

1517 Précis des ordonnances, édits, etc., avec des notes (par Disson). *Dijon*, *Capel*, 1781, 1 vol. in-8.

1518 Précis historique de la vie et du procès du maréchal Ney, etc. Par F. F. C. (Cotterel) membre de plusieurs académies. *Paris*, *Dentu*, 1816, br. in-8.

1519 Précis historique de l'établissement de la société royale de médecine, de sa con-

duite, etc. (par M. Bourry). Sans date,
in-8 de 32 pages.

1520 Précis historique de l'établissement et des
progrès de la compagnie anglaise aux Indes
occidentales, suivi d'un tableau de sa situation à l'époque actuelle, et des derniers actes
rendus par le parlement, servant à complé-
ter sa législation politique et commerciale.
Traduit de l'anglais de M. Colquhoun, par
M. R.. (Rodouan) et M. Bertrand. *Paris,
Nicolle*. 1815, 1 vol. in-8.

Ce dernier nom m'a été indiqué par une note
manuscrite placée sur un exemplaire que j'ai eu
entre les mains.

Ce précis offre des détails positifs sur toutes les
opérations de la compagnie depuis son origine,
mais l'auteur n'y a joint aucune réflexion.

1521 Précis historique de l'ordre de la Franc-
Maçonnerie, depuis son introduction en
France, jusqu'en 1829; suivi d'une biographie des membres de l'ordre, et d'un choix
de discours et de poësies. Par J. C. B. (Bésuchet, docteur-médecin). *Paris, Rappilly,*
1829, 2 vol. in-8.

1522 Précis historique et anecdotes diverses sur
la ville et l'ancienne abbaye de Vézelay et sur

ses alentours, au département de l'Yonne, par feu M. (Nicolas-Léonard) Martin, ancien curé de Vézelay (publié par mademoiselle Ed. Martin, sa nièce). *Auxerre Gallot-Fournier*, br. in-8.

1523 Précis historique et statistique sur la ville de Valenciennes, suivi d'un coup-d'œil sur les usages anciens et modernes de la même ville (par Gabriel-Antoine-Joseph Hécart). *Valenciennes, Henry*, 1825, br. in-8.

1524 Précis historique et fabuleux sur les statues qui ornent le jardin des *Tuileries* (par Blondeau). *Paris, Chandrillé*, an VI (1798), in-8 de 19 pages.

1525 Précis historique, généalogique et littéraire de la maison d'Orléans, avec notes, tables et tableaux. Par un membre de l'université (M. Gabriel Peignot, proviseur du collège de Dijon). *Paris, Crapelet*, 1830, 1 vol. in-8.

1526 Précis sur l'usure attribué aux prêts de commerce, par M. B.... (Guillaume-André-René Baston). Suivi de l'opinion analogue de l'abbé Bergier, comparée avec celle que lui prête un éditeur de Toulouse. *Paris*, 1825, 1 vol. in-8.

1527 Premier cahier des mystères de la nature. Avis à mes enfans. Par Al... Q... (Alexandre-Marie Quesnay, ancien fonctionnaire public). *Paris, Gautier et Bertin*, sans date (1809), in-16 de 48 pages.

1528 Premier (le) livre des Fastes d'Ovide, traduction nouvelle avec des notes critiques et historiques (par Lozeau). *Paris, Barbou*, 1756, 1 vol. in-12.

1529 Premier (le) livre des mignardises et gayes poësies de A. D. C. A. M. (Antoine de Cotel, ancien magistrat). Avec quelques traductions, imitations et inventions par le même autheur. *Paris, Gilles Robinot*, 1578, 1 vol. in-4.

On lit sur l'exemplaire que possède la bibliothèque du roi, ce quatrain écrit à la main et en caractères gothiques.

« Tel se mocque ou reprend ce livre
« Qui, ignorant, ou curieux,
« Ne sçaurait de cent pas le suivre :
« Mais (qui le pourra) face mieux! »

1530 Première lettre à M. le comte de Cazes, en réponse à son discours sur la liberté indi-

viduelle. Par A. F. T. C. (Chevalier). *Paris,*
Dentu, 1817, in-8 de 76 pages.

1531 Presbytère (le) au bord de la mer; tra-
duit de l'allemand d'Auguste Lafontaine, par
MM. G.... et S... (J. J. Guizot et Sauvan).
Paris, Arthus Bertrand, 1816, 4 vol. in-12.

1532 Préservatif contre la fumée, ou Moyens
de construire les nouvelles cheminées, et de
réparer les anciennes, etc. Par L. A. M. G.
(Miroir). *Páris, Gœury*, sans date (an IX),
in-8 de 24 pages.

1533 Preux (les) chevaliers, ou La Reine des
remparts et sa cour, comédie-vaudeville en
deux tableaux, par le chansonnier des Quar-
teronnes (M. Vincent). Représentée pour la
première fois à Canton, sur le théâtre des
bambocheurs, le 1er novembre 1828. *Canton,*
Boivin, Boileau et Rikiki (Paris, Bellemain),
1830, in-8.

1534 Prière de Céline (par Marie - Joseph
Chenier). *Paris, Dabin*, 1807, in-8.

1535 Prima (la) donna et le garçon boucher
(par MM. Clément et Edmond Burat-Gurgy).
Paris, Hippolythe Souverain, 1831, 1 vol.
in-8.

1536 Prince (le) de Norwège, ou La Bague de fer, drame héroïque en trois actes, par Victor (Henri-Joseph Brahain Ducange). *Paris, Barba*, 1818, in-8.

1537 Princesse (la) de Chypre (par madame Mélanie Boileau). *Paris, Freschet*, 1808, 5 vol. in-12.

1538 Principes abrégés et raisonnés de musique ; ouvrage destiné à faciliter et à simplifier l'étude de cette science. Par Eus. P. D. L. (Eusèbe Prieur de Lacomble). *Melun, Michelin,* 1809, in-4.

1539 Principe (le) et les faits (par Boblet, graveur). *Paris*, 1832, br. in-8 de 68 pages.

1540 Prix (le) des talens, parodie du troisième acte des « *Fêtes de l'hymen et de l'amour* » (en un acte et tout en vaudevilles). Par MM. S*** (Sabine) et H*** (Harny). *Paris, Duchesne*, 1775, in-8.

1541 Problêmes sceptiques (par Lamothe-Levayer). *Paris, Jolly*, 1666, in-12.

1542 Proclamation du camp de Jalès, par M. le marquis d'Arnay (par Nicolas-Marie Degurle). 1791, br. in-8.

1543 Procureur (le) impérial, par M. Merville (Camus). *Paris, Ambroise Dupont,* 1832, 2 vol. in-8.

1544 Projet concernant les gardes nationales de France, en temps de paix et de guerre, et notamment la garde nationale de Paris, etc. Par un ancien grenadier de la garde nationale de Paris (le chevalier Augustin d'Aulnois). *Paris, Ladvocat,* 6 octobre 1829, in-8.

1545 Projet d'adresse de la chambre des députés, en réponse au discours de la couronne (par M. le marquis de la Gervaisais). *Paris, Delaunay,* 1824, br. in-8.

1546 Projet d'une académie asiatique (par M. Ouvaroff). *Saint-Pétersbourg, Pluchart,* 1810, in-4.

1547 Projet d'une loi portant défense d'apprendre à lire aux femmes, par S. M. (Sylvain Maréchal). *Paris, Massé,* an IX (1801), 1 vol. in-8.

1548 Projet éventuel de réduction sans remboursement de capital, tendant à concilier les intérêts des rentiers avec ceux de l'État, etc., etc. Par *** (Jean-Baptiste Juvigny). *Paris, Delaunay,* 1824, br. in-8.

1549 Projet pour faciliter l'avancement et les retraites dans le corps royal du génie, par le capitaine S....y (Savary). *Paris, Rolland,* 1831, in-8 de 32 pages.

1550 Projets (les) de sagesse, comédie en un acte et en vers (par M. Henri de la Touche). *Paris, Barba,* 1811, in-8.

1551 Promenade à Reims, ou Journal des fêtes et cérémonies du sacre, etc. Par un témoin oculaire (Alexandre Martin). *Paris, Boucquin de la Souche,* 1825, 1 vol. in-18.

1552 Promenade de St. - Pétersbourg à Saratoff, et retour, en passant par Nowgorod, Twer, Moskow, etc. (depuis le 19 août, jusqu'au 10 décembre 1822). Par A. de C. (Courville). *Paris, J. Smith,* 1823, br. in-8 de 40 pages.

1553 Promenades alsaciennes, par P. M. (M. le chevalier Paul Merlin). *Paris, Treuttell et Würtz,* 1824, 1 vol. in-8 avec planches.

La seconde partie, forte de 134 pages, a le titre particulier de : « *Promenades au Ban de la Roche.* » Elle est le résultat d'observations faites en 1818 et en 1822. On y trouve le portrait lithographié du célèbre pasteur OBERLIN et celui de LOUISE, sa ménagère, dessinés par Vigneron; de plus, une carte du comté du *Ban de la Roche.*

1554 Prophètes (les), nouvellement traduits sur l'hébreu, avec des explications et des notes critiques (par Agier). *Paris, Eberhart,* 1820-1822, 8 vol. in-8.

1555 Propriétés religieuses inviolables et sacrées dans tous les temps, chez tous les peuples, dans toutes les religions, chez les juifs, les payens, et chez les chrétiens des diverses communions (par M. le baron de Rouvrou). *Paris, A. Pihan de la Forest,* 1827, br. in-8.

1556 Prose et vers de M***. (Charles-Joseph Mathon de la Cour). *Amsterdam, veuve Jolly*, 1759, 1 vol. in-12.

1557 Protestante (la), ou Les Cévennes au commencement du 18e siècle (par M. Thiers). Précédée d'une introduction historique (signée A. S.) sur la guerre des Camisards (par M. Schœffer). *Paris, Ponthieu,* 1828, 3 vol. in-12.

1558 Protégé (le) de Joséphine Beauharnais, par M. le baron de B*** (Charles Doris, de

Bourges). *Paris*, *Lemonnier*, 1820, 2 vol. in-12.

1559 Provinciales (les), ou Lettres écrites par Louis de Montalte (Blaise Pascal), avec traduction en latin par G. Wendrock (Pierre Nicole); en espagnol (par Gratien Cordero) et en italien (par Brunetti). *Cologne*, *Winfelt*, 1684, 1 vol. in-8.

(Manuel du libraire.)

1560 Psaume imité de Jérémie (en vers). (Par l'abbé Guillaume - André - René Baston). (*Rouen*, 1792) in-8.

1561 Psaumes de David mis en rime française (par Clément Marot). Avec la note. *Charenton*, *Nicolas Bourdin*, 1612, 1 vol. in-8.

FLORIMOND DE RÉMOND, dans son histoire de *la Naissance et des progrès de l'hérésie*, liv. 8, ch. 16, rapporte qu'à son retour de Ferrare en France, MAROT entreprit cette traduction, à la sollicitation du célèbre VATABLE, et qu'ayant suivi ce conseil, il mit d'abord en vers français trente psaumes de David. Son ouvrage eut un succès prodigieux à la cour de François 1er ; mais il fut, dit à tort le même auteur, censuré par la faculté de théologie de Paris. Du reste, la médiocrité de cet œuvre prouve qu'en cette circonstance, notre poète avait méconnu sa vocation. On sait que cette traduction complétée par Théodore de Bèze, a été pendant plus d'un siècle le texte chanté par les calvinistes dans leur culte public, jusqu'à ce que Conrart en eût donné une version moins gauloise, que l'on y chante encore aujourd'hui. Claude Goudimel, l'un des plus célèbres musiciens du 16e siècle, les mit en musique ; mais les protestans ne purent en faire aucun usage dans leurs temples, parce qu'elle était à quatre parties. Un professeur de *Lausanne* a découvert que celui qui, le premier fit la musique de ces psaumes, tels qu'on les chante encore aujourd'hui dans nos églises, est un nommé Guillaume Franc. Voyez à ce sujet, l'art. Marot, dans la nouvelle édition de Bayle (note N).

1562 Pucelle (la) d'Orléans. Tragédie en prose. *Paris, Targa,* 1643, in-8.

Samuel Chapuseau, dans son *Théâtre français,* mit cette mauvaise pièce sous le nom d'un sieur Jules de la Mesnardière ; et Paul Boyer, dans la *Bibliothèque universelle,* l'attribue à Benserade. Tous les dictionnaires de pièces de théâtre se taisent sur le nom de l'auteur ; mais ce qui pourrait décider la question en faveur de La Mesnardière, c'est qu'il avait fait paraître peu de temps auparavant, une lettre sur le poème épique, et notamment sur celui de *la Pucelle.*

1563 Puritain (le) de Seine-et-Marne, par Michel Raymond (Hippolythe Brucker). *Paris, Eugène Renduel,* 1832, 1 vol. in-8.

Anonymes et Pseudonymes étrangers.

1564 Phædri fabularum Æsopiarum libri V
(cum notis Rigaltii). *Oliva, Rob. Stephani,*
1617, in-4.

> Il existe de cet ouvrage quelques exemplaires im-
> primés en noir et en rouge.

1565 Plinii (Caii) Cœcilii secundi epistolarum
libri X et panegyricus (edente Marco-Zuerio
Baxhornio). Accedunt variantes lectiones.
*Lugduni Batavorum, ex officinâ Elzeviri-
rum,* 1640, 1 vol. in-12.

1566 Poemata, chronometra, anagrammata,
epigrammata et alia his affinia (auctore Van-
Haelen, ord. Prœm. canonico ac priore abb.
Nin). *In monte Parnasso, typis, Musicis.* 1
vol. petit in-8.

> VAN-HAELEN était abbé de GRIMBERGEN, petite
> ville des Pays-Bas autrichiens, dans le Brabant, à
> 2 lieues de Bruxelles, avec une abbaye de Pré-
> montrés.

1567 Primæ lineæ institutionum ad fundamenta
dialecti arabici, sive Specimen grammaticæ

arabicæ ad intimam hujus dialecti cum hebræâ linguâ demonstrandam harmoniam,
secundùm paragraphos grammaticæ hebræâ
schederianæ descriptum (à Sheidio). *Lugduni
Batavorum, Lemaire*, 1779, in-4.

1568 Prodromus bibliothecæ græcæ (Claudii
Æliani varia historia, Heraclidæ Pontici et
Nicolaï Damasceni quæ exstant); græcè (edente
Coraï). *Parisiis*, 1805, in-8.

1569 Proprietates rerum domini Bartholomæi
(de Glanvilla), anglici. *Absque loci et typo-
graphi notâ* (1488), 1 vol. petit in-fol.

1570 Publii Virgilii Maronis opera (edente
Maittaire). *Londini, Tomson*, 1715, 1 vol.
in-12.

Cette édition fait partie de sa collection d'auteurs
latins anciens, en 27 vol.

1571 Pedanteofilo notizia storica d'incerto autore (par M. le comte de Falette-Carol, sé-
nateur). *Torino, Domenico Pane e compania*,
1809, in-8.

1572 Poemas christianos, por el autor del
Evangelio en triunfo (par P. A. L. Olavède).
En Madrid, 1799, in-4.

1573 Poesias offerecidas às senhores brasileiras, por un Bahiano (le commandeur Borges de Barros , baron de Pedra - Branca, ex-chargé d'affaires du Brésil à Paris). *Paris, Aillaud*, 1825 , 2 vol. in-32.

1574 Processo de cartas de amores que entre dos amantes passaron (par Alonso de Ulloa). *Venetia , Giolito de Ferrariis* , 1553 , 1 vol. in-8.

Q.

1575 Quadrins historiques de la Bible (par Paradin). Revuz et augmentez d'un grand nombre de figures (par Dupetit-Bernard). *Lyon , J. de Tournes* , 1558 , in-8.

1576 Quand j'étais jeune ; souvenirs d'un vieux, par Paul L. Jacob (Lacroix), bibliophile, membre de toutes les académies. *Paris, Eugène Renduel*, 1833 , 2 vol. in-8.

1577 Quatre époques de la vie de Son A. R.

Madame, duchesse de Berry, suivies des pro-
testations et adresses de toutes les villes de
France, en faveur de Son Altesse Royale (rédigé par M. Masson). *Paris, Dentu,* 1833,
in-8.

Cet opuscule est la réunion de tous les articles
publiés dans les journaux légitimistes, pendant la
captivité de la princesse.

1578 Quatre mois dans les Pays-Bas; voyage
épisodique et critique dans la Belgique et la
Hollande, par M. de..... (Lepeintre - Des-
roches). *Paris, Delaunay,* 1829, 3 vol.
in-8.

Le troisième volume offre, sur le titre, l'addition
suivante : « Voyage *de deux littérateurs* dans la Bel-
« gique et la Hollande. Publié par M. Lepeintre. »
Ce volume se vend chez Leroux.

1579 Quelques conseils à un jeune voyageur
(par M. le comte Maurice-Blanc d'Hauterive).
Paris, Imprimerie royale, 1826, in-8.

1580 Quelques idées sur la liberté de la presse
(par M. François Guizot, depuis ministre).
Paris, 1814, br. in-8.

1581 Quelques mots de la contemporaine sur
M. le comte de Châteaubriand (par madame
Elzélina Van-Aylde Jonghe, connue dans le

monde sous le pseudonyme de St. - Elme).
Paris, Moutardier, 1831, br. in-8.

1582 Quelques observations sur le dernier
écrit de M. l'abbé de La Mennais. Par un ancien grand-vicaire (M. l'abbé Clausel de
Coussergues). *Paris, Leclère,* 1826, br.
in-8.

> C'est une réponse à l'ouvrage de M. de LA MEN-
> NAIS, intiulé : « De la Religion considérée dans ses
> « rapports avec l'ordre politique et civil. »

1583 Quelques pensées sur les mœurs, par J.
S. D. (Dubay). *Paris*, 1808, in-8 de 16 p.

1584 Quelques préjugés populaires des habitans de Valenciennes et des communes envi-
ronnantes. Ouvrage posthume d'un auteur vivant (par M. Gabriel-Antoine-Joseph Hécart).
Valenciennes, Prignet, 1813, 1 vol. in-12.

1585 Quelques réflexions sur les doctrines du
jour, par M. L. D. G. (Loysson de Guinaumont), membre de la chambre des députés.
Paris, Béthune, 1826, br. in-8.

1586 Quelques réflexions sur l'inutilité de la
défense des capitales, par un ancien militaire
(le comte de Durfort). *Paris, Anselin,*
1832, br. in-8 de 68 pages.

·Cette brochure a trouvé un ·antagoniste ardent dans M. le général Haxo, qui en a combattu les principes dans un article du *Spectateur militaire*, le 15 octobre 1832. M. le marquis de Chambray, connu par son excellente histoire de l'*Expédition de Russie*, et par un autre ouvrage estimé, sur la *Philosophie de la guerre*, a pris à son tour fait et cause pour M. le comte de Durfort.

1587 Quelques-unes des principales causes qui ont amené la révolution de 1830, par un ancien membre de la chambre des députés (M. le comte Duhamel). *Paris, Dentu*, 1832, br. in-8.

1588 Questions importantes (par le père Germon, jésuite) à l'occasion de la nouvelle histoire des congrégations *de auxiliis. Liége, G. Henri Strul*, sans date (1701), in-8.

1589 Quinze cent soixante et douze : chronique du temps de Charles IX. Par l'auteur du *Théâtre de Clara Gazul* (M. Prosper Mérimée). *Paris, Alexandre Mesnier*, 1829, 1 vol. in-8.

Dans la seconde édition publiée en 1832, on a substitué dans le titre le mot *règne* au mot *tems*, qui faisait pléonasme.

1590 Quinze jours à Prague (par M. Montigny). *Paris, Dentu*, 1833, br. in-8.

1591 Quinze (les) effusions du sang de N. S.
Jésus-Christ, et un dizain sur les deux mots
ecce homo. Avec la vie de madame Ste.-Mar-
guerite, vierge et martyre (par François
Grandin). *Paris, Nicolas Chemeau*, 1582,
1 vol. in-8.

R.

1592 Racine et Shakespeare, ou Réponse au
Manifeste contre le Romantisme, prononcé
par M. Auger, etc. Par M. de Stendhal (le
chevalier Alexandre-César Beyle). N° 11,
1825, br. in-8.

Le premier numéro, sous le même titre, avait
paru en 1823.

1593 Rampe (la) et les coulisses. Esquisses
biographiques de tous les directeurs et acteurs
des théâtres de Paris. Par Léonard de Géréon
(Eugène Ronteix). *Paris, Bréauté*, 1832, 1
vol. in-8.

1594 Rareté (la), ou Les Insermentés défen-
dus et pleinement justifiés par M. Gratien
(par l'abbé Guillaume-André-René Baston).
Sans nom de ville et sans date (*Rouen*,
1792), in-8.

1595 Recherches historiques, bibliographiques,
critiques et littéraires sur le théâtre de Valenciennes. Par G. A. J. H*** (Gabriel-Antoine-Joseph Hécart), de l'académie celtique
et de plusieurs sociétés savantes et littéraires.
Valenciennes, *Prignet*, 1816, br. in-8.

Quarante exemplaires, destinés à des présens,
ont été tirés sur vélin.

1596 Recherches historiques et statistiques sur
Auxerre, ses monumens et ses environs, par
M. L*** (Leblanc), ingénieur au corps royal
des ponts et chaussées. *Auxerre*, *Gallot-Fournier*, 1830, 2 vol. in-12.

1597 Recherches historiques sur la personne
de Jésus-Christ, sur celle de Marie, sur les
deux généalogies du Sauveur et sur sa famille, etc. Par un ancien bibliothécaire (M.
Gabriel Peignot). *Dijon*, *Lagier*, 1829, 1
vol. in-8.

1598 Recherches historiques sur les cartes à

jouer, avec des notes critiques (par l'abbé
Jean-Baptiste Bullet). *Lyon, Deville*, 1757,
1 vol. in-8.

1599 Recherches philosophiques sur les Américains, etc. Par M. de P*** (de Paw).
Berlin, Decker, 1768, 2 vol. in-12.

1600 Recherches sur la construction du sabot
du cheval, et suite d'expériences sur les effets de la ferrure, avec une dissertation sur
quelques moyens que les anciens employaient
pour protéger les pieds de leurs chevaux, et
sur l'origine de la ferrure actuelle. Par M.
Bracy-Clark, vétérinaire. Ouvrage traduit de
l'Anglais (par Jean-Baptiste Huzard fils, mé-
decin-vétérinaire). *Paris, madame Huzard*,
sans date (1817), 1 vol. in-8.

1601 Recherches sur le commerce, ou Idées
relatives aux intérêts des différens peuples de
l'Europe (par Oudermeulen). *Amsterdam,
Marc-Michel Rey*, 1778, 4 tomes en 2 vol.
in-8.

Une seconde édition a été publiée en 1791, également à Amsterdam, chez Changuion.

1602 Recherches sur le pouls, par rapport aux

crises (par Théophile Bordeu). *Paris, de Bure l'aîné*, 1756, 1 vol. in-12.

L'auteur avait donné dans l'*Encyclopédie*, dès 1753, des *Recherches sur les crises*.

1603 Recherches sur les couvens du XIVe siècle, par P. L. Jacob, bibliophile (Paul Lacroix). *Paris, Fournier jeune*, 1829, 1 vol. in-8.

Ces *Recherches* sont extraites d'un ouvrage du même auteur, intitulé : *Le Couvent de Baïano*, auquel elles servent d'introduction.

1604 Recherches sur les effets et le mode d'action des bains de mer (par M. le docteur Mourgué, inspecteur des bains de Dieppe). *Paris, Ch. Dezauche*, 1830, br. in-8.

1605 Recherches sur les initiations anciennes et modernes, par M. l'abbé R... (Royou). *Amsterdam (Paris), Vallegre l'aîné*, 1779, 1 vol. in-12.

1606 Recherches sur Louis de Bruges, seigneur de la Gruthuyse, suivies de la notice des manuscrits qui lui ont appartenu, et dont la plus grande partie se conserve à la bibliothèque du roi (par M. Van Praët, conservateur du dépt. des livres imprimés de la bibliothèque) *Paris, de Bure*, 1831, 1 vol. in-8.

1607 Récit de la perte du bâtiment de la compagnie des Indes *le Kent*, par un des officiers qui se trouvaient à bord (le major Mac-Grégor). Traduit de l'anglais (par M. le baron de Staël). *Paris, Servier*, 1826, 1 vol. in-12.

1608 Récit de quelques faits concernant la guerre de la Vendée, relatifs seulement aux habitans de l'Anjou, etc. Faisant partie des mémoires publiés sous le titre de: « *Souvenirs d'un officier royaliste* », par M. de R.... (de Romain); ancien colonel d'artillerie. *Paris, A. Pihan de la Forest*, sans date (1829), 1 vol. in-8.

1609 Récit des événemens arrivés au Temple, depuis le 13 août 1792, jusqu'à la mort du Dauphin Louis XVII (attribué à madame la Dauphine). *Paris, Audot*, 1823, in-8.

1610 Récit des principales circonstances de la maladie de feu monseigneur le Dauphin (fils de Louis XV) (par M. l'abbé Collet, son confesseur). *Paris A. L. Regnard*, 1766, in-4.

1611 Récit fidèle, non publié jusqu'à ce jour, de la prise de la Bastille, le 14 juillet 1789.

Par un ancien officier au régiment des *Gardes-françaises* (le marquis de Ste-Fère). *Paris*, *Potey*, sans date (1832), br. in-8.

1612 Récit impartial des événemens qui se sont passés dans les derniers jours de juillet 1830 (par M. Adolphe Sala, officier dans le 6ᵉ régiment de la garde royale). *Paris*, *Dentu*, 1830, in-8.

1613 Réclamation de MM. les directeurs des théâtres de Paris, au sujet de l'impôt établi sous le nom de droit des pauvres (rédigé par M. Dupin jeune, avocat). *Paris*, sans date, in-8.

1614 Récréations solitaires d'une Parisienne. Nouvelles anecdotes semi-historiques, ornées de 2 gravures. Par madame E. C. P*** (Philibert). *Paris*, *Béraud*, 1823, 2 vol. in-12.

1615 Recueil de discours prononcés dans les deux chambres, et de ceux qui devaient l'être à l'occasion de la proposition de M. Baude, relative à l'exclusion de la branche aînée des Bourbons ; suivi de *la Comédie de 15 ans*, avec notes et observations, par l'auteur des *Lettres vendéennes* (M. le vicomte de Walsh). *Paris*, *Hivert*, 1831, in-8.

1616 Recueil de diverses poësies et harangues faictes en latin et italien, sur le couronnement du sérénissime Alexandre Justinian, en l'an 1611, et traduit en français par J. G. (Jean Guerrier, Parisien). *Paris*, 1630, 1 vol. in-4.

1617 Recueil de la chevauchée faicte en la ville de Lyon, le 17 de novembre 1578. *Lyon, par les trois supposts*. (Publié par M. A. Péricaud, bibliothécaire de Lyon). *Lyon, Barret* (1830), in-8 de 32 pages.

Tiré à 100 exemplaires.

1618 Recueil de fragmens de sculpture antique en terre cuite (publié par M. Séroux d'Agincourt). Orné de 37 planches. *Paris, Treuttell et Würtz*, 1814, 1 vol. in-4.

1619 Recueil de (4) lettres critiques, historiques et numismatiques sur une inscription trouvée à Rosette, pendant le séjour des armées françaises en Egypte (par M. Cousinéry). *Paris, Sajou*, 1810, br. in-8.

Ces lettres avaient été publiées précédemment et à diverses époques (mai et septembre 1807; mai 1808 et février 1810), dans *le Magasin encyclopédique*.

1620 Recueil de maximes et de réflexions morales qui peuvent contribuer à la rectitude de

nos actions (par Joseph-Antoine Carlet).
Paris, Baudouin frères, 1823, 1 vol. in-12.

1621 Recueil de pensées choisies (publié par
Claude-Adrien Dornier). *Besançon*, 1816,
1 vol. in-8.

1622 Recueil de pièces choisies à l'usage des
ames pieuses (par madame Casimir Périer).
Lyon, Rusand, 1831, 1 vol. in-18.

1623 Recueil des énigmes de ce temps-là (par
l'abbé Charles Cotin). *Paris, Claude Pépingué*, 1655, 1 vol. in-18.

   Cette édition, ainsi que celles de 1646 et de 1673,
est précédée d'un *discours sur les énigmes*. Dans une
réimpression en 1 vol. in-12, publiée en 1687, chez
Nicolas Legras, ce discours est remplacé par une
lettre à Damis.

1624 Recueil des morts funestes des impies les
plus célèbres, depuis le commencement du
monde jusqu'à nos jours (par M. Boistel
d'Exauvillez). 3e édition. *Paris, Gaume
frères*, 1830, 1 vol. in-18.

1625 Recueil d'opuscules en vers et en prose
(par M. Fontaine de Cramayel, chambellan
de Napoléon). *Paris, Pierre Didot l'aîné*,
an XII (1804), 1 vol. in-16.

1626 Recueil polytechnique des ponts et chaussées, etc. (par M. Houart et ***). *Paris*
(1805), 2 vol. in-4.

1627 Réflexions d'un ami du roi, par M***, ex-
député (attribué à M. le baron d'Haussez).
Paris, novembre 1816, br. in-8.

1628 Réflexions d'un instituteur sur un roman
intitulé : « *Adèle et Théodore,* » ou Lettres
sur l'éducation (par M. Basville). *Philadelphie (Paris, Fr. Ambroise Didot l'aîné),*
1782, in-8 de 24 pages.

1629 Réflexions d'un membre du conseil d'arrondissement d'Evreux, sur l'intérêt d'une
prompte détermination à prendre relativement à la route dite de Honfleur à Chartres
(par M. Bernard-Fouquet, négociant). Sans
date (1831), in-4, avec un plan lithographié.

1630 Réflexions d'une républicaine (par madame Adèle Millet). *Paris,* 1er juin 1832,
in-8.

1631 Réflexions nocturnes, par M. L. D. L. T.
(l'abbé de l'Attaignant). *Paris, veuve Duchesne,* 1769, 1 vol. in-8.

1632 Réflexions sur la musique en général et sur la musique française en particulier (par d'Alembert). 1754, in-8 de 27 pages.

C'est un extrait de ses *Elémens de musique théo- rique et pratique.*

1633 Réflexions sur la personne et les ouvrages de M. l'abbé Terrasson (par le même). Sans date, in-8 de 15 pages.

Ces Réflexions ont été imprimées avec le nom de l'auteur, en tête de l'ouvrage de l'abbé TERRASSON, qui a pour titre : « *La philosophie applicable à tous les objets de l'esprit et de la raison.* »

1634 Réflexions sur la poësie en général, et en particulier sur la poësie latine (par M. Mil- liet). Sans date (1754), 1 vol. in-18.

1635 Réflexions sur le grand Corneille (par Cubières de Palmézeaux). Sans date, in-8 de 27 pages.

1636 Réflexions sur le raffinage des sucres, et sur la fabrication du sucre de betteraves. Par M. Edouard.... (Huart), ancien raffi- neur. *Paris, Wilbert,* 1829, in-12.

1637 Réflexions sur les fabriques nationales et sur celles de gazes en particulier. Par M. R... fabriquant de gazes (Antoine-Augustin Rénouard, ancien libraire). Sans date, br. in-8.

1638 Réflexions sur les deux médailles d'or romaines qui se trouvent dans le cabinet de S. A. R. Madame (par César Baudelot). *Paris*, 1717 ou 1720, in-4.

1639 Réflexions sur les grands hommes qui sont morts en plaisantant, nouvelle édition augmentée d'épitaphes et autres pièces curieuses qui n'ont point encore paru. (Par André - François Deslandes). *Rochefort*, 1758, 1 vol. in-12.

Souvent réimprimées. La première édition est de 1712.

1640 Réflexions ou Remarques critiques sur l'usage présent de la langue française (par Nicolas Andry, surnommé de *Bois-Regard*, médecin). *Paris, Laurent d'Houry*, 1692, 2 vol. in-12.

Réimprimées en 1715.

1641 Réflexions sur un article du Moniteur du 26 février, relatif à Madame, duchesse de Berry (par mademoiselle Broujon). Sans date, in-8.

1642 Réflexions sur une pétition de la chambre

de commerce de Strasbourg, relative à l'impôt du tabac (par Louis Hubert). *Paris, Smith*, 1819, in-8.

1643 Refus (du) des subsides (par M. le marquis de la Gervaisais). *Paris, A. Pihan de la Forest*, 1829, br. in-8.

1644 Réfutation de la *dénonciation au roi* de M. Méhée de la Touche; suivie de notes. Par un baron sans baronnie et non sans épée (par le baron d'Icher - Villefort). *Paris, Desenne*, 1814, br. in-8.

1645 Réfutation de la vie de Napoléon par sir Walter-Scott (par le lieutenant-général Gourgaud). *Paris, Locard et Davi*, 1827, br. in-8.

1646 Réfutation du discours du citoyen de Genève, qui a remporté le prix à l'académie de Dijon, en l'année 1750. Par un académicien de la même ville (Claude-Nicolas Lecat, secrétaire perpétuel de l'académie des sciences de Rouen). Nouvelle édition. *Londres (Rouen), Ed. Kelmarneck*, 1751, in-8.

1647 Règne (le) de Louis XVI mis sous les yeux des honnêtes gens (par Mignonneau). *Paris*, sans date, in-8.

1648 Regrets de M.*** sur la mort de sa femme (par M. Péronnet de Gravagneux, avocat et notaire à Lyon). 1763, in-12 de 42 pages.

1649 Reine, cardinal et page, comédie mêlée de couplets, par MM. Ancelot et Léon (Laya). *Paris, Barba,* 1832, in-8.

1650 Relation concernant les événemens qui sont arrivés au sieur Martin, laboureur à Gallardon, en Beauce, dans les premiers mois de 1816. Nouvelle édition revue et augmentée, par M. S*** (Silvy), ancien magistrat (à la cour des aides). *Paris, Hivert,* novembre 1830, in-8.

Réimprimée en 1832, avec un changement dans le titre.

1651 Relation de ce qui s'est passé en Espagne à la disgrâce du comte d'Olivarès. Traduit d'italien en français (par André Félibien). *Paris, Augustin Courbé,* 1650, 1 vol. in-8.

1652 Relation du voyage à Cherbourg, par un garde-du-corps (M. des Naylies). *Paris,* 1831, br. in-8.

1653 Relation d'un séjour à Alger (par M. Pananti). *Paris, Lenormant,* 1830, 1 vol. in-8.

1654 Relation d'une mission faite nouvellement par Monseigneur l'archevêque d'Ancyre (Pierre-Paul), à Ispaham en Perse, pour la réunion des Arméniens à l'église catholique. *Paris, Jean de Nully*, 1702, in-8.

1655 Relation fidèle du voyage du roi Charles X, depuis son départ de St.-Cloud jusqu'à son embarquement. Par un garde-du-corps (M. Théodore Anne). *Paris, Dentu,* 1830, in-8.

1656 Relation fidèle et détaillée de l'arrestation de S. A. R. Madame, duchesse de Berry (par M. Guibourg). Ornée de lithographies. *Paris, Dentu,* 1832, br. in-8.

M. GUIBOURG est une des personnes qui furent arrêtées à Nantes, avec la princesse.

1657 Relation historique de la découverte de l'île de Madère, traduit du portugais (de François Alcaforado). *Paris, Claude Barbin,* 1671, 1 vol. in-12.

1658 Relation historique des journées mémorables des 27, 28 et 29 juillet 1830, en l'honneur des Parisiens, ornée d'un plan de Paris, etc. (par A. M. Perrot). *Paris, H. Langlois fils,* 1830, in-8.

1659 Relations nouvelles du Levant, ou Traité de la religion, du gouvernement et des coutumes des Perses, des Arméniens et des Gaures; composées par le P. G. D. C. (le père Gabriel, de Chinon), et données au public par le P. L. M. D. E. T. (le père Louis Moreri, docteur en théologie). *Lyon*, 1671, 1 vol. in-12.

1660 Religion (la) du cœur, exposée dans les sentimens qu'une tendre piété inspire, etc. par M. le chevalier de*** (Lasne d'Aiguebelles). *Paris et Lyon*, *Périsse*, 1826, 1 vol. in-12.

LA MÊME, 1827. Celle-ci porte le nom de l'auteur. Cet ouvrage parut, pour la première fois, en 1767.

1661 Religion (la) des Gaulois, tirée des plus pures sources de l'antiquité (par Dom Jacques Martin). *Paris*, 1772, 2 vol. in-12.

La première édition est de 1727.

1662 Religion (la) de Dieu et la religion du diable, précédée du sermon civique aux gardes nationales (par P. P. Dorfeuille, comédien). Sans nom de ville, 1791, in-8.

1663 Remarques critiques sur le dictionnaire de Bayle (par l'abbé Ph. L. Joly). *Paris* (*Dijon*), *Gamau*, 1748, 2 vol. in-fol.

Quelques exemplaires portent la date de 1752. On

retrouve dans cet ouvrage, fruit de recherches im-
menses, des passages que l'auteur avait fait insérer,
en 1740, dans *la Bibliothèque française*, sous le titre
de : « *Observations critiques sur quelques endroits du
dictionnaire de M. Bayle*. »

1664 Remarques sur la lettre circulaire de M.
Charrier de la Roche, en date du 18 mai 1791
(par l'abbé Guillaume-André-René Baston).
(*Rouen*, 1791) in-8.

1665 Remarques sur la noblesse (par Antoine
Maugard). *Paris, Prault*, 1787, in-8.

    Ces *Remarques* furent réimprimées l'année sui-
vante avec de nombreuses augmentations.

1666 Remarques sur un ouvrage intitulé :
« *Antiquités grecques du Bosphore cimmé-*
« *rien* » (de M. Raoul-Rochette) (par M.
Henri-Charles-Ernest de Kœhler). *St.-Péters-
bourg*, 1823, in-8.

1667 Remboursement (du) et de l'amortissement
(par M. le marquis de la Gervaisais). *Paris,
A. Pihan de la Forest*, br. in-8.

1668 Réminiscences d'Horace Walpole, ou
Histoire anecdotique de la cour d'Angleterre.
Traduction libre de l'anglais (par M. Delattre).
Paris, Mongie aîné, 1826, 1 vol. in-12.

1669 Remontrance au peuple (par l'abbé Guillaume-André-René Baston). (*Rouen*, 1771) in-8.

1670 Renards de Samson.—Mâchoire d'âne.— Corbeaux d'Elie. — Les quatre monarchies. —l'Ante-Christ. *Helmstadt*, *Henri Hesse*, 1707, in-8 de 133 pages.

> M. Barbier attribue à tort cet ouvrage à Van der Hardt, qu'il aurait fallu d'ailleurs écrire Von der Hardt; et il fonde cette hypothèse sur une note manuscrite. Ce livre qui est fort rare, est de Leibnitz. M. Brunet, dans son *Manuel du libraire*, s'est également trompé en l'indiquant sous le format in-12. Voir, pour de plus amples détails, *les Mélanges tirés d'une petite bibliothèque*, par Charles Nodier, chapitre II, page 33.

1671 Répertoire de la littérature biblique et orientale (par Jean - Godefroy Eichhorn). *Leipsig*, 1777-86, 18 cahiers ou 9 vol. in-8.

> M. Eichhorn, donna de 1787 à 1801, un nouvel ouvrage, sous le titre de : « *Bibliothèque universelle de la littérature biblique* », en 10 vol. in-8 qui sert de continuation au *Répertoire*.

1672 Réponse à la lettre de M. Michelet sur les épopées du moyen âge, insérée dans la Revue des deux mondes (par Paulin Paris, de la bibliothèque du roi). *Paris, Techener,* 1831, in-12.

1673 Réponse à sir Walter-Scott sur son histoire de Napoléon (par Louis Bonaparte, comte de St.-Leu). *Paris, Trouvé,* 1829 (novembre 1828), in-8.

1674 Réponse à une lettre adressée par M. Henry St.-Simon à MM. les ouvriers, signée Ant. Nantua (attribuée à M. Crapelet). *Paris, Crapelet,* 1821, br. in-8.

1675 Réponse au mémoire et à la consultation de M. Linguet, touchant l'indissolubilité du mariage (par l'abbé Guillaume-André-René Baston). *Paris,* 1772, 1 vol. in-12.

1676 Réponse aux calomnies des clubistes de Rouen, consignées dans leur pétition à l'assemblée nationale sur la destruction des maisons religieuses (par le même). (*Rouen,* 1791) in-8.

1677 Réponse (de Caron de Beaumarchais) à l'ouvrage qui a pour titre : « *Sur les actions de la compagnie des eaux de Paris* », par M. le comte de Mirabeau. *Paris, Ph. D. Pierres,* 1785, in-8 de 59 pages.

1678 Réponse des auteurs du *Journal étranger* à la feuille des *Nouvelles ecclésiastiques*, du 3 juillet 1754 (par M. Toussaint). *Paris,* 1754, in-12 de 9 pages.

1679 Réponse d'un jeune poëte qui veut abandonner les muses, à un ami qui lui écrit pour l'en détourner (par M. Chabanon le cadet). *Paris, Lacombe,* 1774, in-8.

1680 Réponse du P*** (père) D*** (Daniel, jésuite), à la lettre que le R. F. Serry luy a écrite. 1705, in-12 de 57 pages.

> Un ouvrage intitulé : « *La véritable tradition de l'église sur la prédestination et la grâce* », attribué au père LAUNAY, et qui parut en 1702, donna lieu à cette discussion polémique entre DANIEL et SERRY, qui avait entrepris de le réfuter, et de venger St.-AUGUSTIN des attaques dont il l'y croyait l'objet.

1681 Réponse et solution des 1316 questions et problèmes contenus dans le nouveau traité d'arithmétique décimale. Par P. F. et L. C. (Pierre Fournier et Louis Constantin, frères de la doctrine chrétienne). *Paris,* 1832; 1 vol. in-12.

1682 Réponse faite à un curieux sur le sentiment de la musique d'Italie; écriste à Rome,

le 1er octobre 1639 (.par André Maugars,
prieur d'Enac et interprète de langue anglaise). in-8 de 32 pages.

1683 République (la) des Hébreux (traduite
du latin de Pierre Cuneus), augmentée
de deux volumes, par Hugues - Guillaume
Gœrée. *Amsterdam, Pierre Mortier*, 1705,
3 vol. in-12.

Voici ce qu'on lit dans le *Journal des savans*, année 1707 :

« Le premier de ces trois tomes est le livre de
« Cunoeus *de Republicâ Hebræorum*, traduit en
« français , et les deux autres en sont la continua-
« tion......... Comme ce n'est pas un ouvrage com-
« plet, le dessein de l'auteur était digne d'un homme
« de lettres. Le traducteur a quelquefois mêlé ses
« pensées et ses recherches aux pensées et aux re-
« cherches de Cunoeus ; mais il a toujours pris soin
« de distinguer ce qui est de luy, d'avec les paroles
« de l'original. Du reste, l'auteur de cette traduc-
« tion ne se nomme point.

« ....

« Le second et le troisième tomes sont de M.
« Goerée, lequel a mis en ordre les matériaux que
« son père, habile médecin, avait ramassés , dans
« le dessein de faire un jour un cours complet
« d'Antiquités judaïques. Comme les recueils de
« Goerée père ont fourni à son fils moins de ma-
« tière pour le 3e volume, il y a inséré presque
« tout ce que le savant Outram a écrit sur *les*

« *sacrifices des Hébreux*, dans un livre fait exprès.

« .... On peut dire en général du livre de
« M. Goerée, qu'il contient des choses fort recher-
« chées, et que [soit pour le fonds, soit pour la
« disposition des matières, il mérite d'être lu, et est
« très capable de plaire en instruisant. »

Ce livre parut pour la première fois en 1617. Il a
été souvent réimprimé et traduit en plusieurs langues. Basnage de Beauval donna, en 1713, ses *Antiquités judaïques*, en 2 vol in-12, qui sont comme
le supplément de l'ouvrage original.

1684 République des Suisses, décrite en latin
Par Josias Simler de Zurich, et nouvellement
mise en français (par Vincent Gentillet).
Paris, Jacques du Preys, 1607, in-8.

Un exemplaire que possède la bibliothèque du
roi, à la même date, au lieu du nom ci-dessus cité,
indique comme traducteur celui de Simon Goulard, sanlisien.

1685 Résumé de l'histoire des traditions morales et religieuses chez les divers peuples,
par M. de S*** (de Sénancourt). *Paris,
Lecointe et Durey,* 1825, 1 vol. in-18.

1686 Résumé de l'histoire de Bretagne, jusqu'à nos jours; par M. B*** (Désiré Bernard),
avocat. *Paris, Lecointe et Durey*, 1826,
1 vol. in-18.

1687 Résumé de l'histoire générale, par Voltaire. Précédé d'une introduction signée F...x B*** (Félix Bodin). *Paris, Lecointe et Durey*, 1826, 1 vol. in-18.

1688 Retenue (de la) exercée sur les traitemens des employés et des fonctionnaires publics, par M*** (le baron Silvestre de Sacy), ancien membre de la chambre des députés, ancien administrateur, etc. *Paris, Delaunay*, 1832, in-8.

1689 Retour (le) de tendresse, ou La Feinte véritable ; petite comédie représentée au théâtre italien, en 1728. Par M. Fuzelier (fils).

Cette pièce qui eut du succès, fut donnée comme le coup d'essai de l'auteur, quoiqu'elle ne fût pas de celui qui y avait attaché son nom ; mais bien de ROMAGNESI, comédien italien.

1690 Retraite (la), petit poème (par Marie-Joseph Chénier); publié en juin 1806. *Paris, Dabin*, in-24.

Une autre édition in-18, a été publiée par le même libraire, en 1809.

1691 Révélation sur le coup de pistolet du 19 novembre 1832, par un des accusés du complot (Ferdinand Floccon). *Paris, Levavasseur*, 1832, br. in-8.

1692 Révolution de juillet 1830. Caractère légal et politique du nouvel établissement fondé par la Charte constitutionnelle acceptée et jurée par Louis-Philippe Ier, roi des Français, auprès des deux chambres, le 9 août 1830. Avec cette épigraphe : *Quoique Bourbon* (par M. Dupin aîné, président de la chambre des députés). *Paris, Fanjat*, 1833, br. in-8.

1693 Révolution de Malte en 1798 ; gouvernement, principes, lois, statuts de l'ordre. Réponse au manifeste du prieuré de Russie. Par M. le chevalier de M*** (Meyer). 1799, in-4.

1694 Révolution (la) française et Bonaparte, ou Les Guise du XVIIIe siècle ; tragédie en cinq actes et en vers (par le marquis Frédéric-Gaëtan de la Rochefoucauld — Liancourt). *Paris, Locard et Davy*, 1818, in-8.

1695 Révolutions (les) du théâtre musical en Italie, depuis son origine jusqu'à nos jours ; traduites et abrégées de l'italien de dom Artéaga (par M. le baron de Rouvrou, lieutenant-général). *Paris, Nardini,* 1802, in-8 de 100 pages.

1696 Revue de l'histoire universelle moderne , ou Tableau sommaire et chronologique des principaux événemens arrivés depuis les 1ers siècles de l'ère chrétienne jusqu'à nos jours , etc. (par M. le comte Emmanuel de l'Aubépin). *Paris, Verdière,* 1823 , 2 vol. in-12.

> Cette Revue peut servir de complément au *Mémorial portatif de chronologie,* etc. (Voyez le n° 1158), du même auteur. M. de l'AUBÉPIN a été aidé, dans la composition de ces deux ouvrages, par M. BATELLE. (France litt.)

1697 Revue française (publiée par M. Guizot , aujourd'hui ministre de l'instruction publique). *Paris, Sautelet,* 1828 , in-8.

> Cette *Revue* , consacrée aux *Sciences morales et politiques* , *à la littérature et aux arts* , n'a eu que 6 numéros formant chacun un volume.

1698 Revue trimestrielle (publiée par M. Buchon). *Paris, Ambroise Dupont ,* 1828, in-8.

1699 Rhodienne (la) , ou La Cruauté de Solyman, tragédie en cinq actes et en vers, par un poëte de la ville de Rouen (Pierre Mainfray). *Rouen, David Dupetitval,* 1621, in-18.

Ce poète est également auteur d'une autre tragédie, *Cyrus triomphant* ou *la Fureur d'Astiages*, donnée en 1618.

1700 Richard d'Arlington, drame en cinq actes (en prose) précédé de *la Maison du docteur*, prologue. Par MM. Dinaux (MM. Goubaux et Beudin, chefs d'institution). *Paris, Barba*, 1832, in-8.

Les auteurs de cette pièce s'étaient déja associés pour un autre ouvrage, *Trente ans* ou *la Vie d'un joueur* (voyez ces mots). Le pseudonyme qu'ils adoptèrent alors et qu'ils ont conservé depuis, est composé des dernières syllabes de leurs noms. On croit que M. ALEXANDRE DUMAS n'est pas étranger à leur collaboration.

1701 Richesses (des) du pauvre et des misères du riche. Par madame Sophie P*** (Panier, née Tessier). *Paris, Pillet aîné*, 1828, 1 vol. in-12.

1702 Ridicule (le) du moment. A nos seigneurs, nos très honorables et très puissans jeunes gens, seigneurs! nos seigneurs! les élèves de l'école polytechnique, droit, médecine, etc., etc. (chanson en 7 couplets) (par M. Mallet de Trumilly, ancien maître des comptes). Sans date (1830), in-8.

1703 Rime (la), par D. (Auguste Guerrier de Dumast). *Paris, Patris*, 1819, in-8.

En vers.

1704 Roi (le) des ribauds, histoire du temps de Louis XII. Par P. L. Jacob (Paul Lacroix), bibliophile, membre de toutes les académies. *Paris, Eugène Renduel*, 1831, 2 vol. in-8.

1705 Rome et ses papes, histoire succincte du grand pontificat, par M. F. G. (François Guizot). *Paris, Brière*, 1829, 1 vol. in-8.

Une prétendue seconde édition a paru peu de mois après ; mais les titres seuls étaient changés , et l'on avait ajouté aux exemplaires restés de la première édition , un avant-propos et une table des matières.

1706 Rosane , crime, désordre et vertu, par Anatole Gerber (Berger). *Paris, Eugène Renduel*, 1832, 2 vol. in-8.

1707 Rosaura de Viralva, ou l'Homicide, par Maria Charlton ; traduit de l'anglais sur la troisième édition , par madame de S***y (Sartory). *Paris, Dentu*, 1817, 3 vol. in-12.

1708 Rosaure, ou l'Arrêt du destin; traduit de l'allemand d'Auguste Lafontaine, par ma-

dame la comtesse de M*** (Montholon).
Paris, *Eymery*, 1818, 3 vol. in-12.

1709 Rose et Blanche, par l'auteur d'*Indiana*
(madame Aurore Dudevant). *Paris*, *Lecointe*
et Pougin, 1832, 5 vol. in-12.

1710 Rouge (le) et le noir, chronique du 19ᵉ
siècle, par M. de Stendhal (Beyle). *Paris*,
Levavasseur, 1831, 2 vol. in-8.

Il existe aussi une édition en 4 vol. in-12.

1711 Royauté (la) (par M. le marquis de la Gervaisais). *Paris*, *A. Pihan de la Forest*,
1829, br. in-8.

1712 Ruines (les) de Balbec, autrement dite
Heliopolis, dans la Cœlosyrie (par Robert
Wood, Botra, Bouverie et Darvkins). *Londres*,
1757, in-fol.

Ouvrage très recherché. (Manuel du lib.)

1713 Ruines de Palmyre, autrement dite
Tedmor au désert (par les mêmes). *Londres*,
1753, in-fol.

On trouve dans ce magnifique ouvrage, aussi précieux que le précédent, *les réflexions sur l'alphabet*
et sur la langue dont on se servait à Palmyre (par
l'abbé BARTHÉLEMY).

1714 Rupture (de la) des glaces du *pôle arcti-*
que, ou Observations géographiques, physiques et météorologiques sur les mers et les
contrées du *pôle arctique*, etc. Par M. A....
(Caubriet, premier huissier de la chambre
des députés). *Paris, Baudouin*, 1818, in-8.

Anonymes et pseudonymes étrangers.

1715 Re (de) ichnographicâ, cujus hodierna
praxis exponitur et propriis exemplis pluri-
bus illustratur, etc. (Authore Joanne-Jacobo
Marinoni). *Viennæ Austriæ, Leopoldus
Kaliwada*, 1751, 1 vol. in-4.

1716 Relatio sepulturæ magno Orientis apos-
tolo, Sancto Francisco - Xaverio, erectæ in
insulâ Sanciano, anno sœculari 1700 (auctore Gaspar Castner, Soc. Jesu). 1 vol. grand
in-8.

Cet ouvrage très rare et très curieux a été imprimé
à la Chine sur papier du pays, et renferme deux
gravures sur bois, également exécutées en Chine.

1717 Religioni dicat autor (par l'abbé de Matigney, chanoine à Besançon). In-12.

1718 Rudimenta linguæ Arabicæ, cum catechesi christianâ (auctore Josepho-Simonio Assemano). *Romæ, typ. congreganionis de propagandâ fide*, 1 vol. in-4.

1719 Rudimenta linguæ coptæ, sive Ægyptiacæ (à Raphaelo Tuki, episcopo Arsenovensi). *Romæ, typ. cong. de prop. fide*, 1778, 1 vol. in-4.

La préface est de JEAN-CRISTOPHE AMADUZZI.

1720 Ragioni (delle) e de' rimedj delle inondazioni del Tevere. *Roma*, 1746, in-4.

Quoique cet écrit ne porte que le nom de MANFREDI, on l'attribue exclusivement à JEAN-GAETAN BOTTARI, l'un des plus savans prélats de l'Église romaine, et qui, de concert avec celui-ci, fut chargé de visiter le Tibre, depuis Pérouse jusqu'à l'embouchure de la Néra, pour voir si l'on pouvait le rendre navigable.

1721 Retorica (la) delle putane, composta conforme li precetti di Cipriano (da Ferrante Pallavicino). *Cambray*, 1644, 1 vol. in-12.

Edition peu estimée. La meilleure est celle de 1673.

1722 Ricciardetto di Nicolo Carteromaco.

Paris (Venise), Francesco Pitteri, 1758, in-4.

Le vrai nom de l'auteur est Forteguerri ou For-tiguerra, prélat distingué de l'église romaine. Il avait jugé plaisant de mettre un poème facétieux sous le nom du savant Carteromaco, qui était celui d'un de ses ancêtres, que son érudition avait rendu célèbre. L'éditeur ne voulant pas nommer le prélat, par ménagement pour l'église, adopta ce déguisement et de plus, feignit d'avoir fait imprimer l'ouvrage à Paris. L'édition in-4 parut la première ; elle est fort belle, enrichie du portrait de l'auteur, et de vignettes gravées en tête de chacun des trente chants. Le débit en fut si rapide, que la seconde édition suivit de près dans la même année. Elle est in-8 et n'a aucun des ornemens de la première.

Ce poème a été traduit, ou plutôt imité en vers français par Dumouriez, en 1766, et par Nivernois, en 1796.

1723 Riflessioni sulle omelie di fra Turchi, vescovo di *Parma* (par le père Victor de Sainte-Marie Sopranzi, carme déchaussé). in-8.

1724 Rime del Montemagno (per opera di Vincente Benini). *Cologna*, 1762, in-8.

1725 Roma antiqua e moderna (da Federico Franzini). *In Roma*, 1668, 1 vol. in-12.

1726 Reformacion (de) christiana, por el doctor Francesco Bermudez (Francesco de Castro , jésuite). *Valladolid*, 1622 , in-8.

Lorsqu'il publia cet ouvrage sous un autre nom que le sien , CASTRO avait été exclu de son ordre. Quelques années plus tard , ayant été admis à rentrer dans sa société, il en donna une nouvelle édition qui parut à Séville en 1635 , sous son nom véritable.

1727 Resultado de las experiencias hechas sobre et Alcanfor de Murcia (por Luis Proust). *En Segovia, Antonio Espinosa*, 1789 , in-4.

1728 Radicals (the) of the Sanskrite language (by Ch. Wilkins). *London, Cox and Baylies*, 1815 , in-4.

S.

1729 Sage (la) folie. — Fontaine d'allégresse, etc. , livre 1er. — *La délectable folie*, etc., livre 2. — *La furieuse folie des frères en désunion*, livre 3. (Traduit de l'italien de Marc-Antoine Spelta, par Louis Garon). *Lyon, Radisson*, 1649, 1 vol. in-8.

1730 Sage (le) réfléchissant sur l'éternité et sur la charité envers Dieu et envers le prochain (par l'abbé Jean-Baptiste Lasausse). *Paris, Saint-Michel*, 1813, in-24.

1731 Saint-Cloud et Fontainebleau, par le vicomte d'Holstein (maxime de Villemarest). *Paris, Vimont*, 1832, 1 vol. in-18.

1732 Saint (de la) Barthélemy, d'après les chroniques, mémoires et manuscrits du XVIe siècle (par M. Audin). *Paris, Urbain Canel*, 1826, 1 vol. in-8.

1733 Sainte Hélène, Blaye (par M. le marquis de la Gervaisais). *Paris*, 1832, br. in-8.

1734 Saisons (les), traduites de l'anglais de Thompson (par madame Bontems). *Paris, Pissot*, 1779, 1 vol. in-8.

Cette traduction assez estimée, a été souvent réimprimée.

1735. Salon (le), le boudoir, le théâtre et l'hospice, par madame M*** (Montessa *Paris, Moreau-Rosier*, 1830, 2 vol. in-8.

1736 Samarobriva, ou Examen d'une question de géographie ancienne, par M. de C***, membre de l'académie d'Amiens. *Amiens, Machart,* 1832, in-8.

Tiré à 250 exemplaires.

1737 Samarobrive, ou St.-Quentin. Notes critiques et géographiques sur la *Samarobriva* de M. de C*** (Cayrol), membre de l'académie d'Amiens. Par M. Ch. Quentin, membre de la société d'émulation de Cambrai. *St.-Quentin, Cottenest,* 1833, br. in-8.

Avec un plan.

1738 Santoliana (par l'abbé Antoine Dinouart). *Paris, Nyon,* 1764, 1 vol. in-12.

1739 Saphira, ou l'Épouse d'un jour, drame en trois actes, à spectacle, par M. de l'Etoile (Jacques-Philippe Delaroche, connu au théâtre sous le nom d'Hubert). *Paris, Fages,* 1817, in-8.

1740 Satires (les) de l'Arioste (traduites par M. Treillis, secrétaire de l'académie de Lyon). *Lyon, Laurent,* 1829.

1741 Saturnales (les) modernes, ou La Soirée de Carnaval, comédie en deux actes et en prose (par Bodard de Tezay). *Paris, Cailleau*, 1787, in-8.

1742 Satyres du sieur B*** D*** (Boileau Despréaux). *Paris, L. Billaine,* 1668, 1 vol. in-8.

1743 Satyrique (le) français expirant, ou Les Fautes du Satyrique français (attribué à Pradon). *Cologne, Pierre Marteau,* 1689, 1 vol. in-16.

C'est, à quelques légers changemens près, une réimpression du *Triomphe de Pradon* (voyez ces mots).

1744 Savetier (le) de Toulouse, drame en quatre parties, par MM. Merville (Camus) et Francis (Cornu). *Paris, Barba,* 1832, in-8.

1745 Scènes contemporaines laissées par feu (sic) madame la vicomtesse de Chamilly (par MM. Emile Vanderburch, Loève-Vémars et Auguste Romieu). Seconde édition, augmentée du *dix-huit brumaire,* scènes nouvelles. *Paris, Urbain Canel,* 1828, 1 vol in-8.

La première édition avait paru en 1827.

1746 Scènes du grand monde, par l'auteur d'*Elisa Rivers,* de *Laure de Montreville,* etc.

(madame Brunton). Traduites de l'anglais par une dame (madame Molé, comtesse de Vallivon). *Paris, Barbezat*, 1832, 2 vol. in-8.

1747 Scènes populaires en Irlande, par M. Shiel. Recueillies et traduites de l'anglais, par mesdames L. Sw. B. (Louise Swanton Belloc) et A. de M. (Adélaïde de Montgolfier). *Paris, Sédillot*, 1830, 1 vol. in-8.

1748 Science (la) pratique de l'imprimerie (par Fertel). *Saint-Omer, Fertel*, 1723, in-4.

1749 Scrupules (les) d'un électeur (par M. le marquis de la Gervaisais). *Paris, A. Egron*, 1824, br. in-8.

1750 Second coup d'œil sur l'unité d'origine des trois branches Mérovingiennes, Carliennes et Capétiennes, par A. D. (Alexandre Dudres de Campagnolles, chevalier de Saint-Louis et l'un des ôtages de Louis XVI). *Vire, Adam*, 1817, br. in-8.

1751 Secret (le) de l'État, ou Le Dernier cri du vrai patriote (par l'abbé Fiard, prêtre du diocèse de Dijon). *Dijon, Frantin*, 1815, in-8.

Composition singulière et devenue assez rare.

1752 Secrétaire (le) des enfans, ou Correspondance entre plusieurs enfans, propre à les former au style épistolaire, par D*** (Pierre Brahin Ducange, père). *Paris, Alexis Eymery,* 1821, 1 vol. in-18.

1753 Secrets (les) et fraudes de la chimie et de la pharmacie modernes dévoilés; traduit de l'anglais (de Shaw) (par madame Tiroux d'Arconville). *La Haye, Gosse,* 1760, 1 vol. in-8.

1754 Séductions (les), ou Méfiez-vous des apparences; traduit de l'allemand d'Auguste Lafontaine, par le traducteur de *Rosaure*, etc. (madame la comtesse de Montholon). *Paris, Corbet aîné*, 1824, 2 vol. in-12.

1755 Sens (le) propre et littéral des psaumes de David, exposé brièvement dans une interprétation suivie, avec le sujet de chaque psaume (par le père Jacques-Philippe Lallemant, jésuite). *Paris, Montalant,* 1733, 2 vol. in-12.

La première édition est de 1708. L'auteur fit ce livre de piété à l'âge de 40 ans.

1756 Sept (les) livres de *la Diane* de Georges de Montemayor, traduit d'espagnol en français (par Nicolas Colin). *Rheims, de Foigny,* 1578, 1 vol. in-12.

1757 Sept (les) nouvelles ; contes moraux, par B. Allent (Eugène Balland). *Paris, Al. Eymery*, 1823, in-8 oblong.

1758 Sept (les) péchés capitaux, par Michel Raymond (Hippolyte Brucker). *Paris, Dupuy*, 1833, 2 vol. in-8.

1759 Septembriseurs (les), scènes historiques (par Régnier Destourbets). *Paris, Delangle*, 1829, 1 vol. in-8.

1760 Sermon prêché à l'Hôtel-Dieu de Paris, le 2 septembre 1777. Par M. M*** (Mulot), chanoine régulier, bibliothécaire de l'abbaye royale de Saint-Victor. In-12.

1761 Sermons de M. l'abbé Legris Duval ; précédés d'une notice sur sa vie, par M. le cardinal D. B. (de Beausset). Deuxième édition. *Paris, Adrien Leclère*, 1823, 2 vol. in-12.

1762 Service de l'administration des vaisseaux du roi, ou Recueil des lois, ordonnances et instructions, etc. Par un administrateur de la marine royale (M. Sanson, commissaire-général de la marine). *Toulon, Laurent*, 1828, in-4.

1763 Silvius et Valéria, ou Le Pouvoir de l'a-

mour ; traduit de l'allemand d'Auguste Lafontaine (par madame Élise Voïart). *Paris*,
Plancher, 1819, 2 vol. in-8.

1764 Singulière profession de foi d'un vieil ac-
tionnaire de l'*Ambigu-Comique*, composée en
1828. Ouvrage qni devait être posthume (par
M. Bonnaire). *Paris, Auffray*, 1832, in-8.

L'auteur de cette brochure l'a composée par
suite d'un pari. Elle offre cette singularité de n'a-
voir qu'une seule rime *féminime*, quoiqu'en dise
M. Bonnaire qui, par erreur, sans doute, la qua-
lifie de *masculine*.

1765 Sires (les) de Beaujeu, ou Mémoires his-
toriques sur le monastère de l'île Barbe, etc.
Par l'auteur de : « *Paris, Versailles et les
Provinces*, » etc. (M. Dugast de Bois Saint-
Just, ancien officier aux gardes françaises).
Lyon, Tournachon-Molin, 1810, 2 vol. in-8.

1766 Situation de plusieurs lieux dont la lon-
gitude et la latitude ont été observées par les
plus habiles astronomes (par Bourguignon
d'Anville, célèbre géographe), avec des problèmes géographiques (par M. Desplaces).
Sans date (vers 1759), in-4.

1767 Six années de mariage, par Hippolyte

Niade. *Paris, Remoissenet*, 1832, 1 vol. in-8.

> Le fonds de cet ouvrage est historique. Il a été rédigé par (M. CHARLES LEPAGE), sur des documens fournis par un M. EDAIN, dont le nom est retourné sur le titre.

1768 Six mois suffisent-ils pour connaître un pays ? ou Observations sur l'ouvrage de M. Ancelot, intitulé : « *Six mois en Russie;* » par J. T.....y (Tolstoy). *Paris, Ledoyen*, 1827, in-8.

1769 Soirées de Walter-Scott à Paris, recueillies et publiées par M. P. L. Jacob (Paul Lacroix), bibliophile, membre de toutes les académies. *Paris, Eugène Renduel*, 1829, 1 vol. in-8.

1770 Soirées (les) d'automne, par l'auteur des « *Mémoires d'une contemporaine* » (madame Elzelina Van Aylde Jonghe, connue sous le nom d'Ida de Saint-Elme). *Paris, Moutardier*, 1827, 2 vol. in-18.

1771 Soirées (les) de Neuilly, esquisses dramatiques et historiques, publiées par M. de Fongeray (par MM. Dittmer et Cavé). *Paris,*

Moutardier, le tome 1ᵉʳ 1827, le tome 2ᵉ 1828, 2 vol. in-8.

Souvent réimprimées.

1772 Soirées (les) politiques, ou Simples conversations sur les principes libéraux, par l'auteur du *Bon curé*, du *Bon paysan*, etc. (M. Boistel d'Exauvillez). *Paris*, *Gaume frères*, 1829, 1 vol. in-32.

1773 Solution d'un cas de conscience proposée par quelques-uns de MM. les chapelains de l'église cathédrale de Rouen (par l'abbé Guillaume-André-René Baston). Sans date (*Rouen*, 1791), in-8.

1774 Songe de saint Jérôme (par M. A. Péricaud). *Lyon*, *J. M. Barret*, 1826, in-8 de 4 pages.

C'est une note destinée à la deuxième édition du *Ciceroniana*.

1775 Songe (le) de Lucidor, où sont représentés les regrets de Cléanthe sur la mort de Théophile, par de Nervèze (Guillaume Bernard). *Paris*, *Dubreuil*, 1611, in-12.

1776 Sonnets sur les principaux mystères de la naissance, de la vie, de la mort et de la résurrection du fils de Dieu (par de Bonné-camp, médecin). *Vienne, G. Le Sieur*, 1687, in-4.

1777 Sopha (le), conte moral (par Crébillon fils). *Pékin*, 1773, 1 vol. in-16.

1778 Sophonisbe, tragédie, par M. de Mairet. 1633.

> Cette pièce est la première où la règle des *vingt-quatre heures* fut observée ; elle eut un succès pro-digieux. On la trouve imprimée dans le recueil des meilleures pièces des anciens auteurs. On l'attribue généralement à MAIRET; mais s'il faut en croire DESBARREAUX, elle ne serait pas de cet écrivain, mais bien de THÉOPHILE (VIAUD). Voyez ce que dit à ce sujet le *Menagiana* de M. DE LA MONNOYE. T. 1ᵉʳ page 245.

1779 Souffleurs (les), comédie (par Michel Chilliat). *Paris, veuve Coignard*, 1694, in-12.

1780 Sourd (le), ou l'Auberge pleine, comédie de (P. J. B. Choudard) Desforges, réduite (de 5 actes) en 1 acte (par MM. Delestre, Poirson, Desgrosillers et Eugène Lamerlière). *Paris, Bezou*, 1824, in-8.

1781 Souvenirs à mes amis (par Durieu). *Paris, A. Moëssard*, 1830, 1 vol. in-12.

1782 Souvenirs de Lulworth, d'Holy-rood et de Bath (par M. le baron de Sèze, ex-maître des requêtes). *Paris, Dentu*, 1831, 1 vol. in-12.

1783 Souvenirs de madame Jenny D*** (Bastide), publiés par Eugène de Lamerlière. *Paris, Vente*, 1821, 1 vol. in-18.

1784 Souvenirs de Van Spaendonck, ou Recueil de fleurs lithographiées, d'après les dessins de ce célèbre professeur; accompagné d'un texte rédigé par plusieurs de ses élèves (par M. Auguste-Philibert Chalons d'Argé). *Paris, De Courval*, 1825, 1 vol. in-4 oblong, avec 20 planches.

La vie de VAN SPAENDONCK est, en grande partie, extraite d'un article inséré dans le *Journal des Débats*, et attribué à M. JAL.

1785 Souvenirs d'exil (par M. le baron d'Haussez, ex-ministre de la marine). *Paris*, 1833, 1 vol. in-12.

1786 Souvenirs d'un officier royaliste, par M. de R.... (le comte de Romain), ancien colonel d'artillerie. *Paris*, tomes 1 et 2, *Adrien Egron*, 1824, et tome 3, *Hivert*, 1829, 3 vol. in-8.

1787 Souvenirs d'un voyageur en Asie, depuis 1802 jusqu'en 1815 inclusivement (par M. Magon de Clos-doré). *Paris, Nepveu,* 1822, in-8.

1788 Souvenirs d'une promenade en Suisse, pendant l'année 1827, recueillis pour ses amis, par Charles C★★★ (Cuchetet). *Paris,* 1828, 1 vol. in-8.

> Imprimé a trente exemplaires.

1789 Souvenirs et mélanges littéraires, politiques et biographiques (de 1796 à 1805), par M. L. de Rochefort (Jean-Pierre-Auguste de Labouisse). *Paris, Bossange,* 1826, 2 vol. in-8.

1790 Souvenirs (les) et les regrets du vieil amateur dramatique, ou Lettres d'un oncle à son neveu sur l'ancien théâtre français, etc. (par M. Antoine-Vincent Arnault, de l'académie française). *Paris, Ch. Froment,* 1829, 2 vol. in-12, avec figures.

> On avait annoncé, comme devant y faire suite, *les Souvenirs et jouissances d'un jeune auteur dramatique.* Cet ouvrage n'a point paru.

1791 Souveraineté (la) des rois, poème épique,

divisé en trois livres (par le P. de Nancel).
1610, in-8.

1792 Spectre (le) de la galerie du château d'Es-
talens, ou Le Sauveur mystérieux; (supposé)
traduit de l'anglais, par le baron G*** (de
Lamothe-Langon). *Paris, Corbet*, 1819, 4
vol. in-12.

1793 Statique de la guerre, ou Principes de
stratégie et de tactique, démontrés par la
statique ; ou nouvelle édition du *Mécanisme
de la guerre*, considérablement augmentée.
Par le baron R*** de Saint-C** (Révénony de
Saint-Cyr). *Paris*, *Anselin et Pochard*,
1826, 1 vol. in-8.

1794 Statistique industrielle du canton de Creil
(par le baron François-Alex.-Fréd. de La-
rochefoucauld-Liancourt). *Senlis, Tremblay*,
1826, br. in-8.

1795 Statue (la) de Pitt, ou Le Charlatan du
XVIIIe siècle terrassé par l'homme du XIXe
(par de Bauve). *Paris*, an XII (1803), in-8.

1796 Statuts de l'ordre du Saint-Esprit (publiés par P. Clairambault). *Paris*, *I. I.*,
1803, in-4.

1797 Stratonice et son peintre, ou Les Deux portraits, conte qui n'en est pas un ; suivent Phryné devant l'aréopage; Pradon à la comédie, etc. (Par Marie-Nicolas Deguerle). *Paris*, 1800, in 8.

C'est une satire en vers à l'occasion d'un portrait épigrammatique de mademoiselle LANGE (actrice du théâtre français), peint par GIRODET, et exposé au salon en l'an VII.

1798 Suicide (le), ou Le Vieux Sergent, mélodrame en trois actes, par Charles (Guilbert de Pixéricourt). *Paris, Barba*, 1816, in-8.

1799 Suite au Mémorial de Sainte-Hélène, ou Observations critiques, anecdotes inédites, pour servir de supplément et de correctif à cet ouvrage (par MM. Grille et de Musset-Pathay). *Paris*, 1824, 2 vol. in-12.

Le premier volume, dont la publication précéda celle du second de plusieurs mois, avait eu deux éditions, dont la dernière est in-12. M. BARBIER a omis de mentionner M. GRILLE, comme l'un des auteurs.

1800 Suite aux observations sur un *vocabulaire géorgien-français* et sur une *grammaire géorgienne* (publiés par M. Klaproth) (par

M. Brosset, membre de la société asiatique).
Décembre 1829, in-8.

1801 Suite de l'analyse des ouvrages de M. Charrier de la Roche (par l'abbé Guillaume-André-
René Baston). (*Rouen*, 1791) in-8.

1802 Suite de l'histoire de France, concernant
la mort déplorable de Henry IV, roy de France.
Ensemble un panégyrique et un discours funèbre, dressé à sa mémoire immortelle (par
Pierre Matthieu). *Genève, Paul Marceau,*
1620, 1 vol. in-8.

Cet ouvrage avait déja paru en 1611, sous le titre
de « *Histoire de la mort déplorable du roi Henri le
Grand* », in-fol.

1803 Suite des mémoires pour servir à l'histoire
et à l'établissement du magnétisme animal
(par le marquis de Puységur). *Londres*, 1785,
in-8.

1804 Suite (la) du comte de Gabalis, ou Nouveaux entretiens sur les sciences secrètes.
Ouvrage posthume. *Amsterdam, Pierre Mortier,* 1 vol. in-12.

Cet ouvrage, sur l'exemplaire qui appartient à la
bibliothèque du roi, est attribué dans une note manuscrite, à l'abbé de VILLECERF.

1805 Sully, ou La Vengeance d'un grand homme, comédie en trois actes et en prose (par Jacques-Charles Bailleul). *Paris*, *Ant. Bailleul*, sans date (1804), in-8.

> Cette pièce, qui n'a point eu de succès, n'a été jouée qu'une seule fois.

1806 Supériorités (les) modernes, ou Le Baron de Soussusous, comédie-proverbe en quatorze actes et en prose, destinée à servir de documens à l'histoire du 19e siècle, depuis le 1er janvier 1820 jusqu'au 1er janvier 1830 exclusivement. Dédié à la *Jeune France*, par son très humble admirateur Claude Jobin, ganache du 18e siècle (par le vicomte Emmanuel d'Harcourt). *Paris*, *Dentu*, 1832, 2 vol. in-8.

1807 Supplément à l'Essai de morale, etc. (par l'abbé Guillaume-André-René Baston). (*Rouen*, 1792) in-8.

1808 Supplément à l'histoire de Lille, avec des notes critiques et justificatives (par Tiroux). *Lille*, *Prévôt*, 1732, 1 vol. in-12.

1809 Supplément au Catalogue des livres imprimés sur vélin de la bibliothèque du roi, formant le tome 6 de l'ouvrage (par M. Van-

Praët., conservateur des livres imprimés).
Paris, De Bure, 1828, 1 vol. in-8.

1810 Supplément au Catalogue des livres imprimés sur vélin, qui se trouvent dans les
bibliothèques tant publiques que particulières,
pour servir de suite au *Catalogue des livres
imprimés sur vélin de la bibliothèque du roi*,
formant le tome 4 de l'ouvrage (par le même).
Paris, De Bure, 18.., 1 vol. in-8.

1811 Supplément au Mémoire sur la frabrica-
tion des eaux-de-vie de sucre (par Jos-Fr. de
Charpentier-Cossigny). *A l'Isle de France,
Imprimerie royale*, 1782, in-4 de 92 pages.

1812 Suppression (de la) des impôts sur les
vins et des moyens de les remplacer (par
M. Maudhuy, conseiller de préfecture du département de la Moselle). *Metz, Dosquet*,
1829, in-8.

1813 Sur l'administration de M. N*** (Necker),
par un citoyen français. Sans date, in-12 de
50 pages.

1814 Sur la Vénus de Mélos, précédé d'un
discours préliminaire, par M. de S. V. (Saint-
Victor). *Paris, Didot*, 1823, in-f°.

1815 Sur le Moniteur du 26 février 1833. *Paris, Dentu*, br. in-8.

> Cet opuscule signé E. S. J. est de M. EMMANUEL DE SAINTE-JAMES.

1816 Sur l'état actuel des marbrières de France (par M. le vicomte Héricart de Thury). *Paris, veuve Agasse*, 1824, br. in-8.

1817 Sybille (la), parodie (en un acte et en vaudevilles), par M. H*** (Harny). *Paris, Delormel*, 1758, in-8.

1818 Système financier colonial, ou Plan de deux grands établissemens industriels, indispensables au développement de la prospérité de la France, par Auguste L*** (Lambert). *Paris, Remoissenet*, 1832, 1 vol. in-8.

1819 Système (du) des doctrinaires, ou Observations sur un écrit de M. Guizot, intitulé : « Du Gouvernement de la France, depuis la restauration, et du ministère actuel » (par M. Jean Cohen). *Paris, chez l'auteur*, 1820, br. in-8.

Anonymes et Pseudonymes étrangers.

1820 Sacrâ(de)veterum christianorum romana
peregrinatione disquisitio (auctore P. Pietro
Lazari, jesuite). *Romæ, Salomon*, 1774,
in-4.

1821 Sancti patris nostri Modesti archiepiscopi
hierosolymitani Encomium (græcè) (ex ver-
sione et cum notis Mich. Aug. Giacomelli).
Romæ, 1760, in-4.

1822 Satiræ Menippeæ tres Hercules tuam
fidem sive Munsterus hypobolimœus; Vir-
gula divina cràs credam, hodiè nihil. Accessit
his accurata Burdonianæ fabulæ confutatio,
auctore J. R. (Jano Rutgersio), Batavo juris
studioso. *Lugd. Bat., Joan. Palius*, 1609,
1 vol. in-12.

On est redevable de connaître l'auteur de ce livre
à SCALIGER qui le cite dans une lettre adressée à J.
GRUTER, datée de juillet 1608, et insérée dans le
recueil de ses œuvres.

1823 Schola botanica sive Catalogus plantarum, quas ab aliquot annis in horto regio

parisiensi studiosis indigitavit vir clarissimus
Joseph Pitton Tournefort, etc. Edente in lu-
cem S. W. A. (Simone Wartono, anglo).
Amstelœdami, Henricus Westenius, 1689,
1 vol. in-12.

1824 Scripturæ Sacræ rudimentum ad suble-
vandam candidatorum memoriam carmine
descriptum (auctore patre Leone). Sans date,
1 vol. in-12.

1825 Selectæ propositiones in tota sparsim
mathematica pulcherrimæ, etc. (auctore
Leurechon, jesuite). *Mussiponti, Seb. Cramoisy*, 1622, 1 vol. in-f°.

1826 Serenissimi (de) atque invictissimi principis Lotharingiæ et Barri ducis Caroli IV
optatissimo reditu panegyris (à domino Harodel). *Nanisci, Charlot*, 1660, in-4.

1827 Sideralis Abyssus (fratris Th. Radini To-
dischi). Edidit (Nic. Beraldus). *Lutetiæ im-
pressorum, impensis Edmundi Fabri*, 1514,
1 vol. in-4.

1828 Specimen poeseos persicæ, sive Muham-
medis Schemseddini notioris agnomine Ha-
phyzi Ghazelæ, sive Odæ sexdecim ex initio

Divani depromptæ, nunc primùm latinitate donatæ, cum metaphrasi ligatâ et solutâ, paraphrasi item ac notis (auctore comite Ch. E. Rewiczki). *Vindebonæ, Kaliwodianus*, 1771, 1 vol. in-8.

1829 Speculum vitæ humanæ (auctore Rhoderico Zamorensi, posteà Calaguritano episcopo). *Parisiis, Joannes Petit*, 1522, 1 vol. in-8.

1830 Statu (de) ecclesiæ Britanniæ hodierno, liber commentarius. Sub ficto nomine Honorii Reggii (pro Georgio Hornio). *Dantisci*, 1647, in-4.

1831 Sacro (il) rito antico e moderno della elezione, coronazione e solenne possesso del sommo pontifice esposto in tre lezioni (da Guiseppe de Novaes). *In Roma, Casaletti*, 1769, in-8.

1832 Saggi di naturali esperienze fatte nell' academia *del Cimento* (rédigés par Laurent Magalotti). *Firenze*, 1667, 1 vol in-f°.

Réimprimé en 1691.

1833 Saggio di lingua etrusca e di altre antiche d'Italia, per servire alla storia de' popoli,

delle lingue e delle belle arti (da Luigi Lanzi).
Roma, Pagliarini, 1769, 3 vol. in-8.

1834 Scelte (le) pitture di Brescia additate al
forestiere (da il signor Giul' Antonio Ave-
roldo). *In Brescia , Gian-Maria Rizzardi,*
1700 , 1 vol. in-4.

1835 Scherzi poetici e pittorici (versi di Ghe-
rardo da Rossi). *Roma ,* 1794 (*Parma,
Bodoni,* 1795), 1 vol. in-8.

1836 Sculture e pitture sacre estratte da' ci-
miterj di Roma , pubblicate dagli autori della
Roma Sotteranea, ed ora nuovamente date
in luce colle Spiegazioni (da Giovanne-Gae-
tano Bottari). *Roma , Stamperia Vaticana,*
1737-1753, 3 vol. in-f°.

ANTOINE BOSIO , auteur de *Roma Sotterranea,*
mourut en 1629, laissant son ouvrage imparfait,
quoiqu'il y eût travaillé trente-cinq ans. Le chevalier
ALDOBRANDINI, son exécuteur testamentaire, le publia en 1632 , avec des additions du père SEVERANO;
il fut réimprimé à Rome, en 1650 ; PAUL ARINGHI en
donna une traduction latine en 1651. On joint or-
dinairement à cet ouvrage celui de BOLDETTI, intitulé : « *Osservazioni sopra i cimiter de' santi mar-
tiri,* » Rome, 1720, *in-fol.* Le pape BENOIT XIV
ayant fait l'acquisition des planches de l'ouvrage de
Roma Sotterranea, et, voulant qu'elles servissent à

une nouvelle édition , d'où l'on retrancherait tout le superflu , confia ce soin à Bottari; mais celui-ci aima mieux le refaire sur un nouveau plan. Il s'acquitta de cette tâche avec succès , ce qui fait qu'aujourd'hui l'ouvrage primitif est peu recherché.

1837 Semplicita (la) ingannata di Galerana Baratolli (Archangela Tarabotti). *Leida, G. Sambeix* (*Elzevier*), 1654, 1 vol. in-12.

1838 Sindicato (il) di Alessandro VII, con il suo viaggio nell' altro mondo (di Gregorio Leti). *Ollandia, Elzevier*, 1668, in-12.

1839 Stanze del poeta Sciarra (Pietro Strozzi) Sopra la rabbia di Macone; testo di lingua recato a buona lezione, dell' abbate Jacobo Morelli. *Constantinopoli*, 1550, graud in-8.

Edition réimprimée à Paris, chez P. Didot, en 1811, par les soins de M. Renouard , et tirée à douze exemplaires seulement, tous sur papier vélin.

1840 Storia delle rivoluzioni della republica Cristiana (da Ronna, vescovo di Crema). *Crema, Ant. Ronna*, 1803, 4 vol. in-8.

1841 Storia (della) di Genova, dal trattato di Worms fino alla pace d'Aquisgrana libri IV, 1745-1749 (opera del marchese Doria). *Leida*, 1750, 1 vol. grand in-4.

1842 Sulle cause e gli effetti della confedera-
zione Renana ragionamento di un membro
della reale academia delle Scienze di Berlino
(M. Lucchesini). *Italia*, 1819, in-8.

1843 Segunda (la) parte de la historia general
de las Indias que contiene la conquista de
Mexico y de la Noeva España (por Don Fran-
cisco-Lopez de Gomara). *Anvers, Martin
Nucio*, 1554, 1 vol. in-12.

1844 Sacontala, or The Fatal ring, an indian
drama, by Calidas, translated from the original *Sanscrit* and *Pracrit* (by Williams
Jones). *Calcutta, Cooper*, 1789, 1 vol. in-8.

1845 Short (a) account of Some particulars
concerning Domes-Day Book, with a view to
promote its being published. By a member
of the society of *antiquaries of London* (Philip-Carteret Webb, esquire). Read at mee-
ting of the society, 18 décembre 1755. *London*, 1756, in-4.

1846 Siameses (the) twins, a Satirical tale of
the times, by the author of *Pelham, Paul
Clifford* (Edwards Bulwer), with humorous
illustrations. *London, Henri Colbourn*, 1831,
1 vol. in-8.

1847 Sketch (the) book of Geoffrey Crayon (Washington Irving). *Paris, Galignani*, 1824, 2 vol. in-12.

1848 Somes inquiry concerning the first inhabitants, language, religion, learning and letters of Europe, by a member of the *society of antiquaries* in London (M. Wise). *Oxford J. Fletcher*, 1758, in-4.

T.

1849 Table (la) ronde, poème (par M. Creuzé de Lessert). Quatrième édition, plus complète que les précédentes. *Paris, Amable Gobin*, 1829, 1 vol. in-8.

Cette édition, la meilleure et la plus correcte qui ait encore paru, est augmentée d'un article de M. de Boufflers, et d'une pièce de vers de M. Arnault, adressés à l'auteur, au sujet de son poème.

1850 Tables synchroniques de l'histoire de France, ou Chronologie des princes et états contemporains sous les diverses périodes de

la monarchie française, pour servir de suite
à toutes les histoires de France. Par M. de V.
(Vaublanc , de Montargis). *Paris , Janet et
Cotelle* , 1818, 1 vol. in-8.

1851 Tableau abrégé de l'histoire de France,
depuis le commencement de la monarchie
jusqu'à l'avénement de Louis-Philippe Iᵉʳ
(par Cayot-Délandre). *Rennes* , 1832 , 2 vol.
in-8.

1852 Tableau de la situation actuelle des colonies, présenté à l'assemblée nationale (par
M. Duval-Sanadon). *Paris* , 28 décembre
1789, in-8 de 12 pages.

Une troisième édition , imprimée en 1814, porte
le nom de l'auteur.

1853 Tableau de l'histoire universelle jusqu'à
l'Ere chrétienne, en vers français (par le
comte Dion). Dédié à la princesse de Galles.
Londres , 1807, br. in-8.

Souvent réimprimé. L'édition de 1826 porte le
nom de l'auteur.

1854 Tableau de tous les traitemens et salaires
payés par l'État, d'après le budget de 1830 ;
par un membre de la *société de statistique de*

France (M. Benoistou de Châteauneuf). *Paris, Hautecœur-Martinet*, 1831, br. in-8.

1855 Tableau des écoles élémentaires (par MM. Eloi Jomard, Choron et l'abbé Gaultier). *Paris*, 1816, in-f°.

1856 Tableau des malheurs du peuple juif, depuis sa sortie d'Égypte jusqu'à la prise de Jérusalem par Titus, inclusivement. Suivi de quelques vers (par N. R. Camus). *Paris*, *Cellot*, 1808, in-8.

1857 Tableau des persécutions de l'Église pendant les trois premiers siècles de l'ère chrétienne; publié par M. l'abbé H*** (Hunckler). *Paris, Gaume*, 1832, 1 vol. in-12.

1858 Tableau des principaux événemens généraux qui se sont passés à Reims, depuis Jules-César jusqu'à nos jours (par M. Camus Daras). *Paris, Roret*, 1827, 1 vol. in-8.

1859 Tableau historique des gens de lettres, ou Abrégé chronologique et critique de l'histoire de la littérature française, etc. Par M. l'abbé de L*** (Lonchamps). *Paris*, *Charles Saillant*, 1767, 6 vol. in-12.

Les deux premiers volumes seulement sont anonymes.

1860 Tableau historique du Rouergue, suivi de recherches sur des points d'histoire peu connus (par M. de Gaujal, président en la cour royale de Pau). *Rhodez, Carrère*, 1819, 1 vol. in-8.

1861 Tableau philosophique du règne de Louis XIV, ou Louis XIV jugé par un Français libre (Joseph Lavallée). *Strasbourg, Kœnig*, 1791, in-8.

1862 Tableaux sommaires faisant connaître l'état et les besoins de l'instruction primaire dans le département de la Seine, suivis de remarques succinctes sur la nécessité et les moyens de procurer cette instruction à la généralité des Français (par M. E. Jomard, membre de l'institut). *Paris, Colas*, 1828, br. in-8 de 32 pages.

1863 Tartuffe (le) moderne. Par M. Mortonval (Alexandre Furcy-Guesdon), auteur du *Comte de Villamayor*. Troisième édition. *Paris, Eugène Renduel*, 1829, 4 vol. in-12.

La première édition est de 1825.

1864 Taxe de la chancellerie romaine, ou La Banque du pape (par Antoine Du Pinet). *Rome (Rouen)*, 1744, 2 parties en 1 vol.

C'est le même ouvrage, quant au fonds, que celui
intitulé : « *Taxe des parties casuelles de la boutique
du pape, avec des annotations, etc.*» Par A. D. P., en
latin et en français.

1865 Temple (le) de Gnide (par Montesquieu).
Paris, *Simart*, 1725, 1 vol. in-12.

1866 Tentation (la), ballet-opéra en cinq actes,
par MM. ** (A. Cavé) pour les paroles, et
Coraly pour les danses. *Paris, Barba*, 1832,
in-8.

1867 Testament politique de l'année 1821, ou
Avis et leçons à 1822, ma fille, ouvrage posthume (par M. le vicomte Gallard de Ter-
raube). *Paris, Charles Gosselin*, 1822, 1
vol. in-8.

1868 Tête (la) de bronze, ou Le Déserteur
hongrois, mélodrame en trois actes, par
M. Augustin *** (Hapdé). *Paris, Barba*, 1808,
in-8.

1869 Théâtre d'histoires, ou Les Grandes
prouesses et adventures étranges du chevalier
Polimantes, prince d'Arfine (par Philippe de
Belleville). *Bruxelles, Rutger Velpius*, 1613,
in-4.

Il existe une autre édition de 1613, in-8.

1870 Théâtre (du) de la Porte Saint-Martin, des pièces d'un nouveau genre et de la pantomime (par Jacques Lablée). *Paris, Pierre Blanchard*, 1812, br. in-8.

1871- Théâtre (le) des bons engins, auquel sont contenus cent emblêmes (par Guillaume de la Perrière). *Paris, D. Janot*, 1539, in-8.

1872 Thébaïde (la), ou Le Diable hermite, par Boissy (par madame Guénard, baronne de Méré). *Paris, Pigoreau*, 1825, 3 vol. in-12.

1873 Théorie du mouvement de l'eau dans les vases (par Louis-Alexandre de Corancez); précédé d'une notice nécrologique sur l'auteur (par le baron Fourier). *Paris, Bachelier*, 1830, 1 vol. in-4.

1874 Théorie de l'art du comédien, ou Manuel théâtral, par Aristippe (Bernier). *Paris, A. Leroux*, 1825, 1 vol. in-8.

1875 Théorie des quatre mouvemens et des destinées générales (par Charles Fourier, de Lyon). *Leipsig*, 1808, in-8.

1876 Thrésor (le) des histoires de France, par

Gilles Corrozet, continué (par Galiot Corrozet). *Paris, Corrozet*, 1627, 1 vol. in-8.

1877 Tiany, ou La Cachette de mon oncle ; histoire de quatre enfans du mystère et de leurs parens (par Henri - François de la Solle). *Paris*, 1754, vol. in-18.

1878 Tigresse mort-aux-rats, ou Poison et contre-poison. Médecine en quatre doses et en vers, par MM. Dupin (Henri) et Jules (de Saint-Georges). *Paris, Barba*, 1833, in-8.

> Cette pièce est une parodie du drame de *Lucrèce Borgia* de M. V. Hugo.

1879 Titime! par MM. Eugène Chapus et Victor Ch.... (Charlier). *Paris, Eugène Renduel*, 1833, 1 vol. in-8.

1880 Tombeau de Marguerite de Valois, royne de Navarre, etc. Avec plusieurs odes, hymnes, cantiques, épitaphes sur le même sujet (par Desessarts de Herberay). *Paris, Michel Fezandat*, 1551, in-12.

1881 Tombeau (le) de la Messe, P. D. D. (par David Derodon). *Amsterdam, Daniel Dufresne*, 1682, 1 vol. petit in-12.

1382 Tombeau (le) des amours de L. L. G.

(Louis-le-Grand) et de ses dernières galan-
teries. *Cologne, Pierre Marteau*, 1695, 1
vol. in-12.

1883 Tom-Wild, ou Le Bourreau, mélodrame
en trois actes, par MM. Antony (Béraud) et
Anicet (Bourgeois). *Paris*, 1828, in-8.

1884 Toulon, le 19 mai 1830 (par le marquis
de Salvo). *Marseille, Achard*, 1830, in-4 de
28 pages.

1885 Tour (la) du Bog, ou La Sévérité paternelle, par l'auteur du *Marchand forain, de
la Roche du Diable*, etc. (Pierre-Louis-Pru-
dent Legay). *Paris, Hubert*, 1819, 4 vol.
in-12.

1886 Tour (la) de Nesle, drame en cinq actes,
par MM. Gaillardet et *** (Alexandre Dumas).
Paris, Barba, 1832, in-8.

Cette pièce a donné lieu à un singulier procès :
il s'agissait de décider si les *astériques* devaient être
placés avant ou après le nom de M. GAILLARDET.
Le tribunal a rendu un arrêt favorable aux préten-
tions de ce dernier qui se prétendait *seul* auteur de
l'ouvrage en litige, que M. AL. DUMAS n'aurait sim-
plement fait que revoir, et de plus, il a enjoint au
directeur du théâtre de ne mettre sur l'affiche que
trois astériques au lieu de *six* qui y étaient d'abord,

et qui correspondaient aux lettres suivantes : A. Dumas.

1887 Traduction complète des psaumes en vers français, sur les textes hébreux des LXX et de la vulgate; G. G. (par Enlart de Grandval). *Paris, Janet,* 1819, in-8.

1888 Traduction des églogues de Pope et de son ode sur la musique, en vers français et latins, et de quelques pièces fugitives du même auteur, en vers français (par M. de Rocquigny de Bulonde). *Paris, Mérigot jeune,* 1789, 1 vol. in-8.

1889 Traduction des odes et de l'art poétique d'Horace, en vers français. Par M. de ** (Balainvilliers, depuis conseiller d'état). *Paris, Migneret,* 1812, 1 vol. in-12.

1890 Traduction des quatorze épîtres de saint Paul et des sept épîtres catholiques, avec des notes (par M. Prunelle de Lière). *Paris, Migneret,* 1825, 1 vol. in-8.

1891 Traduction d'un ouvrage anonyme, ayant pour titre : « *Riflessioni filosofico - morali. Pensées philosophiques morales;* » imprimé à Turin, en 1816. Par L. C. F. D. L. (le comte

Fabre de l'Aude). *Paris, Laurens aîné,* 1817, 1 vol. in-12.

1892 Traduction nouvelle des Satyres de Perse et de Juvénal (par le père Tarteron). Deuxième édition. *Paris,* 1698, 1 vol. in-12.

1893 Tragédie françoise à huit personnages, traictant de l'amour d'un serviteur envers sa maîtresse et de tout ce qui en advint. Composé par Jean Bretog, sieur de Saint-Sauveur, né à Saint-Laurent-en-Dyne. *Lyon, Noël Grandon,* 1571, in-12.

Cette édition est beaucoup moins rare que la première qui est de 1561. Une nouvelle, imprimée à Chartres, chez Garnier, a été publiée, en 1831 (par M. G. Duplessis), et n'a été tirée qu'à soixante exemplaires.

1894 Traité complet de la peinture, par M. P*** (Paillot) de Montabert. *Paris, Bossange père,* 1829, 9 vol. in-8.

1895 Traité complet de mnémonique, ou Art d'aider et de fixer la mémoire en tous genres d'études et de sciences. Par M. *** (J. Didier). *Lille, Thomas Naudin,* 1808, in-8.

1896 Traité complet sur l'éducation physique et morale des chats, suivi de l'art de guérir les maladies de cet animal domestique ; par Catherine Bernard, portière (par M. Alexandre Martin). *Paris, chez l'auteur (chez Audot)*, 1828, 1 vol. in-18.

> Ce recueil fait partie de la *Bibliothèque utile et amusante*, publiée par le même, et qui a été interrompue au 5ᵉ volume.

1897 Traité d'arithmétique, contenant des tables pour la conversion des anciennes mesures en nouvelles, etc. ; suivi de notions de géométrie, d'élémens d'arpentage et de toisé. Par F. Seuret. Deuxième étition, entièrement revue et corrigée (Par Le Moine). *Paris, Pelletier*, 1832, 1 vol. in-8.

1898 Traité de la lecture chrétienne (par dom Nicolas Jamin, Bénédictin). Nouvelle édition, précédée d'une notice sur sa vie et ses ouvrages (publiée par M. Gabriel Peignot). *Dijon et Paris, Lagier*, 1825, 1 vol. in-12.

1899 Traité de la méchanique, composé par M. Descartes. De plus, l'abrégé de musique, du même autheur, mis en français. Avec les éclaircissemens nécessaires ; par N. P. P. D. L. (Nicolas Poisson, prêtre de l'Oratoire). *Paris, Charles Angot*, 1668, 1 vol. in-4.

1900 Traité de la tactique, ou Méthode arti-
ficielle pour l'ordonnance des troupes, publié
et imprimé à Constantinople, par Ibrahim
Effendi, l'an de l'hégire 1144 (1731); traduit
du turc (par le comte Charles-Emerance de
Rewiczki). *Vienne, Trattnern*, 1769, 1 vol.
in-8.

> Cette traduction est devenue extrêmement rare.
> Il en existe une contrefaçon in-12 qui fourmille de
> fautes, à commencer par le titre, où on lit : *Le
> Sultan Ichmet*, au lieu d'*Achmet*. Le titre exact de
> l'ouvrage original, est : « *Principes de prudence,
> touchant la disposition des troupes.* »
>
> (Catalogue Langlès.)

1901 Traité de la vérité de la religion chrétienne (par Jacques Abbadié). *Rotterdam,
R. Leers*, 1789, 2 vol. in-12.

1902 Traité de l'expérience en général et en
particulier dans l'art de guérir, par G.
Zimmerman, traduit de l'allemand, par Lefebvre de V. (Villebrune). *Paris, Crochart*,
1817, 2 vol. in-8.

1903 Traité de perspective linéaire, à l'usage
des jeunes gens (par Gabriel-Antoine-Joseph
Hécart). *Charleville*, 1778, 1 vol. in-8.

1904 Traité de prononciation grecque-moderne,

à l'usage des Français; par J. B. X. (Jule
Berger-Xivray). *Paris, Dondey-Dupré*, 1828,
in-12.

1905 Traité de la peinture de Léonard de Vinci,
donné au public et traduit d'italien en français, par R. F. S. D. C. (Roland Fréart,
sieur de Chambray). *Paris, Jacques Langlois*,
1651, 1 vol. in-fol.

1906 Traité des anciennes cérémonies, ou Histoire contenant leur naissance et leur accroissement, leur entrée en l'Église, et par quels
degrés elles ont passé jusques à la supersti-
tion (par Jonas Porre). *Quevilly, Jacques
Lucas*, sans date (1673), 1 vol. in-12.

1907 Traicté des conformités du disciple avec
son maître; c'est-à-dire de saint François avec
Jésus-Christ, etc. Le tout recueilli par un
Frère mineur Récollet (Valentin Marée).
Liége, 1658-60, 4 parties en 3 vol. in-4.

Ouvrage dont il est très rare de rencontrer les
quatre parties réunies. (Manuel du lib.)

1908 Traité des études, par Rollin; nouvelle
édition stéréotype d'Herhan, précédée de la
vie de l'auteur, accompagné de notes historiques, et suivi d'une table des matières. Pu-

blié par M. G. de M. (Guéneau de Mussy) et
A. R. (Antoine Rendu). *Paris*, 1811, 4 vol.
in-12.

1909 Traité des feux d'artifice pour le spectacle, par F.... (Frezier). *Paris, Jollet*, 1706,
1 vol in-12.

1910 Traité des mesures itinéraires des Romains, suivi d'éclaircissemens géographiques
sur l'ancienne Gaule. Par M. (Jean-Baptiste
Bourguignon) d'Anville. *Paris, veuve Estienne*, 1741, 1 vol. in-12.

Des bibliographes (M. Brunet, dans le *Manuel
du libraire* et feu A. Barbier), d'après lui , ont attribué à l'abbé BELLEY, membre de l'académie des
Inscriptions et Belles-Lettres, les *Eclaircissemens
géographiques sur l'ancienne Gaule*, qui sont
de D'ANVILLE, ainsi que le prouvent plusieurs
mémoires où ce dernier cite cet ouvrage comme
étant le sien propre. (*Note* extraite de la France littéraire, 1827, par M. QUÉRARD, t. 1er, pag. 266.)

Au lieu de ces mots *d'après lui*, M. Quérard aurait dû dire *avant lui ;* car la première édition du
Dictionnaire des Anonymes de BARBIER, où *les
Éclaircissemens*, etc. sont cités à tort comme l'ouvrage de l'abbé BELLEY, date de 1806, et a, par
conséquent, précédé de quatre ans celle du *Manuel
du libraire*, qui a paru en 1810. Cette erreur que
ces deux savans bibliographes ont répétée, disparaît
devant plusieurs passages de ces mêmes *Eclaircisse-*

mens (pag. 341, 432, 439), ainsi que de la préface, où M. D'ANVILLE en parle comme de son propre ouvrage. Elle provient sans doute de la citation qui se trouve dans les *Mémoires géographiques sur quelques antiquités de la Gaule*, que M. PASUMOT, ingénieur-géographe, a publiés à Paris, en 1765, in-12. Cet auteur dit, dans une note de son ouvrage (pag. 29 et 30), « *Que les Eclaircissemens géographiques sur l'ancienne Gaule* sont de M. l'abbé BELLEY, et sont à la suite d'un *Petit Traité des mesures itinéraires des Romains et de la lieue gauloise* ; par M. D'ANVILLE.

1911 Traité des moyens de rendre les rivières navigables (par M. Bouillet, ingénieur). *Paris, E. Michallet*, 1693, 1 vol. in-8.

1912 Traité des renoncules, dans lequel, outre ce qui concerne les fleurs, on trouvera des observations physiques, etc. (par le père J. P. Rome d'Ardène, prêtre de l'Oratoire). *Paris, Ph. N. Lottin*, 1746, 1 vol. in-8.

1913 Traité des statues (par Lemée). *Paris*, 1688, 1 vol. in-12

1914 Traité des tournois, joustes, carrousels et autres spectacles publics (par le père Ménestrier). *Lyon, Muguet*, 1669, in-4.

1915 Traité du divorce fait par l'adultère ; savoir s'il est permis à l'homme ou à la femme en ce cas de se remarier (attribué à Antoine Hottmann). *Paris, Pépingué,* 1655, 1 vol. in–12.

1916 Traité du vrai mérite de l'homme con- sidéré dans tous les âges et dans toutes les conditions : avec des principes d'éducation propres à former les jeunes gens à la vertu (par M. le maître de Claville, doyen des tré- soriers de France, de Rouen). *Paris, Sau- grais,* 1734, 1 vol. in-12.

1917 Traité médico–gastronomique sur les in- digestions, suivi d'un essai sur les remèdes.... à administrer, etc. Ouvrage posthume de feu Dardanus, ancien apothicaire (par Alexandre Martin). *Paris, Audot,* 1828, 1 vol. in-18.

1918 Traité sur le venin de la vipère, sur les poisons américains, etc., par Félix Fontana (traduit de l'italien en français par Darcet). *Florence (Paris, Nyon),* 1781, 2 vol. in-4.

Cet ouvrage a été également traduit en anglais, en 1787, par Joseph Skinner, chirurgien.

1919 Traits remarquables de l'histoire du règne de Napoléon, depuis son entrée dans la car- rière des armes, jusqu'à sa déchéance (par

Jean - Baptiste - Auguste Imbert, ancien libraire). *Paris, Imbert fils*, 1824, 1 vol. in-18.

1920 Travaux (les) d'Hercule. Estrennes au Roy. Dialogues (par Eustache Le Noble). *Paris, Cl. Mazuel*, 1693, in-12.

1921 Trémaine, ou les raffinemens d'un homme blasé, traduit de l'anglais sur la 4ᵉ édition, par le traducteur de *Dunallan* (mademoiselle Saladin). *Paris , Barbezat*, 1830 , 4 vol. in-12.

1922 Trente ans, ou La Vie d'un joueur, mélodrame en trois journées, par MM. Victor Ducange et Dinaux (Goubaux et Beudin, chefs d'institution). *Paris, Barba*, 1827, in-8.

Ce drame, qui a eu un succès prodigieux, est le début des deux derniers auteurs qui adoptèrent, dès ce moment, le pseudonyme de DINAUX, qu'ils ont depuis toujours conservé. Cet ouvrage peut aussi servir de point de départ pour la nouvelle école dite *romantique;* car il fut le premier où l'on commença à s'écarter des routes battues, en violant à la fois toutes les règles d'unité de temps, de lieu et d'action. Je crois cependant me rappeler qu'une pièce, intitulée : *Julien, ou 25 ans d'entr'acte*, qui fut jouée à peu près vers la même époque, est encore antérieure à celle-ci.

1923 Trente-cinq (les) contes d'un perroquet, ouvrage publié à Calcutta, en persan et en anglais, traduit sur la version anglaise (de M. Gerrant) par madame Marie d'Heures (madame Collin de Plancy). *Paris, Montgie,* 1826, 1 vol. in-8.

1924 Très humbles et très respectueuses représentations de la faculté de médecine en l'université de Paris, au roi, contre la société royale de médecine (rédigées par M. Des Essarts). 1776, in-8.

1925 Trésor (le) du fidèle, ou Manuel de piété , concernant les prières pendant la messe, etc., par J. Ch. P*** (Charles Perrin), ancien missionnaire des Indes. etc. *Paris, Ant. Bouvier,* 1807, 1 vol. in-18.

1926 Tribune (la) et le cabinet (par M. le marquis de la Gervaisais). *Paris, Hivert,* 1826, in-8.

1927 Triomphe (le) de la bonne cause, le vrai bonheur rendu au peuple par la glorieuse possession de son souverain légitime et par une alliance auguste. Apologue imité de Sady (par Lautrey Delisle). *Paris, Dubray,* 1816, br. in-8.

1928 Triomphe (le) de la religion sous Louis-le-Grand, représenté par des inscriptions et des devises, avec une explication en vers latins et français (par le père Gab.-Fr. Lejay). *Paris, Martin,* 1687, 1 vol. in-12.

1929 Triomphe (le) de Pradon (par Nicolas Pradon). *Lyon,* 1684, un vol. in-12.

Cette diatribe renferme l'*Épître à Alcandre,* qu'on trouve reproduite dans les *Nouvelles remarques,* etc. du même auteur (Voyez n° 1322).

Il existe une autre édition que celle-ci, également imprimée à Lyon, mais dans l'année 1686. Elle présente une légère addition dans le titre qui est ainsi conçu : « *Le Triomphe de Pradon sur les satires du sieur D*** (Despréaux),* » et quelques différences assez notables dans le texte.

1930 Triomphe (le) des dames, traduit de l'anglais de milady P. (par Puisieux). *Londres,* 1751, 1 vol. in-8.

1931 Tristan, chevalier de la Table-Ronde (par Luce, chevalier, seigneur de Gast). Nouvellement imprimé à Paris, par Antoine Vérard, 2 vol. in-fol.

Édition moins rare que celle qui fut imprimée à Rouen, en 1433. (Man. du lib.)

1932 Triomphes (les) de la noble et amoureuse

dame, ou l'Art de honestement aymer, composé par le *Traverseur des voyes périlleuses* (Jehán Bouchet). *Paris, François Regnault,* 1541, in-8.

1933 Trois nouvelles politiques (par madame Mélanie Boileau). *Paris, Tenon,* 1824, in-8.

1934 Trois (du) pour cent. Premier aperçu (par M. le marquis de la Gervaisais). *Paris, A. Egron,* 1825, br. in-8.

> L'auteur a publié successivement quatre brochures sur le même sujet, distinctes par le titre de 1er, 2e, 3e et 4e *aperçu.*

1935 Trois (les) animaux philosophes, ou les voyages de l'ours de Saint-Corbinian, suivi des aventures du chat de Gabrielle et de l'histoire du pou voyageur, etc., translaté des manuscrits originaux, par le R. P. Jean-Gilles-Loup-Boniface Croquelardon, et publié par J. S. C. de Saint-Albin, auteur des *Contes noirs,* etc. (composé par Auguste-Simon Collin, de Plancy). *Paris, Montgie aîné,* 1818, 1 vol. in-12.

1936 Trois (les) C..., conte métaphysique, imité de l'espagnol, par le chevalier de Ch***, et publié par l'auteur du *Colporteur* (Chevrier). *Nancy, H. Gouvert*, 1762, 1 vol. in-8.

1937 Trois (les) Damis, comédie en un acte et en vers (par Nicolas-Marie-Félicité Bodard de Tezay). *Paris, Cailleau*, 1785, in-8.

1938 Trois (les) écueils de la femme (l'amour, la science, la jalousie), traduit de l'anglais (de James Hogg), par M. *** (Dubergier). *Paris*, 1825, 4 vol. in-12.

1939 Trois jours au monastère de la Trappe de Meilleray (par l'abbé de Villefort, chanoine honoraire de Saint-Denis). *Paris, Trouvé*, 1824, br. in-8.

Cette brochure est extraite en partie des *Annales de la littérature et des arts*. Elle a eu, en 1826, une seconde édition qui porte le nom de l'auteur et qui offre de nombreuses additions.

1940 Trois jours de promenade d'un étudiant en droit; par M. B*** (Béraud). *Paris, Plancher*, 1822, in-8.

1941 Trois méprises pour une, ou Les Infidèles sans infidélité; par M. de Saint-Ange (Alexandre Martin). *Paris, Fages*, 1822, in-8.

1942 Trois (les) femmes, nouvelle, par M. Latour (madame de Charrières). *Genève*, 1809,
1 vol. in-8.

Imprimé, pour la première fois, en 1798, 2 vol.
in-12.

1943 Trois (les) frères rivaux, comédie ; par
M. D. L. F. (Joseph de La Font). *Paris, Ribou*, 1713, in-12.

Cette pièce est la dernière de l'auteur qui mourut
à l'âge de trente-neuf ans. Elle eut du succès et a
été réimprimée.

1944 Trois (les) Gascons, comédie en un acte
(en prose) par MM. B*** (Nicolas Boindin) et
La Motte. *Paris*, 1702, in-12.

C'est Boindin que Voltaire a peint sous le nom
de *Bardou*, dans le *Temple du goût*.

« Un raisonneur, avec un fausset aigre ,... etc. »

1945 Trois (les) sœurs, par madame A. L***
(Adèle Laya). *Paris, Sautelet*, 1827, 2 vol.
in-12

Une seconde édition, qui porte le nom de l'auteur, a paru en 1828. On a ajouté au titre : *Ou de
l'éducation des filles*.

1946 Troys (les) livres des illustrations de
Gaule, et singularitez de Troie (par Jean le

Maire de Belges). *Paris, Pierre Vidoue,* sans date (1506), in-8.

Il y a eu, en 1533, une autre édition in-fol., qui est augmentée des deux épîtres de l'*Amant vert.* Elle porte le nom de l'auteur, ainsi que plusieurs autres éditions in-4.

1947 Tuileries (les) en juillet 1832; par le Vicomte de Varicléry (le baron de Lamothe Langon), auteur de l'*Exilé d'Holy-rood. Paris, Dentu,* 1832, 1 vol. in-8.

1948 Tumulte (le) d'Amboise (par M. Germeau, préfet). *Paris,* 1829, 1 vol. in-8.

1949 Typographie (la), poème (par M. L. Pelletier). *Genève, Viguier,* 1833, 1 vol. in-8.

Il y a des exemplaires qui portent le nom de l'auteur.

Anonymes et pseudonymes étrangers.

1950 Testamentum et pactiones initæ inter Muhammedem et christianæ fidei cultores,

arabicè et latinè (edente Abr. Hinckelmano).
Hamburgi, *Brendeke*, 1690, in-4.

1951 Thesaurus antiquitatum Beneventana-
rum (Studiis ac curâ J. de Vita). *Romæ*, 1754,
1 vol. in-fol.

1952 Thesaurus antiquitatum, in gratiam pu-
rioris antiquitatis studiosorum fideli studio et
operâ concinnatus (ab Eliâ Ehingero). Edi-
tio secunda. *Helmestadi*, *Christ. Müller*,
1687, 1 vol. in-4.

1953 Thesaurus gemmarum antiquirarum as-
triferarum, quæ æreis tabulis CC insculptæ
observationibus inlustrantur, adjectis parer-
gis LX, atlante Farnesiano (commentario
Paser. illustrato), prolegomenis, diatribis III,
dissertationibus XV, et indicibus (auctore
Gorio). *Florentiæ*, *typ. Albiziniana*, 1750,
3 vol. in-fol

1954 Thesaurus spiritualis soliloquiorum sanc-
torum etc. (par l'abbé Leroux). *Parisiis*,
Brunot-Labbe, *et Argentorati*, février, 1822,
1 vol. in-18.

1955 Tariffa delle P. (puttane). 1535, in-8.
Poésies attribuées à Pierre Arétin.

1956 Teatro italiano, o Sia Scelta di tragedie, per uso della scena (raccolto da Scipione Maffei). *Verona*, 1723, 3 vól. in-8.

1957 Thesoro politico, cioè relationi, instruttioni, trattati, discorsi varii (da Ventura). *In Colonia*, *Alberto Coloresco*, 1589, in-4.

1958 Tutti i triomphi, carri, mascherate, o canti carnascialeschi andati per Firenze dal tempo del magnifico Lorenzo vecchio de' Medici (raccolti da N. Lasca). *Fiorenza*, 1553, 1 vol in-8.

Recueil très difficile à trouver complet, à cause du retranchement qu'on fit dans le temps, des 51 *Canzoni dell' Ottonaio*, ce qui fait une lacune de 100 pages, depuis la page 298, jusques et comprise la page 397. (Manuel du lib.)

1959 Tragicomedia de Calisto y Melibea (por Roderico Cota y Fernando de Roxas). Nuevamente añadido el tractado de centurio. *Sevilla*, 1523, in-8.

1960 Table (a) of the gold coins of the Kings of England, by B. W. (Browne Willis). *London*, *Bowyer*, 1733, 1 vol. petit in-fol.

1961 Tales of a Perrot; done into english, from a persian mst. intittled : *Tooti namèh* (by sir Gerrant). *London, Robson,* 1792, 1 vol. in 8.

Cet ouvrage a été traduit en français par madame COLLIN DE PLANCY, 1826, 1 vol. in-8. Voy. le n. 1923.

1962 Tatler (the), by Isaac Bickerstaff (Richard Steele). *London, Parsons,* 1794, 4 vol. in-18.

1963 Timour, or Tamerlan's institutes political and military, written originally in the mogol language, first translated in to persian (by Abou-Taled), and thence into english, by Josephus White. *Oxford, Clarendon,* 1783, 1 vol. in-4.

Les *Instituts de Tamerlan* ont été traduits en français, en 1787, sur la version persane, par M. LANGLÈS. (Manuel du lib.)

1964 Translations from the original chinese, with notes (by Morrison). *Canton, Thoms,* 1815, in-8.

U.

1965 Ulysse-Homère, ou Du Véritable auteur de l'Iliade et de l'Odyssée, par Constantin Koliades, professeur dans l'université Ionienne (M. Lechevalier, premier conservateur de la bibliothèque Sainte-Geneviève, auteur du *Voyage à la Troade*, etc.). *Paris, de Bure frères*, 1829, in-fol.

1966 Un autre ministre (par M. le marquis de la Gervaisais). *Paris, A. Pihan de la Forest*, 1827, br. in-8.

1967 Un bal chez Louis-Philippe, par l'abbé Tiberge, auteur de *Louisa* (Regnier Destourbets). *Paris, Dumont*, 1831, 2 vol. in-12

Ce jeune auteur a succombé, depuis la publication de ce livre, à une maladie de langueur. –

1968 Un caprice de grande dame, comédie en deux actes, mêlée de couplets; par MM. Ancelot et Xavier (Saintines). *Paris, Barba*, 1832, in-8.

1969 Un de plus, roman à la mode. Par un

vaudevilliste (par MM. Théodore Anne et Auguste Rousseau). *Paris, Pigoreau et Corbet,* 1832, 4 vol. in-12

Ce roman n'est autre que celui mis en vente, le 5 novembre dernier, sous le titre de : *La Baronne et le prince,* où les noms des auteurs étaient alors mentionnés. Ce livre n'ayant point obtenu de succès, l'éditeur l'a reproduit comme un nouvel ouvrage, après avoir toutefois changé son titre et fait réimprimer la première page de chaque volume. Cette fraude a donné lieu à une réclamation insérée dans *le Bibliologue.*

1970 Un drame au palais des Tuileries, 1800-1832. Par Thalaris Dufourquet (madame Jenny Bastide). *Paris, à la librairie universelle,* 1833, ; 2 vol. in-8.

Le même ouvrage a reparu, quelques mois après, sous un titre différent (*le Concierge du château des Tuileries*); voy. n° 241.

1971 Un enfant, par Ernest Desprez (Eléonor de Vaulabelle). *Paris, Charles Gosselin,* 1833, 3 vol. in-8.

1972 Un homme de trop (par M. le marquis de la Gervaisais). *Paris, A. Pihan de la Forest,* 1827, brochure in-8.

1973 Un mot sur, pour et contre le rapport fait à la chambre des pairs par M. le duc de Levis

(par M. le marquis de la Gervaïsais). *Paris,*
1824, br. in-8.

1974 Un mot sur la bureaucratie. Satire à mon
ami G***, officier d'artillerie, etc. Par Maximilien L** R* Y (Leroy). (en vers). *Paris,*
Corréard, 1818, br. in-8.

1975 Un (d') nouveau complot contre les industriels; par M. de Stendhal (Beyle). *Paris,*
Sautelet, 1825, in-8.

1976 Un tableau de famille, vaudeville en un
acte, par Adolphe de L*** (Leuven) et ***
(Cavé). *Paris,* 1829, in-8.

1977 Une année à la campagne (en vers); par
mademoiselle Antonia M. (Minel). *Paris,*
Delaunay, 1828, in-8.

1978 Une faute; par l'auteur des *Scènes du*
grand monde, du *Mariage dans le grand*
monde, etc. Paris, *Barbezat,* 1833, 2 vol.
in-8.

   Cet ouvrage est encore attribué à madame la
comtesse Molé de Vallivon; mais il paraît à peu
près certain que le véritable auteur est M. Frédéric
Fayot.

1979 Une révolution d'autrefois ou les Romains chez eux, pièce historique en trois actes et en prose, par MM. Félix Pyat et Théo (Théodore Burette). *Paris, Paulin,* 1832, in-8.

Cette pièce, qui obtint un très grand succès lors de la première représentation, fut défendue à la troisième, par ordre de la police, à cause des allusions politiques qu'elle avait cru y découvrir, et dont elle s'effaroucha.

1980 Une saison à Plombières, par le baron de M*** (Mengin-Fontdragon). *Paris, Lecointe et Durey,* 1825, br. in-8.

1981. Une semaine de l'histoire de Paris. Par M. le baron de L***L*** (Lamothe-Langon). *Paris, Mame* et *Delaunay-Vallée,* 1830, 1 vol. in-8.

1982 Une Traversée ou Sensations d'un passager, par F. D. B. (Duret, de Bordeaux, ancien négociant), membre de la Table ovale de l'Ile de France. *Paris, Lecointe et Pougin,* 1833, 1 vol. in-8.

1983 Une visite à Charenton, folie-vaudeville en un acte, par MM*** (Gersin, Henri Simon et Durieu). *Paris, Barba,* 1818, in-8.

1984 Urne (l') dans la vallée solitaire (traduit

de l'allemand de Louis-François de Bilderbeck), par Mme de S. W. (Sartory-Wimpfen).
Paris, Maradan, 1806, 3 vol. in-12.

1985 Usage (de l') du caphé, du thé et du cho-
colate (par Philippe Sylvestre, plus connu sous
le nom de Dufour.) *Lyon, Jean Girin*, 1671,
1 vol. in-12.

M. BARBIER a été induit en erreur en attribuant
à JACOB SPON cet ouvrage, dont il n'a, au contraire, donné qu'une traduction latine. Voici, à
peu près, ce qu'a écrit à ce sujet M. CHARDON DE LA
ROCHETTE, dans le *Magasin encyclopédique*, tome IV,
année 1810. « PHILIPPE-SYLVESTRE DUFOUR, est bien
véritablement l'auteur de cet ouvrage, qui n'était,
comme le dit NICÉRON, qui lui a consacré un article
dans le 16e volume de ses mémoires, et comme il le
dit lui-même dans la préface des *Traités nouveaux
curieux du café, du thé et du chocolat* (Lyon,
Jean Girin, 1684 et 1685), que la traduction d'un
manuscrit latin tombé entre ses mains. » Cette traduction, c'est-à-dire l'ouvrage cité par M. BARBIER,
fut débité en peu mois. « L'empressement, dit DU-
« FOUR, dans sa préface, que l'on eut pour cette
« édition, me persuada que je devais cesser d'être
« traducteur, et que je pourrais aspirer à quelque
« chose de plus grand. Je me mis donc en tête de
« chercher des mémoires assez précis et assez fidèles
« pour en faire un traité qui, n'ayant rien de com-
« mun que le nom avec celui que j'avais traduit,
« pût le rendre considérable par lui-même, etc. »

« C'est ce dernier ouvrage, très curieux, que Nicéron dit avoir été traduit en latin par Spon (sur la troisième ou peut-être la seconde édition), et c'est sans doute ce qui a trompé M. Barbier, qui aura cru que la traduction latine était l'ouvrage original. »

Des trois traités qui entrent dans l'édition de 1671, l'un, le *Traité du café*, est une imitation de l'ouvrage de Maironi, qui parut dans la même année; le *Traité du thé*, est extrait de différens auteurs, et le *Traité du chocolat*, est une réimpression de la traduction donnée par René Mouau (1643), d'Antonio Colmenero.

1986 Usurpateur (l'), ou Testament historique et politique d'*Alompra*, empereur des Birmans dans l'Inde; traduction libre de la traduction latine du P. Lebret, jésuite portugais, par M. le baron de B***. (Charles Doris, de Bourges). *Paris* et *Bruxelles*, *Germ. Mathiot*, 1818, 3 vol. in-8.

Cet ouvrage est une fiction, et la traduction n'est que supposée.

V.

1987 Vaccination (de la) et des effets du vac-
cin (par Bouriat, médecin et secrétaire de la
Société médicale de Tours). *Tours, F. Vau-
quier-Lambert*, in-8.

1988 Vainqueur (le) de la mort, ou Jésus
souffrant, par P. L. B. (Biglis). *Paris, de
Sercy*, 1752, in-8.

1989 Valentine, par G. Sand (masque de Georges Sandeau), auteur d'*Indiana. Paris, Tenré*,
1832, 2 vol. in-8.

Le véritable auteur de cet ouvrage, ainsi que de
tous ceux qui ont paru sous le même pseudonyme,
est Mme AURORE DUDEVANT.

1990 Vallée (la) de Mittersbach, ou le Château
de Blakenstein. Par M. de Faverolles (Mme Guénard, baronne de Méré). *Paris, Lerouge*,
1816, 4 vol. in-12.

1991 Végétaux (les) curieux, ou Recueil des
particularités les plus remarquables qu'offrent
les plantes considérées sous leurs rapports

naturels, par B. Allent (Eugène Balland). *Paris, Pierre Blanchard*, 1824, 1 vol. in-12.

1992 Veillées d'un Solitaire de la chaussée d'Antin (par M^mc d'Avot). *Paris, Montgie*, 1821, 2 vol. in-12.

    Cet ouvrage a reparu l'année suivante, sous le titre de : *Petits romans , nouvelles et contes ;* mais il n'a point été réimprimé, malgré l'indication de seconde édition qu'on lit sur le titre.

1993 Veillées politiques, ou Considérations sur l'état et les besoins actuels de la France, recueillies et publiées par César Ducoudray, sténographe (de St-Prix). *Paris , Dondey-Dupré*, 1829, in-8.

1994 Vendange (la) normande, ou les Deux Voisins, vaudeville en 1 acte, par M. Gentil (et MM. P. J. L. et Daniel Barrière). *Paris , Mme Huet-Masson*, sans date (1825), in-8.

1995 Vendée (la), poème élégiaque, par M. De K. (Nicolas Ledéist de Kérivalant). *Nantes, V. Mangin*, et *Paris, Foucault*, 1814, in-8.

1996 Vendéen (le), épisode (1793) (par Alexis Eymery et de Saintes). *Paris, Moutardier* et *A. Eymery*, 1832, 2 vol. in-8.

1997 Véritable (le) chemin de la fortune (par Jean-Louis-Marie Dugas de Bois-St-Just). *Lyon*, 1812, in-8.

C'est une imitation de la *Science du bonhomme Richard*, de Francklin.

1998 Vérité (la) de l'histoire ecclésiastique rétablie par les monuments , etc. par M. S*** (Silvy), ancien magistrat. *Paris*, *Méquignon junior*, décembre 1814, in-8.

L'auteur a fait entrer dans cet écrit plusieurs lettres et pièces inédites et curieuses, tirées des archives du Vatican.

1999 Vérité (la) sur Haïti, ses deux emprunts, ses agents, ses finances, etc. Par un subrécargue (M. Nonay). *Paris*, *Moreau*, 1828, br. in-8 de 44 pages.

2000 Vérité (la) sur les cent jours. Par un habitant de la Corse (M. le comte Libri-Baguano). *Bruxelles*, *Tarlier*, 1826, in-8.

2001 Vérité (la) sur les marchés Ouvrard et sur les traités de Bayonne (par le comte Libri-Bagnano). *Bruxelles*, 1827, br. in-8.

2002 Vertu et tempérament, histoire du temps de la restauration , 1818—1820—1832; par

P. L. Jacob (Paul Lacroix), bibliophile, membre de toutes les académies. *Paris, Eugène
Renduel*, 1832, 2 vol. in-8.

2003 Vert-Vert à Pringy (par M. Breuilly).
Paris, juillet 1833, in-8.

> Ce petit poème est suivi d'une pièce de vers, inti-
> tulée : *Vert-Vert ressuscité*. Elle est de (M. le comte
> DE PRINGY.)

2004 Vice (le) puni, ou Cartouche; poème héroïque (par Nic. Ragot de Grandval). *Anvers,
(Paris)*, 1730, in-8.

> Réimprimé en 1827, avec le nom de l'auteur.

2005 Victorine, ou la Nouvelle Nina, drame en
un acte, mêlé de couplets (par M. Hocquet,
fils de l'imprimeur). *Paris, Hocquet,* 1824,
in-8.

2006 Victor ou l'Enfant des bois, par G. H. B.
Geller (Mme Guénard, baronne de Méré). Nouvelle édition. *Paris, Chassaignon*, 1833,
2 vol in-18.

2007 Vie anecdotique de Henri-Charles-Ferdi-
nand-Marie-Dieudonné d'Artois, duc de Bordeaux, depuis sa naissance jusqu'à ce jour,

avec portrait et *fac-simile* d'une carte de France tracée et coloriée par le prince (Par M. Alissan de Chazet). *Paris , Hivert ,* 1832, 1 vol. in-12.

2008 Vie contemplative (le livre de la). Traduit (de Philon) sur l'original grec, etc. (par Dom Bernard de Montfaucon). *Paris , Louis Guérin,* 1709, 1 vol. in-12.

2009 Vie d'Agricola par Tacite, traduction nouvelle (par M. Rendu , ancien inspecteur de l'Université). Deuxième édition , augmentée d'une carte des anciennes îles Britanniques. *Paris , Nicole ,* 1808, 1 vol. in-18.

2010 Vie d'Agricola, par Tacite, traduite par N. L. B. (~~Libri~~). *Florence, G. Piatti,* 1829, 1 vol. in-8.

2011 Vie d'Armand - Jean - le - Bouthillier de Rancé, abbé et réformateur de la Trappe. Par dom Pierre Le Nain. *Paris, Florentin Delaulnes,* 1719, 1 vol. in-12.

   L'abbé Goujet rapporte dans *la Bibliothèque ecclésiastique* , t. 1, pag. 150, que cet ouvrage a été revu par l'illustre Bossuet.

2012 Vie de David (le peintre), par M. A. T.

(Thomé, neveu de l'ex-conventionnel Thibau-
deau). *Paris, Tastu,* 1826, in-8.

2013 Vie de Louis Balbe Berton de Crillon,
surnommé *le Brave* (par Mlle de Lussan). *Paris,* 1757, 2 vol. in-12.

> Réimprimé en 1781, en un vol. in-12.
>
> Quelques biographes ont attribué cette Vie à
> l'abbé de BOISMORAND, qui a, en effet, publié une
> partie de ses ouvrages sous le masque de Mlle de
> LUSSAN; mais il est facile de s'assurer, en consultant
> les dates, qu'il est tout-à-fait étranger à la rédaction
> de celui-ci qui parut pour la première fois, en 1757,
> dix-sept ans après sa mort, arrivée en 1740.

2014 Vie de Publius Rutilius (par Glatigny).
In-12 de 22 pages.

> Extrait de ses OEuvres publiées en 1757.

2015 Vie du chancelier de l'Hôpital, (par Turpin). *Paris,* 1789, in-8 de 77 pages.

> Extrait de la *Vie des hommes illustres du tiers-état.*

2016 Vie et Aventures de Marion de Lorme, etc.,
roman (supposé) historique, écrit par elle-
même, et publié par M. de Faverolles (Mme Guénard, baronne de Méré). Troisième édition.
Paris, H. Ferret, 1828, 4 vol. in-12.

> La première édition qui remonte à 1822, est inti-

iulée : « *Vie et amours*, etc. » Quant à la seconde,
M. Beuchot déclare, dans une note de la *Bibliogra-
phie*, qu'elle lui est tout-à-fait inconnue ; d'où il faut
conclure qu'elle n'a jamais existé.

2017 Vie et fin déplorable de Mme de Budoy,
trouvée, en janvier 1814, entièrement nue
et vivante, etc. (par Charles Doris, de Bourges). *Paris* et *Bruxelles*, *Germain Mathiot*,
1817, 2 vol. in-12.

2018 Vie, poésies et pensées de Joseph Delor-
me (S^{te}. Beuve). *Paris*, *Delangle*, 1829,
1 vol. in-16.

2019 Vie politique de Louis-Philippe-Joseph
d'Orléans-Égalité, premier prince du sang,
et membre de la Convention (par Alissan de
Chazet). *Paris*, *Dentu*, 1832, 1 vol. in-8.

2020 Vie politique de Marie-Louise de Parme,
reine d'Espagne (par Barba). A la cour d'Espagne (*Paris*), 1793, 1 vol. in-18.

2021 Vie politique et militaire de Napoléon,
racontée par lui-même au tribunal de César,
d'Alexandre et de Frédéric (par le général
Jomini). *Paris*, *Anselin*, 1827, 4 vol. in-8.

2022 Vie privée, politique et morale de Lazare-

Nicolas-Marguerite Carnot, ex-lieutenant de police, ex-ministre, par M. le baron de B*** (Charles Doris, de Bourges). *Paris, Germain Mathiot*, 1816, 1 vol. in-12.

2023 Vie (la) de Guillaume Ier, prince d'O-range (par L. F. de Beaufort). Deuxième édition. *Leyden, Samuel Luchtmans*, 1732, 3 vol. in-8.

(En hollandais).

2024 Vie (la) de la Séraphique mère Sainte Thérèse de Jésus, en figures et en vers français et latins (par Claudine Brunand). *Lyon, Ant. Jullieron*, 1670, 1 vol. in-8.

2025 Vie (la) de la vénérable mère Marie de l'Incarnation, première supérieure des Ursulines de la Nouvelle-France (par le père Claude-Martin, bénédictin). *Paris, Louis Billaine*, 1677, 1 vol. in-4.

Le même publia, en 1781, les *Lettres de la véritable mère Marie de l'Incarnation*, 1 vol. in-4°.

2026 Vie (la) de M^re. Charles de St.-Denis, S^r. de St.-Évremond, par M. Desmaizeaux. *La Haye, Abraham, Troyel*, 1711, 1 vol. in-8.

Le vrai nom est de Margotelle, suivant l'auteur des *Mélanges de littérature et d'histoire*. (Vigneul

DE MARVILLE, ou le père NOEL D'ARGONNE ; char-
treux); page 284 de l'édition de 1701.

2027 Vie (la) de mon père, par l'auteur du
Paysan perverti (Nicolas Restif de la Bre-
tonne.) *Neufchâtel et Paris*, 1788, 2 vol.
in-12.

2028 Vie (la) de M. Des-Cartes, 1re et 2e partie
(par Adrien Baillet). *Paris, Daniel Horthe-*
mels, 1691, 1 vol. in-4.

   Cette *Vie de Descartes*, remplie de détails curieux,
a été souvent réimprimée.

2029 Vie (la) de St.-Bernard, premier abbé
de Clairvaux (par A. Le Maistre). *Paris*,
1656, 1 vol. in-8.

2030 Vie (la) de Ste. Honorine, vierge et martyre,
patrone du prieuré de Conflant (*Sic*), par le
sieur Baudry, prêtre-chapelain dudit prieuré,
depuis curé du Plessis-Raoul, dit *Picquet*,
près Sceaux.) Sans date, 1 vol. in-12.

2031 Vie (la) du R. P. Marin Mersenne, théologien, philosophe et mathématicien de l'ordre des *Pères Minimes*. Par F. H. D. C.
(Frère Hilarion de Coste), religieux du même
ordre. *Paris, Sébastien Cramoisy*, 1649,
1 vol. in-12.

2032 Vie (la) et miracles de la bienheureuse
vierge Ste.-Aure, abbesse de 300 filles réli-
gieuses, dont le vénérable corps repose en
l'église de St. Éloi en la Cité. Par un bourgeois de Paris (Jacques Quétif). *Paris, Jean
Mestais*, 1623, 1 vol. in-16.

2033 Vie (la) privée d'un prince célèbre, ou
Détails des loisirs du prince Henri de Prusse,
dans sa retraite de Reinsberg (attribué à
Mirabeau). *Veropolis*, 1784, in-8.

2034 Vieillard (le) de Viroflay, tableau villageois, par MM. de Courcy et S*** (Boniface
Saintines). *Paris, Brunet*, 1826, in-8.

2035 Vieille (la) fille; par Mme S. P*** (Sophie
Panier), auteur du *Prêtre. Paris, Chaumerot, jeune*, 1821, 2 vol. in-12.

> Ce roman a été publié en divers articles dans les
> *Annales de la littérature et des arts.*
>
> Mme SOPHIE PANIER reçoit, dit-on, pour ses
> ouvrages, des conseils de M. de LOURDOUEIX.

2036 Vieux (le) drapeau; dédié à la Garde
royale, par un membre de la *Société des
Bonnes Lettres* (M. Rey, négociant). *Paris,
Trouvé*, 1822, in-8.

2037 Village (le) abandonné, poème d'Olivier Goldsmith ; les Chants de *Selma* et *Oithona*, poème d'Ossian, traduits en français par P. A. L*** (Pierre-Auguste Lebrun). *Paris*, *Hénée*, An XIII (1805), 1 vol. in-18.

2038 Ville (la) de Rome, ou Description abrégée de cette superbe ville (par le père Dominique Magnan). *Rome*, *Casaletti*, 1778, 4 vol. in-f°.

   Lorsque cet ouvrage parut pour la première fois, en 1763, il n'avait que deux vol. in-12.

2039 Vingt (le)-et-un janvier, ou la Malédiction d'un père, par l'auteur de *Monsieur le Préfet* (le baron de Lamothe-Langon). *Paris*, *Pollet*, 1825, 3 vol. in-12.

2040 Vingt jours de route et généalogie historique de la famille des coches, messageries, diligences, etc., avec des notes par Narratius Viator (M. Grandsire). *Paris*, *Denain*, 1830, 1 vol. in-8.

2041 Vins (des) de fruit (par N. François de Neufchâteau). 1806, in-4.

2042 Virgille virai an borguignon. Choix des plus beaux livres de l'Énéide, suivi d'épisodes

des autres livres, avec sommaires, notes, etc.
publiés par C. N. Amanton, et un discours
préliminaire, par G. P. (Gabriel Peignot).
Dijon, V. Lagier, Paris, Godefroy, 1831,
1 vol. in-16.

2043 Virginie, tragédie lyrique, en trois actes
(par Auguste - Félix Désaugiers). *Paris,
Barba*, 1823, in-8.

Tirée à 40 exemplaires seulement. Une seconde
édition, également de 1823, porte le nom de l'auteur.

2044 Vision d'Hébal, chef d'un clan écossais,
épisode tiré de la ville des expiations (par
Ballanche). *Paris, Jules Didot aîné*, 1831,
br. in-8.

2045 Visite au collége de Caen (par M. Edom,
censeur audit collége). *Caen, Maral*, 1829,
br. in-8.

2046 Visite au musée du Louvre, ou Guide de
l'amateur à l'exposition des ouvrages de peinture, sulpture, etc., des artistes vivants. Années 1827-1828. Par une société de gens de
lettres et d'artistes (par M. Alexandre Martin). *Paris, Leroy*, 1828, 1 vol. in-18.

2047 Vocabulaire hagiologique, ou Liste des

noms français et latins de saints et de saintes
qu'on peut donner aux baptêmes, etc. (par
Chastelain, chanoine de Notre-Dame) *Paris,
Josse*, 1700, in-4.

2048 Vocabulaire latin pour la sixième classe,
dans lequel les mots sont divisés en trois
classes, etc. (par Antoine Duvillard). *Genève,
Paschoud*, 1811, br. in-8.

2049   Voie (la) du salut, par le bienheureux
Alphonse-Marie de Liguori, etc., traduit de
l'italien, pour la première fois, par l'abbé
G*** (Guéranger) *Paris, Ed. Bricon*, 1831,
1 vol. in-18.

2050 Voies (les) du sort, traduit de l'allemand
d'Auguste Lafontaine, par Mme Élise V***
(Voïart). *Paris, Alexis Eymery*, 1821, 4 vol.
in-12.

   Ce roman a été traduit à peu près à la même époque, par un M. ANDRIEUX, sous le titre de: *Lydie et
Frantz*, 2 vol. in-12.

2051 Voix (la) du citoyen (par Lebrun, depuis
duc de Plaisance). *Paris*, 1789, br. in-8.
   Réimprimé en 1814.

2052 Voile (le) bleu, folie-vaudeville en un acte

et en prose, par MM. Jules (Dulong) et Léopold (Courtier). *Paris, Bezou,* 1829, in-8.

Cette pièce avait été revue par M. DE ROUGEMONT.

2053 Vols (des) politiques, ou Des proscriptions, des confiscations, des spoliations faites par les usurpateurs et les rebelles, etc. Fragments historiques, maximes, pensées diverses, morales et politiques, tirées de différents auteurs, tant anciens que modernes (par M. le baron de Rouvrou, maréchal-de-camp). *Paris, Éverat,* 1825, br. in-8.

2054 Voltaire jugé par les faits. Par M*** (Jean-Antoine Lebrun-Tossa). *Paris, Delaunay,* 1817, br. in-8.

2055 Voyage à Janina, en Albanie, par la Sicile et la Grèce, traduit de l'anglais de Th. Smart Hughes (par de Fauconpret). *Paris, Gide,* 1821, 2 vol. in-8.

2056 Voyage à Paris et sur les frontières (par Adrien Leroux). *Paris, Gaillard,* 1792, 1 vol. in-18.

2057 Voyage (Nouveau) fait au Pérou, avec une description des anciennes mines d'Espagne; traduit de l'espagnol (d'Alonzo Carillo

Lazo), par l'abbé Courte de la Blanchardière. *Paris*, 1751, 1 vol. in-12.

2058 Voyage (Nouveau) de Constantinople à Bassora (*en 1781, par le Tigre et l'Euphrate, et retour à Constantinople, en 1782*), par le désert et Alexandrie (par l'académicien Sestini). Traduit de l'italien (par le comte de Fleury). *Paris, veuve Devaux,* 1800, 1 vol. in-8.

Ce titre a été refait et n'appartient point à une nouvelle édition; l'exemplaire de la Bibliothèque, qui a appartenu à M. de Villoison, porte la date de l'an VI.

2059 Voyage à Paris, ou Esquisse des hommes et des choses dans cette capitale; par le marquis Louis Rainier de Lanfranchi (le baron Léon de Lamothe-Langon). *Paris, veuve Lepetit,* 1830, 1 vol. in-8.

Ce livre a été refait en grande partie par M. Lhéritier de l'Ain.

2060 Voyage autour du monde, etc. en 1766, 67, 68 et 69 (par de Bougainville). Seconde édition augmentée, *Paris, Saillant et Nyon,* 1772, 2 vol. in-8.

La première était en 1 vol. in-4. Cette relation eut un succès prodigieux, et fut traduite en anglais et en allemand.

2061 Voyage autour du monde, traduit de l'italien de Gemelli Careri, par M. M. L. N. (Lenoble). *Paris, Étienne Ganeau,* 1719, 6 vol. in-12.

2062 Voyage dans la cour du Louvre, ou Guide de l'observateur à l'exposition des produits de l'industrie française, année 1827. Par une société d'artistes et d'anciens fabricans (par M. Alexandre Martin). *Paris, Dauvin,* 1827, 1 vol. in-18.

2063 Voyage dans les Pyrénées en 1818 (par Jean-Baptiste Joudou). *Paris, Plassan,* 1820, 1 vol. in-8.

2064 Voyage dans les Pyrénées en 1818 (par la comtesse de L'Espine). *Paris, Plassan,* 1828, 1 vol. in-8.

2065 Voyage de deux anglais dans le Périgord, fait en 1825, et traduit sur leur journal manuscrit (par M. Joannet). *Perigueux,* 1826, 1 vol. in-18.

C'est un ouvrage original ; la traduction d'après un manuscrit anglais n'est qu'une fiction.

2066 Voyage de Humphry Clincker, par l'auteur de *Roderic-Random* (Smollett); traduit de l'anglais, par M. de *** (Mervé, ancien of-

ficier des gardes du corps). *Paris, Pillet aîné,*
1826, 4 vol. in-12.

2067 Voyage de l'Arabie Heureuse fait par les
Français en 1708, 9 et 10, avec une relation
d'un Voyage de Moka à la cour du roy d'Ye-
men (par de La Roque). *Paris, Cailleau,*
1716, 1 vol. in-12.

2068 Voyage du Levant fait par le commandement du roy, en 1621. Par le sieur D. C.
(Deshayes, baron de Courmesous). Troisième
édition. *Paris, Adrien Taupinart,* 1645, 1
vol. in-4.

2069 Voyage de Naples à Amalfi, extrait d'un
voyage inédit en Italie, pendant les années
1824-1827. Par M. E. G. D. d'A. (Édouard
Gautier Dulys d'Arc). Troisième édition.
Paris, 1829, 1 vol. in-12.

   La première édition a paru dans la *Revue encyclopédique* (107º cahier, novembre 1827, tome 36). La
deuxième a été faite avec les exemplaires qui, à cette
même époque, ont été tirés à part.

2070 Voyage de Paul Bérenger dans Paris,
après quarante-cinq ans d'absence, etc. (par
Auguste-Simon Collin, de Plancy). *Paris,*
Lerouge, 1818, 2 vol. in-12.

2071 Voyage d'un étranger en France, pendant les mois de novembre et de décembre 1816 (par M. Esneaux). *Paris, Lhuillier,* 1817, in-8.

La troisième édition qui parut dans la même année, porte sur le frontispice : « Par l'auteur du *Paysan et le gentilhomme,* anecdote récente. »

2072 Voyage d'un Français aux salines de Bavière et de Saltzbourg, en 1776 (par M. Barbé-Marbois). *Paris, Baudouin,* an V (1797), 1 vol. in-18.

2073 Voyage d'un gentilhomme irlandais, à la recherche d'une religion. Par Thomas Moore, traduit en français, par l'abbé D*** (Didon). *Paris, Gaume frères,* 1833, 1 vol. in-8.

2074 Voyage d'un officier français, prisonnier en Russie, sur les frontières de cet empire, du côté de l'Asie (par M. le comte de Montravel, chef d'escadron). Publié par M. Huc, employé à la poste aux lettres. *Paris, Plancher,* 1817, 1 vol. in-8.

2075 Voyage d'une Française à Londres, ou la Calomnie détruite par la vérité des faits (par Mme la comtesse Latouche de Gotheville). *Londres, F. Mesplet,* 1774, 1 vol. in-8.

2076 Voyage en Normandie et en Bretagne, par Ad. G. (Gondinet), ancien élève de l'École Polytechnique. *Paris, Sédillot*, 1830, 1 vol. in-16.

2077 Voyage en Sicile, dédié à la duchesse de Berry, publié par d'Osterwald. *Paris, Firmin Didot,* 1822, 2 vol. in-f°.

L'auteur du texte est (M. DE LA SALLE).

2078 Voyage fait en 1819 et en 1820 sur les vaisseaux l'*Hécla* et le *Griper*, pour découvrir un passage du nord-ouest de l'océan Atlantique à la mer Pacifique, sous les ordres de W. Ed. Parry, traduit de l'anglais, par l'auteur de : *Quinze jours à Londres* (par M. de Fauconpret). *Paris, Gide fils,* 1821, 1 vol. in-8, avec cartes.

Ce volume forme le 37ᵉ de la *Collection des voyages,* publiée chez le même libraire.

2079 Voyage par le cap de *Bonne-Espérance* à Samarang, à Macassar, à Amboine, à Surate, en 1774, 75, 76, 77 et 1778, par J. S. Stavorinus; traduit du hollandais (par Henri Jansen). *Paris, Jansen,* an VII (1799), 1 vol. in-8.

2080 Voyage philosophique dans l'Améri-

que méridionale, rédigé par l'auteur de :
« l'*An* 2240 » (le chevalier Gérard Jacob).
Paris, Pillet aîné, 1830, 1 vol. in-12.

2081 Voyage pittoresque dans le Tyrol, aux
salines de Saltzbourg et de Reichenhalt, et
dans une partie de la Bavière; par le C. de B.
(le comte de Bray, ambassadeur de Bavière à
la cour de France). Troisième édition revue
et augmentée. *Paris*, 1825, in-f°.

> La première édition, qui est de 1806, parut à
> Berlin, in-8.; la seconde fut publiée à Paris, en 1808,
> également in-8.

2082 Voyage pittoresque et historique de l'Is-
trie et de la Dalmatie (rédigé d'après l'itinéraire de M. J. F. Cassas, par Joseph Lavallée).
Paris, Didot aîné, 1802, in-f°.

2083 Voyage (le) des Muses, allégorie pour
Mme de St. Huberty ; par M. Yreiht (Thiéry).
Au Pinde, 1784, in-8 de 16 pages.

2084 Voyage (le) impromptu, ou Sera-t-il
médecin? opéra-comique en un acte (par
MM. Théophile Marion Du Mersan et Aubertin). *Paris, madame Masson*, 1806, in-8.

2085 Voyage dans la Péninsule occidentale de

l'Inde, et dans l'île de Ceylan; traduit du hollandais (de M. J. Haafner), par M. J.....
(Henri Jansen). *Paris, Bertrand*, 1811, 1 vol. in-8., avec figures.

2086 Voyages dans l'Inde, en Perse, etc., avec la description de l'île *Poulo-Pinang*, nouvel établissement des Anglais près de la côte de Coromandel, par différens officiers au service de la compagnie anglaise des Indes orientales. Traduit de l'anglais, par les C*** (citoyens Mathieu Langlès et Noël). *Paris, Lavilette*, 1801, 1 vol. in-8.

La date véritable de l'impression est 1793; elle a été rafraîchie en 1801. Ce volume contient : 1° *Le Voyage de l'Inde à la Mekke*, par ABDOUL-KÉRYM, favori de Thamas-Kouli-Khàn ; 2o *Le Voyage du Bengale à Chyraz*, en 1787 et 1788, par WILLIAMS FRANCKLIN ; 3o *La Description de Poulo-Pinang*, par différens voyageurs. M. NOEL est le traducteur de cette dernière partie ; M. LANGLÈS a traduit les deux premières, qu'il a fait réimprimer, en 1797, dans les trois premiers volumes de sa *Collection des voyages*.

2087 Voyages de Gulliver, traduits de l'anglais de Swift (par l'abbé Desfontaines). *Paris, Didot aîné*, an V (1797), 4 vol. in-18.

2088 Voyages du capitaine Cook, autour du

monde, accompagnés des relations de Bi-
ron, etc. par M. G.....t (Gouriet). *Paris,
Égron,* 1810, 6 vol. in-12.

2089 Voyages en Russie, en Tartarie et en Turquie, par M. Édouard-Daniel Clarke, traduits
de l'anglais (par M. Emmanuel de l'Aubes-
pin, auditeur au conseil d'état; avec des notes
de M. le comte Maurice-Blanc d'Hauterive).
Paris, I. I., 1812, 2 vol. in-8.

Les mêmes, nouvelle édition. *Paris, Laurens aîné,*
1813, 3 vol. in-8.

La vente de cette traduction fut interdite par le
gouvernement impérial.

L'ouvrage original de Clarke est en trois parties;
la première seule a été traduite.

2090 Voyages historiques et littéraires en Italie,
pendant les années 1826, 1827 et 1828. Par
M. Valery, conservateur - administrateur des
bibliothèques de la couronne. *Paris, Le Nor-
mant,* 1831-1833, 5 vol. in-8.

Le vrai nom de cet homme de lettres est Pasquin.

2091. Voyages (les) de Jésus-Christ, ou Description géographique des principaux lieux et
monuments de la Terre-Sainte, par C. M. D*
M* (Charles-Maurice Dubois-Maisonneuve).
Paris, Rusand, 1831, 1 vol. in-8.

2092 Voyageur (le) catéchumène (par Charles Bordes). *Paris*, 1768, 1 vol. in-18.

Cet ouvrage que l'on avait faussement attribué à VOLTAIRE, avait d'abord paru sous le simple titre du *Catéchumène*. Il fut réimprimé en l'an III, avec un nouveau changement : « *Le Secret de l'Église trahi* », 1 vol. in-18.

2093 Vrai (le) portrait du vénérable docteur Gerson, et manuscrit précieux qui s'y ratta-che ; avec l'indication d'un grand nombre d'autres manuscrits de l'*Imitation de J-C.* sous son nom (par J. B. M. Gence). *Paris*, juillet 1833, br. in-8.

2094 Vrai (le) serviteur de Marie, renfermant un office en français sur les fêtes de la Vierge, avec des oraisons quotidiennes (par l'abbé J. B. Lasausse). Sans date, 1 vol. in-18.

2095 Vrais (les) principes de l'Église, de la morale et de la raison, sur la constitution ci-vile du clergé, renversés par les faux évêques des départements, membres de l'assemblée nationale, prétendue constituante (par Vau-villiers). *Paris, Dufrêne*, 1791, in-8.

2096 Vues de la colonie espagnole du Missis-sipi, ou des provinces de la Louisiane et de

la Floride occidentale, en l'année 1802 (par
M. Berquin - Duvallon). *Paris , Lenormant,*
1803, 1 vol. in-8.

2097 Vues de la création, ou Merveilles de la
nature, considérées par rapport aux êtres ani-
més et au système général du monde. Ouvrage imité (traduit) de l'anglais (par Constantin). *Paris, Fournier jeune,* in-8.

2098 Vues d'un citoyen sur la distribution des
dettes de l'État, et concordance de ces vues
avec celles du docteur Price (par M. Hocquart de Coubron). *La Haye,* 1783, br. in-8
de 61 pages.

> La Traduction de l'Extrait de l'ouvrage du doc-
teur PRICE, commençant à la page 31, est de M. DE
VILLIERS, D. M. P.

2099 Vues pittoresques, historiques et morales
du cimetière du *Père Lachaise,* dessinées par
Vigneron et Duplat, et gravées à l'*Aqua tinta*
par Jazet, avec leur description par M. M.
(Marchant), de Beaumont. *Paris,* 1821, 3
vol. in-8.

Anonymes et Pseudonymes étrangers.

2100 Verbum divinum abbreviatum, seu Scripturæ sacræ clavis metricè tradita (auctore reverendo patre Leone). *Paris, Jacob Quillan,* in-12.

2101 Viro clarissimo D. Joan. Pecqueto, med. d. celeberrimo, venarum lactearum Thoracicarum inventori sagacissimo , Sebastianus Aletophilus (Samuel Sorbierius). *Lutetiæ Parisiorum,* 1654, in-4.

2102 Via (della) Appia riconosciuta e descritta da Roma a Brindisi, lib. iv (di Fr. Mar. Pratilli). *Napoli,* 1745, 1 vol. in-f°.

2103 Viaggio pittorico della Toscana (editori Jacopo e Antonio fratelli Terreni). *Firenze, fratelli Terreni,* 1801, 3 vol. in-f°.

2104 Veri (i) mezzi di render felice la società per l'agricoltura (di Ferdinando Paoletti). *Firenze,* 1772, in-8.

2105 Verona illustrata (da Scipione Maffei). *Verona, Vallardi,* 1732, 1 vol. in-f°.

2106 Verslag en beschryving van eene verbeeterde stoommachine, door N. D. Falck, medic : doctor (*Projet et description d'une machine perfectionnée.*)

Cet ouvrage a été traduit de l'anglais en hollandais (par M. HUICHELBOS VAN LIEUDERS). *Rotterdam, Bennet,* 1776, in-8.

2107 Versos de Filinto Elysio (Francisco Manoel de Nascimento). *Paris*, 1797, 8 vol. in-12.

2108 Viage extatico al mundo planetario en que se observa el mecanismo, y los principales fenomenos del cielo, etc. (por Don Lorenzo Hervas y Panduro). *Madrid,* 1792-94, 4 vol. in-4.

Ce roman astronomique fait aussi partie du grand ouvrage italien du même, intitulé : « *Idea del universo,* » en 21 vol. in-4 ; mais cette traduction contient des augmentations qui en font un livre nouveau.

2109 Viages de Antenor por Grecia y Asia, con nociones sobre Egipto, etc. Traducido del frances (de E. F. Lantier), en castellano, por D. Bern. Mar. de Cazalda. Nueva edicion. *Burdeos, P. Beaume,* 1823, 3 vol. in-12.

Il y a eu en 1828, une nouvelle édition, publiée chez Mme Wincop, en 5 vol. in-18.

2110 Vida y hechos de Estevanillo de Gonzalès (par Vinc. Espinel). *Madrid*, 1720, 1 vol. in-8.

2111 Vida y hechos del picaro Guzman de Alfarache, o Atalaÿa de la vida humana, por Mateo Aleman (publié par Jean-Barthélemy Cormon). *Paris, Cormon et Blanc*, 1826, 4 vol. in-18.

2112 Van Diemen's land anniversary and Hobart-Town almanack for the year 1831. With embellishements. *Hobart-Town, van Diemen's land printed by James Ross*.

L'auteur de cet almanach, conçu et exécuté d'une manière bien supérieure à la plupart des nôtres, est JAMES Ross lui-même.

2113 Variety, a collection of essays written in the year 1787 (by H. Repton). *London*, 1788, 1 vol. in-12.

2114 Vindication of the rights of woman, with strictures on political and moral subjets, by Mary Wollstonecrast (Godwin). *London*, 1792, 1 vol. in-8.

2115 Vocabulary (a) english and persian, for the college at Fort-William, in Bengal (by Gladwin). *Calcutta*, 1800, 1 vol. in-4.

W.

2116 Wallace, ou le Ménestrel écossais, opéra-comique en trois actes, par M *** (Fontanes de S.-Marcellin). *Paris, madame Benoît,* 1818, in-8.

2117 Walther, ou l'Enfant du champ de bataille, par Auguste Lafontaine, traduit de l'allemand, par M. Henri V****** (Villemain). *Paris, Dentu,* 1816, 4 vol. in-12.

2118 Wann Chlore, par M. Horace de S.-Aubin (M. Honoré de Balzac). *Paris, Rignoux,* 1825, 4 vol. in-12.

2119 Watchman (le), drame en trois actes, par MM. Benjamin (Antier), Armand (Overnay), et Adrien ***. *Paris, Quoy,* 1831, in-8.

2120 Welf-Budo, ou les Aéronautes, roman

d'Auguste Lafontaine, traduit de l'allemand,
par Mme Élise V*** (Voïart), traducteur des
Aveux au tombeau; etc. *Paris, Chevalier,*
1817, 3 vol. in-12.

2121 William Hilnet, où la Nature et l'amour ;
roman traduit de l'allemand de Miltenberg
(Auguste Lafontaine); par Mlle Adeline de
C*** (Colbert). *Paris, Hocquart,* 1821, 3
vol. in-12.

    Le même ouvrage a été traduit, en 1818, par
M. ROUGEMAITRE, sous le titre de : « *Hervey ou*
l'Homme de la nature. »

                                  ———

Anonymes et Pseudonymes étrangers.

2122 War in disguise, or the Frauds of the
neutral flags (by John Stephen). *New-York,*
1806, 1 vol. in-8.

2123 White Knight's library, catalogue of that
distinguished and celebrated library (of the
duke of Marlborough). *London,* 1819, in-8.

2124 Wiew of Bolingbroke's philosophy, in four letters to a friend, in which his whole system of infidelity and naturalism is exposed and confuted (by W. Warburton). *London*, 1756, 1 vol. in-12.

2125 Works of R. Boyle to which is prefixed the life of the author (by Birch). *London*, 1772, 6 vol. in-4.

Y. Z.

2126 Yseult de Dôle, chronique du VIIIe siècle (par J. Léonard Dusillet). *Paris, Ch. Hubert,* 1823, 2 vol. in-12.

Cette chronique est présentée comme un ouvrage de l'archevêque Turpin. On a placé en tête, dit l'avertissement, *un vrai pourtraict* de cet illustre archevêque, qui n'est autre, en réalité, que celui de l'auteur anonyme. (Fr. litt.)

2127 Zampa, ou la Fiancée de marbre, opéra-comique en trois actes, par M. Mélesville (Duveyrier). *Paris, Riga,* 1831, in-8.

2128 Zélé (le) serviteur de J.-C., ou l'Adorateur du Verbe éternel (par l'abbé Jean-Baptiste Lasausse). Édition ornée de huit gravures. *Paris*, 1810, 1 vol. in-18.

2129 Zéloïde, opéra en deux actes (par Charles-Guillaume Étienne). *Paris*, *Roullet*, 1818, in-8.

2130 Zulmé, ou la Veuve ingénue; nouvelle (*supposée*) traduite de l'italien (par Mme Guénard, baronne de Méré). *Paris*, *Durand*, an VIII (1800), 1 vol. in-18.

2131 Zhorab le prisonnier. Mœurs persanes. Par Morier, trad. de l'anglais sur la troisième édition par le trad. des *Mémoires d'un médecin*. (Philarète Chasles). *Paris*, *H. Souverain*, 1833, 2 vol. in-8.

TABLE ALPHABÉTIQUE

DES AUTEURS ANONYMES

CITÉS DANS CE VOLUME.

─────◆─────

A.

Arago. — Cousin. 304. V. *Etienne*, T. des Ps.

Arblay (madame d'). — Voy. Burney.

Arconville (madame Tiroux d'). — Secrets (les), tr. de l'anglais de *Shaw.* 1753.

Arcy (le chevalier d'). — Observations. 1341.

Ardène (le père J. P. Rome d'). — Traité. 1912.

Aretino (Pietro). — *Tariffa.* 1955.

Argens (Jean-Baptiste Boyer, marquis d'). — Lettre. 963.

Arnauld. — Nouvelle hérésie. 1314.

Arnault (Antoine-Vincent), de l'Institut. — Souvenirs. 1790.

Arnay (le baron d'). — Notice. 1276.

Arnoult (S). — Comte. 238.

Assaï (Charles). — Préface du *duc d'Enghien*, hist. drame, par M. d'Anglemont. 422.

Assémanus (J. S.). — *Rudimenta.* 1718.

Attaignant (l'abbé de l'). — Réflexions. 1631.

Aubépin (le comte Emmanuel de l'). — Mémorial. 1158. — Revue. 1696. — Voyages en Russie, tr. de l'angl. de *Clarcke.* 2089.

Aubernon (N. J.), préfet. — Considérations. 259.

Aubin. — Eléments. 457.

Aubry (Pierre - Cyprien). — Pétrarque français. 1469.

Aubertin. — Voyage. 2084.

Auburtin de Brionville. — Journal. 885.

Audibert. — Papillottes. 1422. V. *Jean-Louis.* T. des Ps.

Audin (J. M. V.), libraire. — Histoire. 752. — Saint-Barthelemy. 1732.

Audot (père), libraire. — Cuisinière. 313.

B.

Belot (madame, depuis madame Durey de Ménières).
— Histoire de Rasselas. 762.

Bendier. — Défense. 344.

Benini (Vincent). — *Rime.* 1724.

Bennet. (mistriss Elis). — Hélène , tr. par de *Faucon-pret.* 722.

Benoiston de Châteauneuf. — Tableau. 1854.

Benserade (Isaac). — Métamorphoses d'Ovide. 1170,
— Pucelle d'Orleans. 1562.

Beraldus (Nic). — *Sideralis Abyssus.* 1827.

Béraud. — Trois jours. 1940.

Béraud (Antony). — Eoü. 664. — Tom Wild. 1883.
Voy. T. des Ps. *Antony.*

Bérenger (Laurent-Pierre). — Morale en action. 1210.

Berger (Anatole). — Rosane. 1708. Voy. T. des Ps.
Gerber.

Bermond (de). — Garde. 688.

Bernard (Guillaume). — Songe de Lucidor. 1755. Voy.
T. des Ps. *de Nervèze.*

Bernard (Desiré), avocat. — Charles. 195. Résumé.
1686.

Bernard-Fouquet. — Réflexions. 1629.

Bernardeau (Pierre). — Décision. 342.

Bernardi (J. E. D.). — Lettre. 928.

Bernatowicz. — Poïata. 1497.

Bernier. — Théorie. 1874. V. T. des Ps. *Aristippe.*

Bernis (l'abbé de). — Poësies. 1493.

Berr (Michel). — Lettres. 993.

Berquin-Duvallon. — Vues. 2096.

Berthier (P). — Chimie. 203.

Bertin (le chevalier de). — OEuvres publiées par *Boissonnade.* 1359. — Poésies. 1494.

Bertolacci (Anthony). — *Inquiry*. 668.

Berton (Henri Montan). — Ponce de Léon. 1507.

Bertoni (Ferdinand). — Entretiens. 496.

Bésuchet (J. C.), médecin. — Précis. 1521.

Bétencourt (l'abbé de). — Noms féodaux. 1263.

Bethamelli (Joseph). — *Discorso*. 438.

Beuchot (Adrien-Jean-Quentin). — Oraison funèbre. 1389.

Beudin. — Richard d'Arlington 1700. — Trente ans. 1922. — Clarisse, drame en 3 actes, 1833, in-8. Voy. T. des Ps. *Dinaux*.

Beuriot (le père). — Horlogéographie. 805.

Beyle. — Armance. 80. — Racine. 1592. — Rouge et noir. 1710. — Un nouveau complot. 1975. Voy. T. des Ps. *Stendhal*.

Bicherius (Edmundus). — *Obstetrix animorum*. 1407.

Bidard-Hayère. — Petit-neveu, 1464.

Bièvre (le marquis de), — Lettre. 961. Voy. T. des Ps. *Bois flotté*.

Biglis (P. L.). — Vainqueur (le). 1988.

Bilderbeck (le baron Louis-François). — Mouchoir (le). 1217. — Urne. 1984.

Billennerie (Jacques-François Goubeau de la). — Dissertation. 405.

Birch. — *Life of Boyle*. 2125.

Blaise (Jean-Jacques). — Lettres inédites de Malherbes. 982. — Poésies du même. 1491.

Blanchard (Pierre). — La Fontaine des enfants, 906.

Blanchet (l'abbé). — Apologues. 68.

Blondeau (l'abbé). — Eclaircissements. 443.

Blondeau. — Précis. 1524.

Blosseville (Jules de). — Instructions. 845.

Blosseville (le vicomte Ernest de). — Trad. d'une partie de l'*Histoire de la révolution d'Espagne*, par don *Sébastien Miñaño.* 751. — Loi de justice. 1006. — Trad. des *Mémoires de Morillo.* 1121

Boblet. — Principe (le) et les faits. 1539.

Boccace (Jean). Labyrinthe d'amour, trad. par *Belleforest.* 904.

Bock (le baron Félix de). Débat de deux demoiselles. 339.

L'Avertissement mis en tête de cette réimpression est de M. DE MANNE.

Bodard de Tezay (Nicolas-Marie-Félicité). — Pauline. 1439. — Saturnales, 1741. — Trois Damis. 1937.

Bodin (Félix).— Complainte. 237.— Économie. 448.— Père et fille. 1454.— Résumé. 1687.

Bœger (Laurentius). — Considérations. 258. Voy. T. des Ps. *Daphnœus Arcuarius.*

Bogé. — Plaisirs de Mars. 1483.

Boileau (mademoiselle Mélanie de). — Cours. 300.— Princesse. 1537. — Trois nouvelles. 1933.

Boileau-Despréaux.— OEuvres 1372. — Satires. 1742.

Boindin (Nicolas). — Trois Gascons. 1944.

Boismorand (l'abbé Claude-Joseph Chéron de) — Marie d'Angleterre. 1072.

Boissel de Monville (le baron). — Mon théâtre. 1202.

Boissieu (de) — Jour de l'an. 880.

Boissonnade (Jean-François). — Goupillon (le), poème trad. d'*Antoine Dinys.* 694.—OEuvres de *Bertin.* 1359.

Boistel-d'Exauvillez. — Château. 198. — Consolations. 271. — Lettres. 974. — M. Bonassin. 1193. — Recueil. 1624. — Soirées. 1772.

Bonald (le vicomte de). — Henri l'exilé. 725.

Boyer (l'abbé). — Antidote. 58.

Boyle. — *Works.* 2125.

Brassey-Halhed (Nathaniel). — *Code of gentoo laws.* 331.

Bray (le comte de). — Voyage. 2081.

Brazier. — Famille improvisée. 630. Vóy. T. des Ps. *Henry Monnier.*

Brée. — Etrennes. 571.

Breghot-du-Lut. — Archives. 78. — Dissertation. 406. Ephémérides. 499. — Edit. des *œuvres de Louise Labé.* 581. — Lettres. 984. — Mélanges. 1080. — Notice. 1279 et 1280. — Edit. des *Poësies de Pernette Duguillet.* 1492.

Brémond (S). — Apologie. 67.

Brès (Pierre). — Jeune Loys. 878. — Marie de Clèves. 1074.

Breson de Cocove. — Famille Saint-Julien. 632.

Bressier. — Fables. 620.

Bretog (Jean). — Tragédie. 1893.

Bretonnière (Lecouldré de la). — Mémoire. 1096.

Breuilly. — Vert-Vert. 2003.

Brianville (l'abbé Claude-Oronce-Finé de). — Histoire sacrée. 792.

Brichambault (le baron de Perrin). — Ode. 1351. — Passage. 1434.

Brie-Serrant (Clément-Alexandre de). — Etudes. 573.

Brieux de Moisant (Jacques). — Origine. 1398.

Brifaut, de l'ac. française. — Préface de la tr. de *Laure de Montreville*, par madame Molé. 910.

Brillat-Savarin. — Physiologie. 1476.

Briseux. — Marie. 1071. — Mémoires de la Vallière. 1123.

Burghartus. — *Medicorum Satiræ.* 1232.

Burney (miss), depuis madame d'Arblay. Évélina. 578
et 613.

Bury (de), avocat. — Essai. 549.

Busbequius. — Ambassades, trad. par *Gaudon.* 31.

Busoni (Philippe) — Egmont (d'). 452.

Buttler (Charles). — *Horæ biblicæ,* trad. de l'anglais,
par *Boulard.* 803. — Les mêmes en anglais. 820 et
821.

Byron (lord). — Pélerinage de Childe-Harold, trad. de
l'angl. par *G. Pauthier.* 1442.

C.

Caffaro (le père), théatin. — Lettre. 950.

Cahaigne. — Missionide. 1185.

Cahaisse (Henri-Alexis). — Ministres. 1181. Voy. T.
des Ps. *H. A. K. S.*

Caillot (Antoine). — N'en parlons plus. 1258.

Callières (François de). — Mots. 1215

Callimaque. — Ses Hymnes traduites en italien par
Pagnini. 862.

Calonne (le comte Adrien de). — Analogies. 39.

Campagnolles (Alexandre Dudres de). — Second coup
d'œil. 1750.

Camus. — Contes. 282. — Contrariant. 285. — Deux
apprentis. 366. — Jeune prince. 879. — Paul Briolat.
1437. — Procureur. 1543. — Savetier. 1744. Voy.
Table des Ps. *Merville.*

Camus. — Tableau. 1856.

Camus-Daras. — Tableau. 1858.

Chevrier. — Almanach. 27. — Trois C... 1936.

Chézy (Antoine-Léonard). — Anthologie. 56. Voy. T. des Ps. *Apudy.*

Chilliat (Michel). — Souffleurs (les). 1779.

Choderlos de Laclos. — Liaisons dangereuses. 996.

Choiseuil-Gouffier (la comtesse de). — Jeanne d'Arc. 874.

Choiseuil-Meuse (la comtesse Félicité de). — Voy. madame *Guyot.*

Choron. — Tableau. 1855.

Choudard (P. J. B). Desforges. — Sourd (le). 1780.

Christian. — Description. 357.

Christies (James). — *Inquiry.* 867.

Ciantis (P. M. F. Ignatio). — *Libro de' miracoli.* 1032. Voy. T. des Ps. *Frangipane.*

Cicéron. — Livres académiques, tr. par *de Castillon,* et commentés par *Pierre Valence.* 1004.

Cicognara. (le comte Léopold.) — *Memoria.* 1239.

Cizos. — Adieux. 10.

Clairambault. — Statuts. 1796.

Clausel de Coussergues. — Quelques observations. 1582.

Clave (de). — Voyez *Ledoux.*

Claville (Lemaître de). — Traité. 1916.

Clément. — Lit de camp. 998. — Prima donna. 1535.

Cléry. — Journal. 884.

Clogenson. — Mes souhaits. 1168.

Clonard. — (Ernest de). M. Botte. 1199.

Cloots — (Jean-Baptiste). — Orateur. 1393.

Cocchi (Antonio). — *Lettera.* 1028.

Cochaise (Pierre-Constant Maillé). — M. Dorguemont. 1195.

Cochard. — Archives. 78.

Cochrane (Margaret). — *Letters from Italy.* 1834.

Cocquard (François-Bernard). — Lettres. 966.

Coffinières (A. S. G). — Observations. 1346.

Colau (Pierre).— Histoire de Napoléon. 740.

Cohen (Jean). — Système. 1819.

Colin (Nicolas). — Sept livres de *la Diane* de G. de Montemayor, tr. de l'espagnol. 1756.

Collet (l'abbé). — Récit. 1610.

Collin, de Plancy (Auguste-Simon). — Fin. 656. — Trois animaux. 1935. — Voyage. 2070. Voy. T. des Ps. *Croquelardon* et *St.-Albin.*

Collin, de Plancy (madame).—Trente-cinq contes d'un perroquet, tr. de l'anglais de *Gerrant.* 1923.

Colmet de St.-Elne. — Nouveau cri. 1295.

Colonna (François). — Hypnerotomachie , tr. de l'italien par *David Martin.* 809.—La même, par *Legrand.* 810. — *Hypnerotomachia.* 812. 814.

Colon (R). — Journal. 889.

Colquhoun — Précis historique, tr. par *Rodouan* et *Bertrand.* 1520.

Comberousse (Hyacinthe de). — Fou. 664. Voy. T. des Ps. *Alexis.*

Comeiras — Abrégé de l'Histoire des voyages de La Harpe. 4.

Condorcet (le marquis de). — Ses Mémoires, publiés par Fr. G. de *la Rochefoucauld.* 1109.

Condurier. — Chine catholique. 204.

Constancio (le docteur F. St.).—*Annaes de Sciencias.* 120.

Constant de Rebecque (Benjamin). — Entretiens. 491.

Constantin. — Vues de la création. 2097.

Constantin (Léon). — Nouveau traité. 1299. — Nouvelle cacographie. 1311. — Réponse, 1681.

D.

Damours. — Lettres. 972.

Dandré (le baron). — Appel.

Darcet (Félix). — Traité du venin de la vipère, tr. de l'italien de Fontana. 1918.

Darragon (F. L.). — Amateur. 30.

Darrigol (l'abbé). — Dissertation. 399.

Darrodes – Lillebonne. — Opuscules. 1387.

Dauphine (madame la). — Récit. 1609.

David (Eméric). — Essai. 550.

David (Pierre). — Alexandréide. 21. Voy. T. des Ps. Sylvain Phalantée.

Davin (Félix). — Crapaud. 308.

Degola (Eustache). — Conferenze. 325.

Deguerle (Nicolas-Marie). — Proclamation. 1542. — Stratonice. 1797. Voy. T. des Ps, le m$_{is}$. d'Arnay.

Delacroix. — Connaissance. 551.

Delafontaine. — Mémoires. 1126.

Delanglard (Charles-François-Paul). — Oracles. 1388.

Delaroche (Jacques-Philippe). — Saphira. 1739. Voy. T. des Ps. de l'Etoile.

Delattre. — Réminiscences, tr. de l'anglais. 1668.

Deldir (madame Alina). — Méditations. 1079.

Delécluze (E. J.). — Antar. 55.

Delestre-Poirson. — De Paris. 350. — Journal. 892. Sourd. 1780.

Delille (Jacques). — Tr. des Géorgiques de Virgile. 153.

Delisles de Salles. — Essai. 551.

E.

Epagny (d'). — Maison 1042. — Parfumeuse. 1429.
Voy. T. des Ps. *Tévoli.*

Estienne (Charles). — Abusés. 7. — Paradoxes. 1425.

Etienne (Charles-Guillaume). — Zéloïde. 2129.

Euripides.— Tragœdiœ IV emendatæ à Brunck. 604.

Eymery (Alexis). — Vendéen. 1996.

Eytelwein (J.A.)—Observations, tr. par *Daclin.* 1347.

Eyriès. — Bibliommape. 132.

F.

Fabre de l'Aude (le comte). — Histoire. 793. — Traduction. 1891.

Falck, médecin (N. D.) — Projet, etc., tr. du hollandais par M. *Huicherlos Van Lieuders.* 2107.

Falette-Carol (le comte de). — *Pedanteofilo.* 1571.

Faret (Nicolas). — Parallèle. 1428.

Farget (Pierre). — *Fasciculus temporum.* 681.

Fauconpret (de). — Tr. du Mystère, de *Fr. Lathom.* 1229. — de l'Orpheline du presbytère de madame *E. Bennett.* 1400. — du Voyage à Janina de *Th. Smart.* 2056. — du Voyage d'E. Parry. 2078.

Fauqueux (Alexandre). — Lettre. 937.

Faure, professeur. — Mémoire. 1099.

Fayot (Frédéric). — Une faute. 1978.

Félibien (André). — Relation. 1651.

Fénélon. — Dialogues. 371.

Fercy (E. P.). — Arbre. 67.

Ferlus. — Explication. 592.

Fernel. — Campagne. 161.

Ferrand (Antoine). — Ses œuvres dramatiques. 1374.

Guyon. — Armée. 81.

Guyon.—Police dévoilée. 1500. Voy. T. des Ps. *Froment*.

Guyot fils. —Art de l'imprimerie. 82.

Guyot (Henry). — Indiscret. 83.

Guyot (madame de). — Julie. 895.

Guyse (Jacques de).—Histoire du Hainault, trad. par M. *Fortia d'Urban*. 741.

H.

Haafner (J.). — Voyage dans la Péninsule, trad. du hollandais par *H. Jansen*. 2085.

Hager (Joseph).—Observations. 1344.

Halevy (Léon). — Chevreuil. 202.

Hall (Jean). — *Grounds and reasons.* 713.

Hallay (le marquis du). —Plan. 1485.

Hamilton (James-Edwards).—Lettre. 934.

Hammer (de). — Coup d'œil. 291. Voy. T. des Ps. *Un étudiant orientaliste*.

Hancarville (Hugues d'). —Antiquités. 60.

Hapdé (Augustin) — Tête de bronze. 1868.

Harcourt (le vicomte Emmanuel). —Supériorités modernes. Voy. T. des Ps. *Claude Jobin*.

Hardenberg (le baron Charles-Auguste). —Mémoires. 1155.

Harel. —Dictionnaire. 383.

Harny. —Prix des talents. 1540. —Sybille. 1817.

Harodel. — *Deplorandi.* 427. —*Serenissimi principis.* 1826.

Harpe (de La). — Abrégé de l'*Histoire générale des voyages*, continuée par *Comeiras*. 4. — Cours de littérature, publié par *Lagier* et *Frantin*. 298.

I.

Icher-Villefort (le baron d'). — Réfutation. 1644.

Imbert (Auguste). — Art de faire des dettes. 84. — De promener. 90. — Du ministre. 91. — Petit Berquin. 1460. — Traits remarquables. 1919. Voy. T. des Ps. *Une Excellence.*

Imbert (Barthélemi). — Lectures. 914.

Irving (Washington). — *Alhambra.* 122. — *Braceridge house.* 157. — Histoire. 743. — Historiettes, trad. de l'anglais, par *Lebègue.* 795. — *History of New-York.* 819. — *Sketch book.* 1847. Voy. T. des Ps. *Antonio Agapida, Geoffrey Crayon* et *Diedrich Knickerbocker.*

Isla, (le père Juan) jésuite. — *Historia.* 815. Voy. T. des Ps. *Francisco Lobon de Salazar.*

Israeli (d'). — *Calamities.* 330.

Ivernois (Francis). — Offrande. 1377.

J.

Jackson (John). — *Journey.* 901.

Jacob (Gérard). — Voyage. 2080.

Jacobi (Frédéric). — Dieu. 384.

Jacquelin (Jacques-André). — Honorine. 802. Voy. T. des Ps. *Un homme de lettres.*

Jacquet (le père), jésuite. — Pour et contre. 1513.

Jal. — Manuscrit. 1066. Voy. T. des Ps. *Gabriel Pictor.*

Janin (Jules). — Ane mort. 44. — Confession 245. —

Deburau. 340. — Élysée Bourbon. 481. — Préface de la *Fille mère*. 653.

Jansen (Henri). — Trad. de l'*Analyse de la beauté*, par Hogarth. 41. — Des OEuvres complètes de *Josué Reynolds*. 1362. — Du *Voyage au cap de Bonne-Espérance*, par *Stavorinus*. 2077. — Du *Voyage de Haafner*. 2085.

Janss (Lucas). — Miracle. 1182.

Jardine (le major). — *Letters*. 1033.

Jarry (l'abbé Théophile). — Lettre 925.

Jarry de Mancy (Adrien). — Napoléon. 1248.

Jars (A.) — Julie. 896.

Jauffret (le comte). — Juridiction épiscopale. 897.

Jauffret (Gaspard-André-Joseph), évêque. — Illustres victimes. 829.

Jeune (Nicolas Le). — Miroir de l'art. 1183.

Joannet. — Voyage. 2065.

Johnson (Samuel). — *Journey of Scottland*. 903.

Joly, avocat. — Lettre. 951.

Joly (l'abbé Ph. L.). — Remarques. 1663.

Joly de Bévy. — Ordre de la noblesse. 1394.

Joly de Fleury. — Mémoire. 1103.

Joly, de Salins. — Fables choisies de *Gay*. 614.

Jomard (Éloi). — Considérations. 268. — Description. 358. — Eclaircissemens. 444. — Nombre des délits. 1262. — Notice. 1272. — Tableau. 1855. — Tableaux. 1862. — Comparaison. 232.

Jombert. — Trad. de l'*Architecture de Palladio*. 77.

Jomini (le général). — Vie. 2021.

Jones (Williams). — Sacontala. 1844.

Joudou (Jean-Baptiste). — Voyage. 2068.

Jourdain (dom Claude). — Lettre. 930. — Oraison funèbre. 1391. Voy. T. des Ps. *Un bénédictin.*

Jourdan (Athanase-Jean) *Juris civilis egloga.* 900.

Jourdan (le comte J. B.). — Mémoire. 1095.

Juglet (Ernest). — Mes rêveries. 1167.

Juin (l'abbé). — Lettres bordelaises. 969.

Julien (Stanislas). — Trad. de la *Méthode de Carstairs.* 1173.

Julien. — Copie de Lucien. 288.

Junquières (de). — Caquet-bon-bec. 167.

Justin. — Histoire. 768.

Juvigny (Jean-Baptiste). — Projet. 1548.

K.

Kannedy (miss). — Jessy Allan, tr. par *Alfred Tellier.* 876.

Kelly (miss).—Osmond, tr. par madame *Sophie Panier.* 1401.

Kéralio (mademoiselle Louise-Félicité Guinemont de). — Crimes des reines. 310. —Tr. de l'*Istoria di Toscana de Galluzzi.* 864.

Kérivalant (Nicolas Ledéist de). — Vendée. 1995.

Kieffer. — Bible en turc. 131.

Kinchot (Amélie-Caroline de). — Philosophe. 1472.

Kircher (Athanase). — *De venenis.* 114.

Kœhler (Henri-Charles-Ernest de). —Description. 355. —Remarques. 1666.

Kolb (Gérard-Jacob). — Description. 359.

Krafft (J.-Ch.). — *Pomona austriaca.* 1506.

L.

1792. — Tuileries. 1948. — Une semaine. 1981.
— Vingt-et-un janvier. 2039. — Voyage à Paris.
2059. Voy. T. des Ps. *J. B. J. Champagnac.* — *Ma-*
dame de ***. — *Vicomte de Varicléry.* — *La comtesse*
O *du M****. — *L**** *constitutionnel.* — M. *le duc de*
D***. — *Le baron C****. — *L'auteur* de M. *le préfet.*
— *Louis Rainier de Lanfranchi.*

Lamothe-Levayer. — Problèmes. 1541.

Lamourette (l'abbé Adrien). — Pensées. 1449 et
1450.

Lancelot (don Claude). — Nouvelle méthode. 1315.

Lanci (Jean). — *Lettere Gualfondiane.* 1030. Voy. T.
des Ps. *Clemento Bini.*

Landié (Édouard). — Développements. 369.

Landon (Joseph). — Faux indifférent. 639.

Langeac (le chevalier de). — Poëme séculaire. 1487.

Langlès (Louis-Matthieu). — Grammaire arabe. 699.
— Voyages. 2086.

Lanzi (Louis). — *Saggio di lingua etrusca.* 1833.

Laporte (Hippolythe). — Notice sur Rivarol. 1288.

Larivey (Pierre de). — Traduction du deuxième livre
des *Facétieuses nuicts de Straparole.* 624.

Lasausse (l'abbé Jean-Baptiste). — École du Sauveur.
446. — Entretiens. 493. — Étrennes. 570. —
Fervent ecclésiastique. 645. — Imitateur. 830. —
Jésus. 877. — Leçons. 913. — Neuvaines. 1259. —
Nouveaux trappistes. 1308. — Sage. 1730. — Vrai
serviteur. 2094. — Zélé. 2128.

Lasca (N.). — *Tutti i triomphi.* 1957.

Lascases (le comte de). — Atlas historique. 97. Voy.
T. des Ps. *Lesage.*

Laserrie (François-Joseph de). — Eulalie. 575.

Lasne d'Aiguebelles. — Religion du cœur. 1660.

Latouche de Gotheville (madame la comtesse). — Voyage. 2075.

Lattimore-Clarke (madame). — Cardinal de Richelieu. 168. — Gomez Arias, trad. de l'esp. de don *Telesfero de Trueba y Cosio.* 696. — Le Miroir de ma tante Marguerite, trad. de *Walter-Scott.* 1184. Voy. T. des Ps. *G. James.*

Laugier (Adolphe). — Galerie biographique. 686.

Laujon (Pierre). — Journée galante. 894.

Laumier (Charles-Lazare). — Histoire. 745. — De la révolution d'Espagne. 747.

Lauraguais (le comte Louis-Léon-Félicité de). — Lettre. 946.

Laurenceau. — Héro et Léandre. 732.

Lautrey-Delisles. — Triomphe. 1927.

Lavallée. — Jean sans peur. 873.

Lavallée (Joseph de). — Tableau philosophique. 1861. — Voyage pittoresque. 2082.

Lavardin (Jacques de). — Trad. de la *Célestine*, par *Fernand de Rojas.* 187.

Laya (Léon). — Reine, cardinal et page. 1649.

Laya (Adèle). — Trois sœurs. 1946.

Lazari (Pierre). — *De Sacrá.* 1820.

Lazo (Alonzo-Carillo). — Nouveau voyage, trad. par l'abbé *Courte de la Blanchardière.* 2057.

Lebas (Joseph). — Festins joyeux. 646.

Lebert. — Mont Valérien. 1203.

Leblanc. — Recherches. 1596.

Lebrun (Pierre-Auguste). — Village abandonné, trad. de l'anglais d'*Olivier Goldsmith.* 2037.

Lebrun, duc de Plaisance. — Voix du citoyen. 2052.

Lebrun-Tossa. — Voltaire jugé. 2055.

Lecat (Claude-Nicolas). — Réfutation. 1646. Voy. T.
des Ps. *Un académicien.*

Lechevalier. — Ulysse-Homère. 1965. Voy. T. des Ps.
Constantin Koliadès.

Leclerc (Jean-Baptiste). — Abrégé. 3.

Leclerc (Michel).—Trad. de la *Jérusalem délivrée*. 734.

Leclère (Joseph-Victor). — Ed. de la *Nouvelle méthode
pour la langue latine,* par *Lancelot.* 1315.

Ledoux (Gaston). — Filet d'Ariane. 649.

Ledrect. — Éléphants détrônés. 458.

Lefebvre, avocat. — Almanach. 26.

Lefèvre-Duruflé. — Hermite. 730.

Legrand de Melleray (mademoiselle Augustine). —
Conseils. 256.

Lejay (le père Gabriel-François). — Triomphe de la
religion. 1928.

Lemaître de Saint-Aubin. — Annuaire. 52.

Lemée. — Traité. 1913.

Lemontey (Edouard). — Paysan et le gentilhomme.
1440.

Lemorec.— Analyse. 42.

Lenoble (M.). — Trad. du *Voyage autour du monde,* par
Gemelli-Careri. 2061.

Leo (le père). — *Scripturæ Sacræ.* 1824. — *Verbum
divinum.* 2100.

Lepage (Charles). — Six années de mariage. 1767.
Voy. T. des Ps. *Hippolythe Niade.*

Lepeintre-Desroches. — Quatre mois. 1578.

Lerebours. — Harald. 716.

Leroux des Tillest. — Dialogue. 373. — Lettre. 944.
— M. T. 1198. Voy. T. des Ps. *Audry.*

Loève-Vémars. — Scènes contemporaines. 1745. Voy.
T. des Ps. *La vicomtéssse de Chamilly.*

Loiseau aîné. — Discours. 394.

Lombart de la Neuville. — Mes enfants. 1165.

Long (Edwards). — *History of Jamaïca.* 818.

Longchamps (l'abbé de). — Tableau. 1859.

Longdit (Jean de) — Trad. de l'*Hystore merveilleuse*,
par *Aycone.* 811.

Longus. — *Pastoralia*, éd. donnée par *Coraï.* 1021. —
par *P. M. Paciaudi.* 1022.

Loriquet (le père), jésuite. — Cours d'histoire. 299. —
Fables choisies de La Fontaine. 615.

Louandre. — Biographie. 137.

Louis le Grand. — Tombeau de ses amours. 1882.

Louveau (Jean). — Trad. du premier volume des *Facétieuses nuicts de Straparole.* 624.

Louvois (Auguste de). — Nice. 1261.

Loyserolles (F. S. Avède de). — Trad. de l'*Art d'aimer*,
par *Ovide.* 83.

Loysson de Guinaumont. — Quelques réflexions. 1585.

Lozeau. — Trad. du premier livre des *Fastes d'Ovide.*
1528.

Lubert (l'abbé de). — Nopces de Bellone. 1264.

Lucanus. — *Pharsalia*, éd. donnée par *M. Maittaire.*
1023.

Lucchesini. — *Sulle cause.* 1842.

Luce, seigneur de *Gast.* — Tristan. 1931.

Lucretius carus (Titus). — Ed. donnée par *H. Avancius.*
1024. — Par *Naugerius.* 1055. — Par *M. Maittaire.*
1026.

Lussan (mademoiselle de). — Vie de Crillon. 2013.

Lysias. — *Opera omnia*, éd. donnée par *F. C. Alter.* 1027.

M.

Moore (Thomas). — *Memoirs.* 1246.—Voyage, tr. par l'abbé *Didon.* 2073.

Moratin (Leandro). — *Comedia nueva.* 329. — *Escuéla de los maridos.* 609. Voy. T. des Ps. *Inarco Celenio.*

Morel de Rubempré. — Biographie. 141.

Moreau père. — Evénemens, tr. de l'anglais de *H. M. Williams.* 579.

Moreau-Rosier. — Mémoires de Robespierre. 1117.

Morel de Vindé (Ch. G.). — Morale. 1209.—Notes. 1266.

Moreri (le père Louis). — Ed. des *Relations nouvelles du Levant,* par le père *Gabriel,* de Chinon. 1659.

Morgan (Lady). — Mémoires sur *Salvator Rosa,* trad. par mademoiselle *A. Sobry.* 1153.

Morlière (de la). — Angola. 49.

Moronval (Joseph). — Ed. des *Fables de La Fontaine.* 610.

Morrisson. — *Translations.* 1964.

Mosbourg (le comte de). — Mémoire. 1106.

Mote-Houdancourt (Léon de la). — Louis XVI. 1010.

Motret. — Essai. 536.

Motteley. — Ed. du *Discours de Michel de l'Hospital, sur le sacre des rois de France.* 771.

Mottet (A.). — Galerie. 686.

Mourgué. — Recherches. 1604.

Mouradgea-d'Ohsson fils. —Histoire des Mongols. 769.

Mouchon. — Table raisonnée. 486.

Moulin (du). — Elémens. 455.

Müller (de). — Trad. des *Métamorphoses,* poëme de *Zacharie.* 1169.

Mulot, chanoine. — Exhortation. 590.—Sermon. 1760.

Münter (Féd.) — Siége de Copenhague, trad. en italien par *Shubart.* 117.

Muriel (don Andres). — Trad. de l'*Histoire de la révo-
lution d'Espagne* de don *Sébastien Miñano*. 751.
Muscat de Bourbon. — *Cartas*. 326.
Musæus. — Contes, tr. par *D. L. Bourguet.* 279.
Musset-Pathay. — Ed. des *OEuvres de J. J. Rousseau.*
1365. — Suite au mémorial. 1799.
Musset-Pathay fils. — Anglais mangeur. 47.

N.

Nadal (l'abbé). — Lettre. 940. — Observations. 1339.
Naigeon. — Ed. des *OEuvres de Montaigne*. 563.
Nancel (de). — Souveraineté. 1791.
Narp (madame Lory de). — Mythologie. 1230.
Nascimento (Francisco-Manoel de). — *Versos.* 2107.
— Voy. T. des Ps. *Filinto Elysio.*
Naugerius. — Ed. de *Lucrèce*. 1025.
Naylies (de). — Relation. 1652.
Necker. — Lettre qui lui est adressée. 1197. — Sur son
administration. 1813. Voy. T. des Ps. *Un citoyen
français.*
Needham (Jean Tubervil). — Ed. d'*Une lettre du père
Cibot.* 962.
Nemours (Pierre-Samuel Dupont de). — Mémoires sur
Turgot. 1152.
Nercyat (Andréa de). — Félicia. 640.
Nezel (Théodore). — Isaure. 851. — Peau de chagrin.
1441. Voy. T. des Ps. *Théodore.*
Nicole. — Trad. des *Épîtres de Perse*. 519.
Nicole (Pierre). — Trad. des *Provinciales de B. Pascal.*
1559. Voy. T. des Ps. *Georges Wendrock.*

Noble (Eustache Le). — Travaux. 1920.

Nodier (Charles). — Histoire. 1778.

Noël. — Ephémérides. 5o1. — *Erotopœgnion.* 6o3.

Noël. — Voyages dans l'Inde, tr. de l'anglais. 2086.

Nogaret (Félix de) — Gorge. 695. Voy. T. des Ps. *Corœbus aristenete.*

Noizet (A.).— Essai. 562.

Nonay. — Vérité. 1999.

Normand, avocat. — Partages. 1433.

Normandie (de). — Essai. 544.

Nougaret (Pierre-Jean-Baptiste). — Enfans célèbres. 488.

Novaes (Joseph de). — *Sacro rito.* 1831.

Nully (de). — OEuvres de Cochin. 1364.

O.

Odiot (Charles). — Histoire de S.-Germain-en-Laye. 755.

O'Egger (l'abbé J.). — Eloge de de Thou. 472.

Olavède (P. A. L.). — *Poemas christianos.* 1572.

Olivier (Alexandre). — Instruction. 844.

Onésander. — Général d'armée, tr. par *A. Coraï.* 690.

Oppien. — La chasse , tr. par *Belin de Ballu.* 196.

Origny (d'). — Dissertations. 407.

Ortizius (Blaise).— *Itinerarium Adriani.* 860.

Orville (Philippe d'). — *Miscellaneœ observationes.* 1234.

Osterwald. — Ed. du *Voyage en Sicile.* 2077.

Oudermeulen. — Recherches. 1601.

Ouvaroff. — Projet. 1546.

Overnay (Armand). — Watcheman. 2119.

Ovide. — Art d'aimer , tr. par *A. de Loyserolles.* 83. — Epîtres , tr. par *O. de Saint-Gelais.* 518. — Métamorphoses , tr. par *I. Benserade.* 1170. — Les mêmes, tr. par *Robinot.* 1171. — Les mêmes, tr. par *Renouard.* 1172. — Ses OEuvres, tr. par *Michel de Marolles.* 1406. — Ed. latine de ses OEuvres, publiée par *Michel Maittaire.* 1412.

Owen (Robert). — Institutions , tr. par le comte *de Laborde.* 843.

P.

Paciaudi. — *Longi pastoralium.* 1022.

Pagnini. — Trad. des *Hymnes de Callimaque* , en italien. 862.

Paillot de Montabert. — Traité de peinture. 1894.

Pajon de Moncets. — Lettre. 958. Voy. T. des Ps. *Un sociétaire non pensionné.*

Palissot. — Dunciade. 426.

Palladio. — Architecture, tr. par *Jombert.* 77.

Pallavicino (Ferrante). — *Retorica.* 1721.

Pananti. — Relation. 1653.

Panckouke (madame). — Flore du dictionnaire des *Sciences médicales,* peinte par elle. 658.

On a omis de mentionner à la lettre C, *Chaumeton* (François-Pierre), comme auteur du texte de cet ouvrage.

Panier (madame Sophie). — Écrivain. 449. — Tr. d'*Élisa Rivers.* 460. — Tr. d'*Osmond* de miss *Kelly.* 1401. — Richesses. 1701. — Vieille fille. 2035.

Paoletti (Ferdinando). — *Veri mezzi.* 2105.

Mensonges. 1161. Voy. T. des Ps. *Un curé franc-comtois.*

Pelletier. — Typographie. 1950.

Pelisseri. — Histoire. 759.

Pélissier. — Dame du Louvre. 334. — Moulin. 1218. — Mulâtre. 1222. — Nelly. 1256. Voy. T. des Ps. *Lacqueyrie.*

Penn (Guillaume). — Point de croix, trad. de l'anglais par *Cl. Gay.* 1498.

Pepe (Etienne). — *In inscriptionem.* 857.

Péricaud (A.). —Trad. de l'*Apologétique de Tertullien.* 66. — Recueil. 1617. — Songe. 1774.

Périer (madame Casimir). — Recueil. 1622.

Périn (madame). —Trad. de la *Malédiction paternelle* de miss Ellis Bennet. 1048.

Périnès. — Conquête d'Alger. 252. Voy. T. des Ps. *Un jeune Breton.*

Pernay (Daniel de). — Agathon. 17.

Péronneau (de). — Peste de Barcelone. 1458.

Perrière (de la). — Théâtre. 1871.

Perrin (Charles). — Trésor. 1925.

Perrin-Brichambault (le baron de). — Ode. 1351. — Passage. 1434. Voy. T. des Ps. *Antoine-Charles.*

Perrot (A. M.). — Relation. 1658.

Perse. — Satires, tr. par le père *Tarteron.* 1892.

Pestel. — Physiologie. 1475. Voy. T. des Ps. *Louis-Benoît, jardinier.*

Petit. — Trad. de l'*Éloge de la Folie,* par Erasme. 456.

Petit-Méré (Frédéric du). — Famille de Sirven. 633. — Moulin. 1218. — Mulâtre. 1222. Voy. T. des Ps. *Frédéric.*

Petit-Radel. — *De amoribus.* 112.

Pétrement (le père). — Mémoires. 1147. Voy. T. des
Ps. *Un bénédictin de la congrégation de Saint-Maur.*

Peucer (Gaspard). — *Hypotyposis.* 813.

Peyronnet (le comte de) — Esquisse. 528.

Peyronnie (La). — Mémoires. 1112.

Phèdre. — Edit. de *ses Fables*, publiée par *Rigaltius.*
1564.

Philibert (madame). — Récréations. 1614.

Philip. — Nouveau Dictionnaire. 1292.

Philippar (John). — *East India.* 610.

Philon. — Vie contemplative , tr. par dom *Bernard de
Montfaucon.* 2008.

Pichard.—Hacendilla. 714. Voy. T. des Ps. *Hippolythe
Dalicar.*

Pichler (madame Caroline). — Délivrance de Bude, tr.
par *Augustin Lagrange.* 347.

Pichot (Amédée). — *Living poets.* 1035. — Mémoires
de madame Dubarry. 1115. — Trad. et édit. des
OEuvres complètes de lord *Byron.* 1360. — De *Shakespeare.* 1363.

Pieralta (V.). —*Ensayos poeticos.* 608.

Pierre-Paul. — Relation. 1654.

Pihan de la Forest (Ange). — Décadence. 341.

Pileur (le). — Mélanges. 1082.

Pinet (du). — Taxe. 1864.

Pinot (Catherine). 183.

Pitois (madame Nathalie). — Mélanges. 1085.

Piton (Constant). — Biographie. 140.

Planard (de). — Notaire. 1265.

Pline le Jeune. — Lettres, traduites par *Louis de Sacy.*
973.

Pluche (Noël-Antonin). — *De linguarum artificio.* 1020.

Q.

R.

Signol (Alphonse). — Mémorial. 1157.

Silvy. — Avis. 111. — Dissertation. 401. — Doléances. 1415. — Relation. 1650. — Vérité. 1998.

Simon (Richard). — Trad. des *Cérémonies de Léon de Modène.* 188. — Comparaison. 234. — Lettres critiques. 970. — Voy. T. des Ps. *de Simonville.*

Simon (Jacques). — Lettres critiques. 970.

Sinclair de Nebster. — Crise. 311.

Smart-Hughes (Thomas). — Voyage à Janina, tr. par de Fauconpret. 2056.

Smollett. — Voyage de *Humphry Clincker,* trad. par M. *de Mervé.* 2066.

Sobry (mademoiselle A.). — Trad. du *Coin du feu,* de *Pawlding.* 223. — ... *De la France,* par lady *Morgan.* 669. — ... Des *Mémoires sur Salvator Rosa,* par *la même.* 1153.

Solle (Henri-François de la). — Tiany. 1877.

Sopranzi (le père Victor de Sainte-Marie). — *Riflessioni.* 1723.

Sorbier (Hilaire le). — Mes loisirs. 1166.

Sorbière ou *Sorbierius* (Samuel). — Trad. des *Eléments philosophiques* de *Thomas Hobbes.* 456. — *Viro clarissimo.* 2101. Voy. T. des Ps. *Sébastianus Aletophilus.*

Sorel (Charles). — Académie. 9. — Connaissance. 250.

Soulavie (J. S.). — Mémoires de Barthélemy. 1141.

Soumet (Alexandre). — Pharamond. 1470.

Spanheim. — Césars. 189.

Spiriti (le marquis de). — *Dialoghi.* 436.

Spon (Jacques). — Dissertation, publiée par *Breghot du Lut.* 406.

Staël (le baron de). — Trad. du *Récit*, etc., par le major *Mac-Grégor.* 1607.

Stavorinus. — Voyage, tr. par *Henri Jansen.* 2077.

Steele (Richard). — *Tattler.* 1962. Voy. T. des Ps. *Isaac Bickerstaff.*

Stephanus (Robertus). — *Dictionarium.* 430.

Stephen (John). — *War in disguise.* 2122.

Straparole (Jean-François de). — *Facétieuses nuicts*, tr. par *J. Louveau*, et *P. de Larivey.* Édition publiée par *La Monnaie.* 624.

Strozzi (Pierre). — *Stanze.* 1839.

Suard (J. B. A.). — Trad. de l'*Histoire de Charles-Quint*, de *Robertson.* 777.

Swartz. — Encore quelques arguments. 1092.

Syon (de). — Inconnu.

T.

Tabourot (Estienne). — Bigarrures. 136.

Taillepied (F. Noël). — Histoire. 755.

Taled (Abou-). — Trad. persane du *Timour.* 1963.

Tarabotti (Archange la) — *Semplicita.* 1837.

Tardieu (madame Henri). — Encyclopédie. 487.

Tarteron (le père). — Trad. de *Perse* et de *Juvénal.* 1892.

Telesforo de Trueba y Cosio. — Gomez Arias, traduit par madame *Lattimore Clarke.* 696.

Tellier (Alfred). — Trad. de *Jessy Allan* de miss *Kannedy.* 876.

Tellier (le père Le), jésuite. — Lettre. 955.

Tencin (l'abbé de). — Lettre. 936.

36.

Olivier. 1378. — Projets. 1550. — Voy. T. des Ps. *Un paysan de la vallée aux Loups. Le Sténographe Parisien.*

Toulouzan. — Itinéraire. 855. — Mémoires. 1137.

Tournelles (de la). — OEdipe. 1356.

Tour (de là). — Trad. de *la Christiade de Vida* 208..

Toussaint. — Réponse. 1678.

Toussaint (F. V.), curé. — Mœurs. 1186.

Treillis. — Trad. des *Satires de l'Arioste.* 1740.

Trémollières. — France secourant. 671.

Tressan (le comte de). — Mémoires de l'académie des sciences, etc. établie à Troyes. 113.

Trippault (Léon). — Histoire. 794.

Tristan. — Coups de l'amour. 295.

Trithemius (Joannes). — *Legenda.* 1016.

Tromelin (le comte de). — Observations. 1348.

Tronson Ducoudrai. — Voy. *Saint-Albin.*

Tuki (Raphaël). — *Rudimenta.* 1719.

Tull. — *Horse.* 822.

U et V.

Ulloa (Alonzo de). — *Processo de cartas.* 1574.

Vacher de la Feutrie (le). — Lassone. 909. — Motifs. 1216.

Valade. — Dialogue. 372. — Mystificateurs. 1228. — Notes. 1268.

Valcour (Plancher de). — Petit-neveu. 1463.

Valera (Cyprien de). — *Dos tratados.* 440.

Valery. — Voyages. 2090.

Vallart (l'abbé). — Examen. 586.

W.

Webb (Philip-Carteret). — *Short account.* 1845. Voy. T. des Ps. *A member of the society of Antiquaries of London.*

White (Gilbert). — *Natural history.* 1337.

White (Joseph). — Trad. du *Timour.* 1963.

Wicquefort (de). — Advis. 15.

Widenfeldt (Adam). — *Epistola.* 602.

Wieland. — Musarion, tr. par *Jean-Charles-Thiébault-Laveaux.* 1224.

Wilkins (Charles). — *Radicals.* 1728.

Willis (Brown). — *Table.* 1960.

Wilson. — *Dictionary.* 441.

Wise (François). — *Nummorum.* 1331. — *Somes inquiry.* 1848.

Wronski (Hoëné). — Canons de logarithmes. 163.

Wulson de la Colombière. — Nouveaux oracles. 1306.

Würtz (Jean-Wendel). — Appollyon. 73.

X.

Xénophon. — Du commandement de la cavalerie, tr. par *Paul-Louis Courrier.* 229.

Ximenès (Auguste-Louis, marquis de). — Don Carlos. 416.

Xivray (Jules-Berger). — Traité. 1904.

Z.

Zacharie (le père), de Lisieux. — *Gyges gallus.* 711.

Zacharie. — Métamorphoses, tr. par *de Muller.* 1169.

TABLE ALPHABÉTIQUE

DES

AUTEURS PSEUDONYMES

CITÉS DANS CE VOLUME.

A.

B.

C.

D.

Dinaux... *Beudin* et *Goubaux*. — Richard* 1700. —
Trente ans. 1922. — Clarisse.
Docteur (le) Calybariat de Saint-Flour... *Peignot.*
(Gabriel). — Histoire. 772.
Ducommun... *Roger*. — Eloge. 476.
Duc de D***... *Lamothe-Langon* (le baron). — Mé-
moires. 1114.
Dulory... *Bidard-Hayère*. — Petit neveu. 1464.

E.

Émile de l'Empesé... *Marco de Saint-Hilaire*. — Art.
86.
Émile de Palman... *Rabou* et *Regnier Des Tourbets*. —
Histoire. 763.
Ernest Desprez... *Vaulabelle* (Eléonor de). — Un en-
fant. 1971.
Étienne... *Arago*. — Cousin. 304.
Exomologèse, vicaire de ***... *Baston* (l'abbé). — Con-
fidences. 246.

F.

Faverolles... Madame *Guénard*, baronne *de Méré*. —
Vallée. 1990.
Feu Alcofribas... *Rabelais* (François). — Pantagruel.
1420.
Feu Dardanus, ancien apothicaire... *Martin*, (Alexan-
dre). — Traité des indigestions. 1917.
Feu mon oncle, professeur émérite... *Marco de Saint-*
Hilaire. — Art. de payer ses dettes. 88.

Filinto Elysio... *Nascimento* (Francisco-Manoel de).—
   Versos. 2108.

Francis..... *Cornu.* Isaure. 851. — Savetier. 1744.

Francisco Lobon de Salazar... *Isla* (le père Juan). —
   Historia. 815.

Frangipane... *Ciantis.* — *Libro de' miracoli.* 1032.

Frédéric... *Du petit Méré.* — Famille. 633. — Moulin.
   1218. — Mulâtre. 1222.

Frédéric-Gaëtan... *Rochefoucauld-Liancourt* (de la). —
   Midi. 1177.

Froment... *Guyon.* — Police. 1500.

G.

G. James... Madame *Lattimore-Clarke.* — Cardinal de
   Richelieu. 168.

Gabriel Pictor... *Jal.* — Manuscrit. 1066.

G. H. B. Geller... Madame *Guénard,* baronne *de Méré.*
   — Victor. 2006.

Georges Wendrock... *Nicole* (Pierre). — Trad. des
   Provinciales de *B. Pascal.* 1559.

Gratien... *Baston* (l'abbé). — Rareté. 1594.

H.

Henry Monnier... *Brazier* et *Dupeuty.* — Famille improvisée. 630.

Hippolythe Dalicar... *Pichard.* — Hacendilla. 714.

Hon. Reggius... *Hornius* (Georges). — *De Statu eccle-*
   siæ. 1830.

I.

J.

L.

M.

Q.

R.

S.

A. PIHAN DE LA FOREST,
IMPRIMEUR DE LA COUR DE CASSATION,
Rue des Noyers, n° 37.

ERRATA.

Page   6, art. 28, à la la note, *l'édition entière*, lisez :
        presque entière.
—   17, art. 80, *Bayle* , lisez : *Beyle*
—   29, lig. 2, *Daunon* , lisez : *Daunou.*
—   99, lig. 2, Mme *Molé*, lisez : M^the *Sophie Pan-*
        nier.
—   139, lig. 16, , *naquit* , lisez : . *Il naquit.*
—   144, lig. 6, *Lamortellière* , lisez : *Lamartellière.*
—   158, lig. 8, art. 729, *Radeliffe*, lisez : *Radcliffe.*
—   177, lig. 17, art. 803, *traduite* , lisez : *traduites.*
—   181, lig. 12, art. 812, *Hypneromachia* , lisez :
        Hypnerotomachia.
—   188, lig. 25, art. 837, *Eléonore* , lisez : *Aurore.*
—   195, lig. 6, *Guinement* , lisez : *Guinemont.*
—   213, lig. 21, art. 935, *Belliard* , lisez : *Beillard.*
—   243, lig. 18, art. 1068, après ces mots : *Alexandre*
        Dumas , lisez : et *Anicet Bourgeois.*
—   261, lig. 9, art. 1137, *Joulouzan* , lisez : *Tou-*
        lousan.
—   280, lig. 16, art. 1225, *Sambucy de L.* , lisez :
        de Lusançon.
—   354, lig. 24, art. 1542, *Degurle* , lisez : *De-*
        guerle.

Page 397, lig. 23, art. 1735, *Montessa*, lisez : *Montessu*. Après ces mots, lisez encore *Douteux*.

— 505, après la ligne 7, lisez : *Corancez* (*Louis-Alexandre*).— Théorie. 1873.

— 510, lig. 25, *Jules*, lisez : *Georges*.

— 511, lig. 27, après ces mots : *Complainte*. 236, lisez : *Lay de paix*. 911.

— 512, après la lig. 4, lisez : *Dusillet* (*J. Léonard*). — *Yseult*. 2126.

— *id*., lig. 12, après ces mots : *Maison*. 1046, lisez : *Zampa*. 2127.

— *id*.; lig. 24, lisez : *Orphelin*. 1400.

www.ingramcontent.com/pod-product-compliance
Lightning Source LLC
Chambersburg PA
CBHW052344020726
47503CB00001B/98